복음이란 무엇인가

성결과 구원

복음이란 무엇인가
성결과 구원

지은이 김동선

펴낸날 2022년 2월 10일(초판 1쇄)
펴낸곳 뉴룸
등록번호 제2021-000292호
주소 (04182) 서울시 마포구 새창로, 52, 105-801
전화 02 703 9046, 010 8324 3351

ISBN 979-11-976739-0-0

가격 20,000원

복음이란 무엇인가

성결과 구원

김동선 지음

뉴룸

✝

추천사

김 영 선

협성대학교 명예교수
웨슬리신학연구소 소장

그리스도인은 복음을 통하여 진리를 깨닫고 삶 속에서 평
화와 행복 그리고 성결과 영생의 구원을 희구한다. 그리스
도인은 일상의 삶 속에서 믿음과 소망과 사랑을 구현하려고
노력한다. 대체로 복음을 받기 이전과 복음을 받은 이후, 사
람들의 가치관, 인생관, 세계관, 구원관 등이 여러 방향에서
변하게 된다. 이처럼 복음은 사람들의 삶을 바꾸는 힘이 있
다. 그래서 우리는 '복음이란 무엇인가?' 묻게 된다. 우리는
복음을 '기쁜 소식', '예수의 가르침', 또는 '예수에 의한 인
간 구원의 길', '예수의 생애와 교훈을 기록한 마태복음, 마
가복음, 누가복음, 요한복음'이라고 말하기도 한다. 그러나

이러한 사전적인 정의로 복음을 규정하는 것은 복음의 깊은 의미를 드러내지 못한다. 그런 까닭에 거듭해서 묻게 된다. 복음이란 무엇인가? 사실 복음이 무엇인지 말로 설명하는 것은 결코 쉬운 일이 아니다. 복음을 제대로 알기 위해서는 복음을 듣고 배우고 직접 체험하는 것이 중요하다.

서울에서 목회하다가 민주주의 산실이라 불리는 영국으로 유학을 떠났다. 영국에서 지내는 동안 교과서에서만 듣던 민주주의가 무엇인지 피부로 느끼게 되었다. 짧지 않은 한국의 역사는 민주주의와는 참으로 거리가 있다는 것도 확신하게 되었다. 유학을 마치고 귀국하여 자유민주주의 국가인 영국의 물이 한참 들어왔기에 한국에서의 생활 적응이 잠시 어려웠던 기억도 난다. 그리고 지인들과 학생들을 만나면서 자유민주주의가 화제가 될 때 빠짐없이 했던 말들도 기억이 난다. 그때 한 말은 "민주주의가 무엇인지 알려면 영국에 가서 6개월만 살아 보라"는 것이었다. 지금도 이 말에 대한 소신은 변함이 없다.

이번에 김동선 박사가 『복음이란 무엇인가』라는 책을 집필하였다. 이 책은 이화여자대학교 약학대학 출신의 약사로서 일하시면서 또한 복음을 위해 여러 방향에서 헌신하시면서, 복음에 관해 오랫동안 연구하고 깨달은 바를 틈틈이 써 온 것이다. 이미 언급하였듯이 '복음이 무엇인지' 정의하기란 쉬운 일이 아니다. 그러나 이 책은 '복음이 무엇인지'에 대한 핵심을 인간론을 중심으로 탁월하게 설명해 주고 있다.

이 책은 복음이 무엇인지에 대한 논문적 성격의 '학술서'라 기보다는 성경을 기반으로 하여 복음을 체험한 '신앙고백서' 또는 '신앙서적'이라고 할 수 있다. 예수님이 인간의 구원과 그의 아버지의 뜻을 이루기 위해 겟세마네 동산에서 피땀 어린 기도를 드린 것과 같이, 이 책은 김동선 박사의 성경 연구와 삶 속에서 체득한 복음을 피땀 어린 기도로 기록한 것이다. 그래서 이 책을 읽게 되면 복음이 이것이구나! 하고 스스로 깨닫게 된다. 복음으로 살면서 복음을 말한 이 책은 끝까지 읽을 때 비로소 그 가치를 알게 된다. 단지 차례만 살펴보고 그런 것이구나 하기에는 너무도 귀중한 보화가 담겨있다. 누군가 민주주주의란 무엇인가? 물으면 영국을 가보라고 권했듯이, 복음이 무엇인가? 라고 물으면 이 책을 보라고 권하고 싶다.

특히 이 책은 감리교회의 설립자인 존 웨슬리의 신학을 깊이 있게 연구하여 웨슬리 신학의 핵심인 성결과 구원을 삶의 신학으로 도출하는 데 역점을 두었다. 김동선 박사는 웨슬리 신학을 바탕으로 하여 성령충만과 말씀충만을 통해 아담에게 속한 옛사람의 자아가 완전히 깨어져서, '영에 속한 그리스도인', 성결한 그리스도인, 하나님 나라의 진정한 백성이 되어 주님이 다시 오실 때 부활하여 영생을 얻게 됨을 진언하고 있다. 이것이 복음이다. 이 복음이야말로 이 책을 통하여 말하고자 한 것이었다. 이 복음은 너무도 귀한 것이어서 우리의 모든 것을 걸고서라도 쟁취해야만 하는 것이다.

작금의 시대에 많은 수의 목회자와 평신도들은 웨슬리가 마음과 힘과 뜻을 다하여 선포한 성결의 복음을 등한히 하거나 잊어버린 듯이 살아가는 모습을 보인다. 이러한 차제에 이 책은 광야에서 외쳤던 세례 요한과 같이, 웨슬리의 성결과 구원에 관한 복음 연구로 우리의 마음과 삶을 일깨우고 있다. 그런 의미에서 이 책은 성결과 구원의 복음에 대한 한 권의 성경을 읽는 효과가 있다고 생각되어 기쁜 마음으로 추천한다. 이 책을 통해 성결과 구원의 복음이 충만한 그리스도인들이 많이 양산되어 하나님의 나라의 지평이 새롭게 조명되기를 기대한다.

✝

프롤로그

　우리는 우주를 창조하시고, 또한 인간을 자기 형상대로 만
드시고, 죄진 인간을 구원하시기 위해서 대속자를 보내신 단
한 분이신 위대한 전능자 하나님을 믿는다. 또한 때가 되어
약속대로 하나님의 아들 예수 그리스도가 인간의 몸으로 이
땅에 오셔서 친히 십자가 위에서 고난받으시고, 피 흘려 죽
으심으로 원죄(아담의 죄)와 원죄로 말미암아 짓게 되는 자
범죄를 씻어 주시고, 율법과 저주에서 건져주신 것을 믿는
다. 하나님은 우리가 이 세상을 살아가는 동안에 거룩하고
순결한 하나님의 자녀로 회복되기를 원하신다. 이것이야말로
기독교인들이 항상 사모하고, 또한 자랑스럽게 생각하는 복
된 소리, 곧 '복음'인 것이다.
　죄악 가운데 살면서 형식적인 자기변명과 회개를 되풀이하
면서, 아름답지 못한 위선적인 그리스도인으로 살다가 죽기
직전에 하나님께서 단번에 깨끗하게 해주시기를 바라는 것은

복음의 진리가 아니다. 하나님께서는 모든 믿는 자를 구원하시려고 아들을 대속자로 보내시고, 모든 믿는 자들이 이 땅에서 하나님의 거룩한 백성이 되게 하신다. 하나님은 인간이 하나님의 사람으로 온전하도록 교훈과 책망과 바르게 함과 의로 교육하기에 유익한 성경말씀을 우리에게 주셨다.

모든 성경은 하나님의 감동으로 된 것으로 교훈과 책망과 바르게 함과 의로 교육하기에 유익하니 이는 하나님의 사람으로 온전케 하며 모든 선한 일을 행하기에 온전케 하려 함이니라(딤후 3:16-17)

너는 이스라엘 자손의 온 회중에게 말하여 이르라 너희는 거룩하라 이는 나 여호와 너희 하나님이 거룩함이니라(레 19:2).

염소와 황소의 피와 및 암송아지의 재로 부정한 자에게 뿌려 그 육체를 정결케 하여 거룩케 하거든 하물며 영원하신 성령으로 말미암아 흠 없는 자기를 하나님께 드린 그리스도의 피가 어찌 너희 양심으로 죽은 행실에서 깨끗하게 하고 살아계신 하나님을 섬기게 못하겠느뇨, 이를 인하여 그는 새 언약의 중보니 이는 첫 언약 때의 범한 죄를 속하려고 죽으사 부르심을 입은 자로 하여금 영원한 기업의 약속을 얻게 하려 하심이니라(히 9:13-15).

이 뜻을 좇아 예수 그리스도의 몸을 단번에 드리심으로 말미암아 우리가 거룩함을 얻었노라(히 10:10).

예수께서 가라사대 내가 곧 길이요 진리요 생명이니 나로 말미암지 아니하고는 아버지께로 올 자가 없느니라(요 14:6).

모세의 법을 폐한 자도 두세 증인을 인하여 불쌍히 여김을 받지 못하고 죽었거든 하물며 하나님의 아들을 밟고 자기를 거룩하게 한 언약의 피를 부정한 것으로 여기고 은혜의 성령을 욕되게 하는 자의 당연히 받을 형벌이 얼마나 더 중하겠느냐 너희는 생각하라(히 10:28-29).

얼마나 무서운 경고의 말씀인가? 하나님의 아들 예수 그리스도의 대속의 보혈이 믿는 자의 원죄와 자범죄를 다 씻으신 것을 믿지 않는 것은 "모세의 법(율법)을 폐한 자도 두 세 증인을 인하여 불쌍히 여김을 받지 못하고 죽었거든 하물며 하나님의 아들을 밟고, 자기를 거룩하게 한 언약의 피를 부정한 것으로 여기고, 은혜의 성령을 욕되게 하는 자와 같으니 그런 자의 당연히 받을 형벌이 얼마나 더 중하겠느냐 생각하라" 하였으니 이것은 얼마나 큰 죄악이며, 얼마나 큰 형벌을 받게 될 것인가?

오늘날 대부분의 그리스도인들이 생각하는 것처럼 이 세상을 살아가는 동안 그리스도의 보혈로 우리가 완전히 깨끗함을 받지 못하여 생명이 다할 때까지 죄를 지면서 살아야 한다면, 그리스도의 십자가의 고난은 그 사람에게는 헛된 것이 되는 것이다. 예수님을 믿고 구원받은 줄 알고, 열심히 기도하고, 교회 중진으로 살던 그리스도인들이 이 무서운 일이 아직도 자신에게 머물러 있다는 것을 알게 된다면 얼마나 놀라고 통분할 일이겠는가? 또한 만일 하나님께서 우리가 현세에서 거룩하기를 바라신다는 것을 알면 지금처럼 성결을 꺼리면서 그리스도의 모습과는 전혀 다르게 죄를 지면서 회개했다고 안심하고 편하게 생활하는 목회자들을 포함한 대부분의 그리스도인들은 이제는 돌아서야 한다.

하나님께서는 아담으로부터 온 인간의 원죄로 말미암아 죄 가운데 있는 인간을 구속하고, 모든 인간이 현세에서 거룩한 자기 백성 되게 하시려고 아들을 이 땅에 보내신 것이다. 존 웨슬리의 말처럼 '우리가 죽은 후에 할 수 있는 것은 아무것도 없다'. 하나님께서는 우리에게 성령을 주시고, 말씀을 주셔서 이 땅에서 거룩(성결)하여 그리스도를 닮은 그리스도인으로서, 천국을 이루며 살아가기를 바라시는 것이다.

오직 너희를 부르신 거룩한 자처럼 너희도 모든 행실에 거룩한 자가 되라 기록하였으되 내가 거룩하니 너희도 거룩할지어다 하셨느니라(벧전 1:15-16).

누구든지 성결하지 아니하고는 하나님을 볼 수도 없고, 하나님 나라에 이르지도 못한다. 따라서 우리는 거룩해야 하며, 성결해야 한다. 이것이야말로 하나님이 우리에게 주신 복음이다. 필자는 하나님께서 값없이 주신 이 은혜의 성결 복음을 45년 동안 신앙생활을 통하여 체험하고, 가르치고, 연구하여 좀 더 많은 그리스도인들에게 이 복음을 전하기 위해서, 이 책을 집필하게 되었다. 이 책을 읽는 모든 그리스도인들에게도 하나님의 말씀이 생수가 되어 성결을 체험하고, 진정한 복음이 무엇인지 깨달아 하나님의 온전한 사람(영에 속한 그리스도인), 하나님의 거룩한 참된 자녀가 되어 이 땅에서도 하나님께서 주시는 평강과 복된 삶을 영위하며, 다시 오실 예수님을 기쁨으로 맞이할 수 있는 준비된 그리스도인들이 되기를 희망한다.

차
례

제1장

우주의
기원

✝

제1장
우주의 기원

I. 우주 만물을 창조하신 하나님

태초에 하나님이 세상을 창조하시니라 땅이 혼돈하고 공허하며 흑암이 깊음 위에 있고 하나님의 신은 수면에 운행하시니라 (창 1:1-2).

성부. 성자. 성령 하나님=〉 말씀으로 세상만물 창조=〉 있으라=〉 있었고

하나님이 이르시되 빛이 있으라 하시니 빛이 있었고 빛이 하나님이 보시기에 좋았더라 하나님이 빛과 어두움을 나누사 하나님이 빛을 낮이라 부르시고 어둠을 밤이라 부르시니라 저녁이 되고 아침이 되니 이는 첫째 날이니라 하나님이 이르시되 물 가운데에 궁창이 있어 물과 물로 나뉘게 하리라 하시고 하나님이 궁창을 만드사 궁창 아래의 물과 궁창 위에 물로 나뉘

라 하시매 그대로 되니라 하나님이 궁창을 하늘이라 칭하시니라 저녁이 되고 아침이 되니 이는 둘째 날이니라 하나님이 가라사대 천하의 물이 한곳으로 모이고 뭍이 드러나라 하시매 그대로 되니라 하나님이 뭍을 땅이라 칭하시고 모인 물을 바다라 칭하시니라 하나님이 보시기에 좋았더라(창 1:3-10).

양승훈의『창조와 격변』(63-69)에 보면 생명의 기원에 대한 연구는 간학문적이어서 생물학이나 유기화학의 영역에만 머물러 있지 않고 열역학을 통한 물리학과도 관련된다. 열역학은 우주에 존재하는 모든 물질과의 반응에 관련된 에너지의 양과 형태의 변화 및 일의 상호관계를 다루는 학문이다. 열역학 제1법칙은 흔히 에너지 보존 법칙이라고도 불린다. 이 법칙은 에너지는 저절로 생성되거나 소멸될 수 없으며 다만 그 형태만 변할 뿐이라는 것이 그 요점이다.

열역학 제1법칙에 의하면 에너지의 형태는 변환될 수 있지만 그 총량은 항상 불변한다. 아인슈타인의 상대성이론의 결과인 질량 에너지 등가 원리가 시사하는 바와 같이, 어떤 물질이 보유한 에너지(E)는 그 물질의 질량(m)에 빛의 속도(c)의 제곱을 곱한 것과 같다. 즉 이것은 에너지와 물질은 근본적으로 같은 것이며 물질은 곧 에너지에 해당함을 의미한다. 제2차 세계대전 중 미국이 일본에 투하한 원자폭탄은 원자의 핵이 분열하면서 생긴 질량결손이 에너지로 전환되는 것을 이용한 것으로서 물질 자체가 에너지라는 사실을 생생하게 증명하였다. 그러면 열역학 제1법칙을 어떻게 기원 논리에 적용할 수 있는가?

진화론에 의하면 사람의 조상은 원숭이며 포유동물의 조상은 파충류, 파충류의 조상은 양서류, 물고기, 원생동물 등으로 거슬러 올라가게 되고 결국 무기물질로부터 유전자(DNA)와 단백질 등이 자연적으로 결합, 조직되어 생명이 발생한 것으로 추정한다. 단백질의 구성단위인 아미노산은 탄소, 수소, 질소 등의 원자로 되어 있는데 이 원자들이 어디에서 만들어졌겠는가를 생각해 보면 궁극적으로 화학진화 가설에서는 무에서 유가 만들어지는 단계가 필요하다.

그러나 아인슈타인의 '상대성 이론'에 의하면 우주에 있는 물질도 결국 에너지이며 따라서 무에서 물질, 즉 에너지가 생성된다는 것은 열역학 제1법칙에 정면으로 위배된다. 열역학 제1법칙에 의하면 이들 물질과 다양한 형태의 에너지는 저절로 생겨날 수 없기 때문에 반드시 누군가에 의해서 창조되었을 수밖에 없다. 현재 우리가 살고 있는 이 물질계가 허상이 아니라면 누군가에 의해서 창조된 것이다. 대폭발 이론에서 가정하고 있는바 태초에 대폭발을 일으킨 원 물질도(존재했다면) 결국 누군가에 의해 창조된 것일 수밖에 없다. 에너지는 저절로 만들어지거나 소멸되지 않기 때문이다. 결국 열역학 제일 법칙에 의하면 필연적으로 이 물질(에너지)세계를 만든 창조주가 있을 수밖에 없다는 결론에 이르게 된다.

열역학 제1법칙은 에너지의 양적인 보존을 다룬 것이요, 열역학 제2법칙은 에너지의 질적인 쇠퇴 현상을 다룬 것이다. '엔트로피 증가의 법칙'이라고도 한다. 엔트로피가 증가하는 것은 무질서도가 증가한다는 것이며, 엔트로피가 증가할수록 유용한 에너지는 줄어든다는 것이다. 이는 결국 에너지의 질적인 쇠퇴를 뜻한다. 열역학 제2법칙에 의하면 개방계에서는 외부의 에너지가 가해지지 않는 한 항상 무질서도가 증가하는 방향으로 반응이 일어나게 된다. 또한 외부에서 에너지가 가해지더라도 그 에너지를 질서도를 높이는데 효과적으로 사용할 수 있는 장치가 없으면 질서도는 증가될 수 없다. 즉 무질서한 계가 질서 있는 계로 바뀌려면 외부에서 가해지는 에너지가 의도적인 목적과 설계에 따른 변환 장치를 통해 계속적으로 받아들여져야 한다.

양승훈 교수는 KAIST에서 물리학을 연구했으며(MS, Ph.D.), 미국 위스콘신 대에서 과학사(MA)를, 휘튼 대학에서 신학(MA)을 연구했다. 그는 반도체 물리학 연구 외에도 창조론과 기독교 세계관에 대해서도 연구하였다. 양승훈 교수의 잘 알려진 저서로는『물리학과 역사』,『과학사와 과학교육』,『창조론 대강좌』,『기독교적 세계관』등이 있다. 그는 30여 년간의 연구를 통하여 '창조와 진화'를 그림과 함께 과학적으로 명확하게 분석하여 놓았다. 여기서는 열역학 법칙에 의한 에너지의 증가와 소실을 통한 절대자의 창조를 인용하고, 다음 장에서도 조금씩 하나님의 창조와 위대하심을 언급하고자 한다. 또한 어두움 속에서 아무 것도 보지 못하고 진화를 추종하는 어리석은 사람들의 마음의 눈을 열어주고자 한다. 즉 창조자의 계속적인 설계와 의도적인 목적의 실현을 위해서 공급하시는 에너지(재창조)가 있지 아니하면 이 물질계는 엔트로피(에너지의 소실)의 증가로 벌써 힘을 잃고, 이 세상은 무질서로 완전한 혼돈의 세계로 들어가든지 소멸되어 다시 무로 돌아갔을 것이다.

하나님께서는 계속해서 우주의 적재적소에 필요한 에너지를 공급하여 엔트로피의 증가를 효과적으로 막고, 인간을 구원하시기 위한 목적을 가지고 세상을 재창조하고 계시기 때문에, 우리는 지금도 균형 잡힌 세상에서 살고 있는 것이다.

Ⅱ. 종의 기원

하나님이 가라사대 땅은 풀과 씨 맺는 채소와 각기 종류대로 씨 가진 열매 맺는 과목을 내라 하시매 그대로 되어 땅이 각기 종류대로 씨 맺는 채소와 각기 종류대로 씨 가진 열매 맺는 나무를 내니 하나님의 보시기에 좋았더라 저녁이 되며 아침이 되니 셋째 날이니라 하나님이 이르시되 하늘의 궁창에 광명이 있어 주야를 나뉘게 하고 그것들로 징조와 사시와 일자와 연한을 이루게 하라 또 광명이 하늘의 궁창에 있어 땅을 비추라 하시니 그대로 되니라 하나님이 두 큰 광명을 만드사 큰 광명으로 낮을 주장하게 하시고 작은 광명으로 밤을 주관하게 하시며 또 별들을 만드시고 하나님이 그것들을 하늘의 궁창에 두어 땅을 비추게 하시며 주야를 주관하게 하시고 빛과 어둠을 나뉘게 하시니라 하나님이 보시기에 좋았더라 저녁이 되고 아침이 되니 이는 넷째 날이니라 하나님이 이르시되 물들은 생물로 번성하게 하라 땅 위 하늘의 궁창에는 새가 날으라 하시고 하나님이 큰 물고기와 물에서 번성하여 움직이는 모든 생물을 그 종류대로 날개 있는 모든 새를 그 종류대로 창조하시니 하나님이 보시기에 좋았더라 하나님이 그들에게 복을 주시며 이르시되 생육하고 번성하여 여러 바다 물에 충만하라 새들도 땅에 번성하라 하시니라 저녁이 되고 아침이 되니 이는 다섯째 날이니라 하나님이 이르시되 땅은 생물을 그 종류대로 내되 육축과 기는 것과 땅의 짐승을 종류대로 내라 하시고 (그대로 되니라)하나님이 땅의 짐승을 그 종류대로 육축을 그 종류대로 땅에 기는 모든 것을 그 종류대로 만드시니 하나님의 보시기에 좋았더라 하나님이 가라사대 우리의 형상을 따라 우리의 모양대로 우리가 사람을 만들고 그로 바다의 고기와 공중의 새와 육축과 온 땅과 땅에 기는 모든 것을 다스리게 하자 하시고 하나님이 자기 형상 곧 하나님의 형상대로 사람을 창조하시되 남자와 여자를 창조하시고 하나님이 그들에게 복을 주시며 그들에게 이르시되 생육하고 번성하여 땅에 충만하라 땅을 정복하라 바다의 고기와 공중의 새와 땅에 움직이는 모든 생물을 다스리라 하시니라 하나님이 가라사대 온 지면의 씨 맺는 모든 채소와 씨 가진 열매 맺는 모든 나무를 너희에게 주노니 너희 식물이 되리라 또 땅의 모든 짐승과 공중의 모든 새와 생명이 있어 땅에 기는 모든 것에게는 내가 모든 푸른 풀을 식물로 주노라 하시니 그대로 되니라 하나님이 그 지으신 모든 것을 보시니 보시기에 심히 좋았더라 저녁이 되며 아침이 되니 이는 여섯째 날이니라(창 1:3-31).

천지와 만물이 다 이루니라 하나님이 그 하시던 일을 일곱째 날에 마치시니 그가 하시던 모든 일을 그치고 일곱째 날에 안식하시니라 하나님이 그 일곱째 날을 복되게 하사 거룩하게 하셨으니 이는 하나님이 그 창조하시며 만드시던 모든 일을 마치시고 그 날에 안식하셨음이더라(창 2:1-3).

하나님께서는 말씀으로 세상을 창조하시고, 또한 모든 생물을 그 종류대로 창조하셨다. 그리하여 각 생물은 지금까지 그 종을 유지하며 진화를 계속하는 것이 아니라 하나님이 창조하신 그 모습으로 이 세상에서 대를 이어 번식하며 계속 존재하고 있는 것이다.

하나님께서 이 엄청난 일을 행하시고 안식하신 그날을 전 세계의 모든 나라에서 주의 날로 지킬 뿐만 아니라 안식일로 쉬고 있다. 하나님의 완전수인 7일을 주기로 안식일로 지키고 쉬게 하심을 감사드린다. 한 달이 주기라면 일하는 사람들이 얼마나 힘들었겠는가? 그리고 예수님이 나신 전후를 BC와 AD로 하여 역사를 계산하고 있으면서도 역사의 주관자가 누구인가를 알지 못하고, 알려고도 하지 않는 것이 참으로 이상하다.

하나님께서 지으신 이 우주는 하나님께서 보시기에도 완벽하고 아름다운 것이었다. 이 우주가 하나님의 설계 없이 태양의 폭발로만 되었다면 지구를 위시하여 모든 천체가 1mm의 오차도 없이 각자의 각도와 속도를 가지고 태양 주위를 한 방향으로 변함없이 돌아갈 수는 없다. 그것이 하나님의 설계가 아니고 자연의 법칙뿐이라면 우주의 수많은 별이 태양을 돌다가 서로 부디 쳐서 지금의 태양계가 유지될 수 없었을 것이며, 지구도, 인간도, 나도 이 세상도 없었을 것이다.

Ⅲ. 인간의 기원

하나님은 세상을 창조하시고 또한 사람을 자기 모양과 형상을 따라 창조하셨다.

하나님이 가라사대 우리의 형상을 따라 우리의 모양대로 우리가 사람을 만들고 그로 바다의 고기와 공중의 새와 육축과 온 땅과 땅에 기는 모든 것을 다스리게 하자 하시고 하나님이 자기 형상 곧 하나님의 형상대로 사람을 창조하시되(창 1:26-27).

여호와 하나님이 땅의 흙으로 사람을 지으시고 생기를 그 코에 불어 넣으시니 사람이 생령이 되니라(창 2:7).

아담이 모든 육축과 공중의 새와 들의 모든 짐승에게 이름을 주니라 아담이 돕는 배필이 없음으로 여호와 하나님이 아담을 깊이 잠들게 하시니 잠들매 그가 그 갈빗대 하나를 취하고 살로 대신 채우시고 여호와 하나님이 아담에게서 취하신 갈빗대로 여자를 만드시고 그를 아담에게로 이끌어 오시니 아담이 이르되 이는 내 뼈 중에 뼈요 살 중에 살이라 이것을 남자에게서 취하였은즉 여자라 칭하리라 하니라 이러므로 남자가 부모를 떠나 그 아내가 연합하여 둘이 한 몸을 이룰찌로다 아담과 그 아내

두 사람이 벌거벗었으나 부끄러워 아니하니라(창 2:20-25).

하나님이 그들에게 복을 주시며 그들에게 이르시되 생육하고 번성하여 땅에 충만하라 땅을 정복하라 바다의 고기와 공중의 새와 땅에 움직이는 모든 생물을 다스리라 하시니라(창 1:28).

하나님=〉자기형상-인간 창조-흙+생기(성령)=〉 남자=〉 거룩한 사람=〉 아담

남자의 갈비 뼈=〉 뼈 중에 뼈, 살 중의 살=〉 여자(돕는 배필)=〉 하와

1. 이분론

'인간은 영혼과 육체의 두 부분으로 되어 있다'는 이론을 이분론이라 한다. 이분론은 '인간은 물질적 부분과 영적인 부분 즉 육체와 영혼으로 되어 있으며 혼과 영 사이에는 본질에 있어서 어떠한 존재론적 차이도 없다는 것이다. 우주에는 두 가지 본질인 물질과 비물질만 있을 뿐이다'라고 주장한다.

한영태 박사의 『웨슬리의 조직신학』 '인간의 구조'에 보면 웨슬리는 고대 철학의 영향을 받아 인간은 우주의 4대 원소인 흙, 공기, 불, 그리고 물로 육체가 되어 있고 혼은 생각, 판단, 상상, 기억과 오감의 능력을 가지고 있는 것으로 본다. 그리고 물질(육)은 수동적이고 혼은 능동적이며 이것은 몸의 각 지체를 관장하며 사고의 주체가 되는 것으로 본다. 웨슬리는 육체가 아닌 그 어떤 것 곧 육체의 모든 부분을 마음대로 지배하는 육

체와는 다른 요소를 혼이라고 하였다. 이 영혼은 육체와 다른 존재로서 육체의 사멸 후에도 계속 존속한다고 보았다. 인간의 가치는 육에 있지 않고 혼에 있다. 혼의 가치는 바로 영적 존재인 인간의 귀중성을 나타낸다. 웨슬리는 인간의 구성은 몸과 혼으로 되어 있다는 이분설을 지지한다. 따라서 그에게 삼분론은 거부된다.

웨슬리는 살전 5:23의 주석에서 '인간은 아무래도 세 가지 부분으로 성립될 수는 없다. 그런 것처럼 보일 뿐이다'라고 하였다. 인간은 육과 혼으로 구성되었다는 웨슬리의 견해는 종교 개혁자들의 견해와 일치 한다고 하였는데 창 2:7에서 말씀한 것처럼 "하나님이 땅의 흙으로 사람을 지으시고 그 코에 생기를 불어 넣으셔서 사람이 생령이 된지라"라고 한 것으로 보아 흙으로 만든 생명이 없는 인간의 코에 하나님의 생기(생명)를 불어넣으신 것이며, 하나님의 생기는 곧 하나님의 성령이며, 하나님의 성령을 부어 넣으심으로 외적으로 뿐 아니라 내적으로도 거룩한 하나님의 형상을 닮은 인간이 되어서 에덴동산에서 타락하기 전까지 하나님과 교통하며 살았다.

웨슬리는 인간이 하나님의 형상인 근본적인 성결함을 갖고 창조된 것을 믿고 성결의 회복을 주장 했는데 혼과 육이 있으며 영은 하나님의 특별한 은사라고 하였다는 것이 말이 안 되며 혼이 특별한 것처럼 말한 것은 있을 수 없는 일이라고 생각한다. 그 혼은 어디에서 왔다는 것인가? 혼이 불변하고 혼의 가치가 영적 존재인 인간의 귀중성을 나타낸다고 하는 것은 이론에 맞지 않다. 영이 하나님의 영이냐, 사단의 영이냐에 따라 혼이 하나님의 사람인가, 마귀의 사람인가가 결정되는데 혼이 영을 지배한다는 것으로는 인간의 완전한 성결을 설명할 수 없다. 더구나 아담의 기본 성결을 주장한 웨슬리가 영으로가 아니면 성결을 어찌 증명할 수 있었을 것인가?

오늘날은 물이나 나무에까지 혼이 있다고 한다. 물에 아름다운 음악과 축복의 말을 해주면 좋은 물 곧 육각수가 되며, 나무에서도 축복의 말을 하면 나무가 잘 자라고, 나무를 저주하면 마른다고 한다. 또 동물들도 종류대로 흙으로 만들어 생명을 주셨을 때 각 동물에 따라 특색 있는 혼(생각, 사고, 감정, 본능 등)을 주셔서 동물도 생각하고 행동하는 것인데 하나님의 형상대로 지으신 인간에게는 특별히 하나님의 성령으로 생명을 주셨는데 혼이 영의 지배를 받도록 만드신 것이 아니라는 것인가? 성경에는 짐승에게 혼을 주셨다는 말은 없지만 흙으로 만드셔서 생물이 되게 하셨으니 그 생물은 육과 혼이 있어 생물이 되었다고 생각한다.

여호와 하나님이 흙으로 각종 들 짐승과 공중의 각종 새를 지으시고 아담이 어떻게 이름을 짓나 보시려고 그것들을 그에게로 이끌어 이르시니 아담이 각 생물을 일컫는 바가 곧 그 이름이라(창 2:19).

동물에는 영이 없지만 호랑이와 염소와 곰과 코끼리가 그 모습이 다른 것 같이 그들의 혼(지. 정. 의)도 다르므로 그들의 DNA대로 태어나서, 그들의 습성과 본능대로 각기 다른 삶을 산다. 이분론은 인간 이외의 생명 있는 다른 창조물에만 해당되는 것이다. 하나님의 형상대로 지으신 인간은 '영'과 '혼'과 '육'의 세 부분으로 구성되어 있다고 설명하는 것이 옳다고 생각한다.

흙(몸)+혼=〉각종 새. 각종 육축. 각종 들 짐승. 각종 물고기.
풀. 식물=〉종류대로+혼=〉각종 식물

2. 삼분론

삼분론은 인간은 '영'과 '혼' 그리고 '육'의 삼분으로 구분된다는 이론이다. 창 2:7은 하나님이 흙으로 사람을 만드시고 생기를 그 코에 불어 넣으셨다고 하였다. '그 생기가 몸과 접했을 때 혼이 생기게 되었다'라고 워치만 니는 정의하였는데 하나님이 모든 생물에게 혼(생명)과 육(흙으로 만드심)을 주셨는데 인간에게만 "생기(성령)를 불어 넣으시니 생령이 되었다"라고 하셨으니 개혁신학자들과 존 웨슬리의 이분설의 주장은 타당하지 않고, 워치만 니의 정의도 옳지 않다고 생각한다.

흙(몸)+혼+생기(성령)=〉인간

동물에게는 육과 혼을 주셔서 자기를 보호하려는 본능, 생명을 유지하려는 본능, 종족을 보존하려는 본능 등 나름대로의 각양각색의 유전적 본능으로 살아가고 있다. 그러나 하나님의 형상대로 만드신 사람에게는 하나님과 영적 교제를 하게 하시기 위하여 육과 혼과 그 위에 영을 주셨다.

하나님은 사람을 내적으로나, 외적으로나 거룩하고 완전하신 하나님의 형상대로 만드셨다. 그러나 로보트와 같은 기계 인간을 만드신 것이 아니라 하나님의 형상이요, 하나님의 권위 안에 있는 자유의지를 가진 사람으로 만드신 것이다.

이 백성은 내가 나를 위하여 지었나니 나의 찬송을 부르게 하려 함이니라(사 43:21).

자아는 혼 곧 인간의 지, 정, 의의 마음이다.

하나님의 형상
(영과 혼과 육으로 만드신 사람)

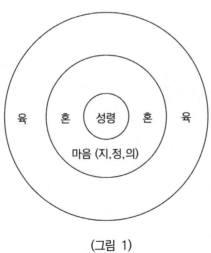

(그림 1)

평강의 하나님이 친히 너희로 온전히 거룩하게 하시고 또 너희 온 영과 혼과 몸이 우리 주 예수 강림하실 때에 흠 없게 보전되기를 원하노라(살전 5:23).

영은 혼을 덧입고 혼은 육을 덧입는다고 워치만 니는 『영에 속한 사람』에서 말한다. 영은 하나님께서 성령의 지배를 받는 인간과 교제하시고 찬양과 영광을 받으시려고 주신 것이며, 혼은 자아 곧 인간의 마음(지식, 감정, 의지, 기억, 이성)이며, 육(몸)은 하나님이 흙으로 지으신 하나님의 형상(시각, 청각, 미각, 후각, 촉각)이며 혼의 지배를 받는다. 그러므로 인간을 영·혼·육의 삼분으로 설명하는 것이 맞는다고 생각한다. 하나님께서는 인간을 외형뿐 아니라 내면까지 거룩한 하나님의 형상대로 완벽하게 지으신 것이다.

제2장

죄란
무엇인가

제2장
죄란 무엇인가

Ⅰ. 사단의 기원

하나님께서는 모든 만물을 창조하시기 전에 사자 곧 소식을 전하는 자 또는 부리는 자로서 영적인 존재인 천사를 창조하셨다. 성경은 여러 곳에서 이에 대해 언급하고 있다.

또 천사들에 관하여는 그는 그의 천사들을 바람으로 그의 사역자들을 불꽃으로 삼으시느니라 하셨으되(히 1:7).

모든 천사들은 부리는 영으로서 구원 얻을 후사들을 위하여 섬기라고 보내심이 아니뇨(히 1:14).

능력이 있어 여호와의 말씀을 이루며 그 말씀의 소리를 듣는 너의 천사여 여호와를 송축하라(시 103:20).

성경에는 하나님의 좋은 소식을 전하는 가브리엘(단 9:21, 눅 1:26) 천사장과 하늘나라의 군대를 이끄는 군대장관 미가엘

(단 12:1, 유 1:9)과 성가대장을 맡은 벨리엘(고후 6:15)과 그 룹들과 사단, 마귀 등 영적인 존재에 관한 말씀이 여러 군데 나온다.

내가 말하여 기도할 때에 이전 이상 중에 본 그 사람 가브리 엘이 빨리 날아서 저녁 제사를 드릴 때 즈음에 내게 이르더니 (단 9:21).

여섯째 달에 천사 가브리엘이 하나님의 보내심을 받들어 갈 릴리 나사렛이란 동네에 가서(눅 1:26).

그 때에 네 민족을 호위하는 대군 미가엘이 일어날 것이요 또 환난이 일어날 것이요 또 환난이 있으리니 이는 개국이래로 그 때까지 없던 환난일 것이며 그 때에 네 백성 중 무릇 책에 기록된 모든 자가 구원을 얻을 것이라(단 12:1).

천사장 미가엘이 모세의 시체에 대하여 마귀와 다투어 변론 할 때에 감히 훼방하는 판결을 쓰지 못하고 다만 말하되 주께 서 너를 꾸짖으시기를 원하노라 하였거늘(유 1:9).

그리스도와 벨리알이 어찌 조화되며 믿는 자와 믿지 않는 자 가 어찌 상관하며(고후 6:15).

하나님은 천사를 완전하게 만드셨으나 하나님의 찬양을 맡은 천 사장 루시엘은 교만하여, 하나님의 지배를 벗어나 하나님의 위에 오르려고 하였으므로 하나님은 그를 정죄하시고 세상으로 쫓아내 셨다. 마귀와 귀신은 루시엘을 쫓던 타락한 천사의 무리들이다.

너 아침의 계명성이여 어찌 그리 하늘에서 떨어졌으며 너 열국을 엎은 자여 어찌 그리 땅에 찍혔는고 내가 네 마음에 이르기를 내가 하늘에 올라 하나님의 뭇 별 위에 나의 보좌를 내가 북극 집회의 산 위에 좌정하리라 가장 높은 구름에 올라 지극히 높은 자와 비기리라 하도다 그러나 이제 네가 음부 곧 구덩이의 맨 밑에 빠치우리로다(사 14:12-15).

너는 기름부음을 받고 지키는 구룹임이여 내가 너를 세우매 네가 하나님의 성산에 있어서 불타는 돌들 사이에 왕래 하였도다 네가 지음을 받는 날로부터 네 모든 길에 완전하더니 마침내 네게서 불의가 드러났도다 네 무역이 풍성하므로 네 가운데 강포가 가득하여 네가 범죄하였도다 너 덮는 그룹아 그러므로 내가 너를 더럽게 여겨 하나님의 산에서 쫓아내었고 화광석 사이에서 멸하였도다 네가 아름다우므로 마음이 교만 하였으며 네가 영화로우므로 네 지혜를 더럽혔음이여 내가 너를 땅에 던져 열왕 앞에 두어 그들의 구경거리가 되었도다(겔 28:14-17).

하나님께 벌을 받고 쫓겨난 옛뱀 사단은 에덴동산에서 하나님의 형상대로 지으신 인간(아담과 하와)을 속이고 선악과를 먹게 함으로 하나님의 거룩하심과 완전하심으로부터 분리시켜 에덴동산에서 쫓겨나게 하였다.

사단이라는 말은 '대적하는 자'(벧전 5:8)를 뜻하며, 마귀는 '참소하는 자'(계 12:10)를 뜻한다. 마귀는 용(계 12:9), 뱀(계 20:2), 벨리알, 계명성, 악한 자(마 13:19), 시험하는 자(마

4:3), 세상의 신(고후 4:4), 공중의 권세 잡은 자(엡 2:2), 세상의 임금(요 12:31) 등으로 불린다.

근신하라 깨어라 너희 대적 마귀가 우는 사자같이 두루 다니며 삼킬 자를 찾나니(벧전 5:8).

내가 또 들으니 하늘에 큰 음성이 있어 가로되 이제 우리 하나님의 구원과 능력과 나라와 또 그의 그리스도의 권세가 이루었으니 우리 형제들을 참소하던 자 곧 우리 하나님 앞에서 밤낮 참소하던 자가 쫓겨났고(계 12:10).

큰 용이 내어 쫓기니 옛 뱀 곧 마귀라고도 하고 사단이라고도 하는 온 천하를 꾀는 자라 땅으로 내어 쫓기니 그의 사자들도 저와 함께 내어 쫓기니라(계 12:9).

용을 잡으니 곧 옛 뱀이요 마귀요 사단이라 잡아 일천 년 동안 결박하여(계 20:2).

아무나 천국 말씀을 듣고 깨닫지 못할 때는 악한 자가 와서 그 마음에 뿌리운 것을 빼앗나니 이는 곧 길가에 뿌리운 자요(마 13:19).

시험하는 자가 예수께 나아와서 가로되 네가 만일 하나님의 아들이어든 명하여 이 돌들이 떡 덩이가 되게 하라(마 4:3).

그중에 이 세상 신이 믿지 아니하는 자들의 마음을 혼미케 하여 그리스도의 영광의 광채가 비취지 못하게 함이니 그리스도는 하나님의 형상이니라(고후 4:4).

그때에 너희가 그 가운데서 행하여 이 세상 풍속을 좇고 공중의 권세 잡은 자를 따랐으니 곧 지금 불순종의 아들들 가운데서 역사하는 영이라(엡 2:2).

이제 이 세상의 심판이 이르렀으니 이 세상 임금이 쫓겨나리라(요 12:31).

귀신들은 사단을 도와서 사람들의 육체와 정신에 질병을 준다.

십팔 년 동안을 귀신들려 앓으며 꼬부라져 조금도 펴지 못하는 한 여자가 있더라(눅 13:11).

너희는 너희 아비 마귀에게서 났으니 너희 아비의 욕심을 너희도 행하고자 하느니라 저는 처음부터 살인한 자요 진리가 그 속에 없으므로 진리에 서지 못하고 거짓을 말할 때마다 제 것으로 말하나니 이는 저가 거짓말쟁이요 거짓의 아비가 되었음이니라(요 8:44).

이는 예수께서 이미 더러운 귀신을 명하사 이 사람에게서 나오라 하셨음이라 (귀신이 가끔 이 사람을 붙잡으므로 저가 쇠사슬과 고랑에 매이어 지키웠으되 그 맨 것을 끊고 귀신에게 몰려 광야로 나갔더라)(눅 8:29).

악한 자의 임함은 사단의 역사를 따라 모든 능력과 표적과 거짓 기적과 불의의 모든 속임으로 멸망하는 자들에게 임하리니 이는 저희가 진리의 사랑을 받지 아니하여 구원함을 얻지 못함이라 이러므로 하나님이 유혹을 저희 가운데 역사하게 하사 거짓 것을 믿게 하심은 진리를 믿지 않고 불의를 좋아하는 모든 자로 심판을 받게 하려 하심이니라(살후 2:9-12).

하나님의 천사=〉교만 =〉타락=〉사단=〉하나님의 전에서 쫓겨남.

인간=〉미혹(사단)=〉타락=〉원죄=〉에덴동산에서 땅으로 쫓겨남.

여호와 하나님의 지으신 들짐승 중에 뱀이 가장 간교하더라 뱀이 여자에게 물어 가로되 하나님이 참으로 너희더러 동산 모든 나무의 실과를 먹지 말라 하시더냐 여자가 뱀에게 말하되 동산 나무의 열매를 우리가 먹을 수 있으나 동산 중앙에 있는 나무의 실과는 하나님의 말씀에 너희가 먹지도 말고 만지지도 말라 너희가 죽을까 하노라 하셨느니라 뱀이 여자에게 이르되 너희가 결코 죽지 아니하리라 너희가 그것을 먹는 날에는 너희 눈이 밝아 하나님과 같이 되어 선악을 알 줄을 하나님이 아심 이니라 여자가 그 나무를 본즉 먹음직도 하고 보암직도 하고 지혜롭게 할 만큼 탐스럽기도 한 나무인지라 여자가 그 실과를 따 먹고 자기와 함께한 남편에게도 주매 그도 먹은지라 이에 그들의 눈이 밝아 자기들의 몸이 벗은 줄 알고 무화과나무의 잎을 엮어 치마를 하였더라(창 3:1-7).

아담과 하와는 사단(뱀)의 꾐(거짓)에 속아서 하나님의 법을 어기고 에덴동산에서 땅으로 쫓겨나 남자는 일생 땀을 흘리며 땅의 소산으로 먹고, 여자에게는 잉태하는 고통을 더 하게 하시며, 죄로 인해 인간과 사단의 영원한 대적의 관계와 그리스도의 십자가의 완전한 구원을 약속하셨다.

내가 너로 여자와 원수가 되게 하고 너의 후손도 여자의 후손과 원수가 되게 하리니 여자의 후손은 네 머리를 상하게 할 것이요 너는 그 발꿈치를 상하게 할 것이니라 하시고(창 3:15).

인간에게 있어서 사단으로부터 온 원죄는 피할 수 없는 천적이다. 사단이 없었다면 우리에게는 원죄가 없었을 것이며, 아담이 타락하지도 않았을 것이며, 에덴동산에서 쫓겨나지도 않았을 것이다. 또 하나님께서 지으신 이 아름다운 땅에서 서로 미워하며 고통하며 살지도 않았을 것이다. 그러므로 우리는 우리의 원수 마귀를 잊지 말아야 한다.

하나님은 태초의 세상을 지으시고 보시기에 심히 좋았다고 하셨다. 하나님께서 보시기에 좋았다고 하신 세상은 흠 없이 완전한 것으로 지으셨으며 하나님의 형상대로 만드신 사람도 완전한 것이었다.

하나님이 그 지으신 모든 것을 보시니 보시기에 심히 좋았더라 저녁이 되며 아침이 되니 이는 여섯째 날이니라(창 1:31).

하나님께서 세상을 지으시고 대단히 만족해하셨다는 것을 알 수 있다. 그리고 그 아름다운 세상을 다스리며 살 사람을 만드신 것이다.

하나님이 자기 형상 곧 하나님의 형상대로 사람을 창조하시되 남자와 여자를 창조하시고 하나님이 그들에게 복을 주시며 그들에게 이르시되 생육하고 번성하여 땅에 충만하라 땅을 정복하라 바다의 고기와 공중의 새와 땅에 움직이는 모든 생물을 다스리라 하시니라(창 1:27-28).

타락하기 전 아담은 하나님과 교제할 수 있는 하나님의 형상인, 거룩함과 완전함 자체이었다. 웨슬리는 '하나님은 인간을 당신의 형상에 따라 이성과 자유를 지닌 영적 존재로 창조하셨다. 인간이 그 자유를 오용함으로 악이 발생했으며, 죄가 들어오고, 고통이 세상에 들어오게 되었다'고 하였다.

마귀에게 속아 타락하여 땅으로 쫓겨난 아담에게서 원죄를 물려받은 인간은 성령은 떠나고, 원죄를 가지고 마귀의 지배를 받으며 고통 하면서 살게 되었다. 우리는 우리를 대적하고 참소하는 영적인 마귀의 도전을 이길 수 있도록 항상 말씀과 성령으로 무장하고, 기도하고, 예수님과 동행하는 삶을 살아야 한다.

우리의 씨름은 혈과 육에 대한 것이 아니요 정사와 권세와 이 어두움의 세상 주관자들과 하늘에 있는 악의 영들에게 대함이라(엡 6:12).

하늘에 전쟁이 있으니 미가엘과 그의 사자들이 용으로 더불어 싸울 새 용과 그 사자들도 싸우나 이기지 못하여 다시 하늘에서 저희의 있을 곳을 얻지 못한지라(계 12:8-9).

마귀는 마지막 심판 날에 심판을 받고 지옥 곧 영원한 불 못에 던지우게 될 것이다.

또 왼편에 있는 자들에게 이르시되 저주를 받은 자들아 나를 떠나 마귀와 그 사자들을 위하여 예비된 영영한 불에 들어가라(마 25:41).

그러므로 마귀 안에 있고 마귀의 조종을 받는 자들은 이 땅에서도 저주를 받아 서로 미워하며, 용서하지 못하고 증오하며, 원망하며 불행하게 살고, 그의 영혼이 육체를 떠날 때 마귀와 함께 불못에 들어갈 것은 당연한 일이다.

또 저희를 미혹하는 마귀가 불과 유황 못에 던지우니 거기는 그 짐승과 거짓 선지자도 있어 세세토록 밤낮 괴로움을 받으리라(계 20:10).

II. 원죄와 자범죄

1. 원죄란 무엇인가

1) 도덕적 불복종

여호와 하나님이 그 땅에서 보기에 아름답고 먹기에 좋은 나무가 나게 하시니 동산 가운데는 생명나무와 선악을 알게 하는 나무도 있더라(창 2:9).

여호와 하나님이 그 사람을 이끌어 에덴동산에서 그것을 다스리며 지키게 하시고 여호와 하나님이 그 사람에게 명하여 가라사대 동산 각종 나무의 실과는 네가 임의로 먹되 선악을 알게 하는 나무의 실과는 먹지 말라 네가 먹는 날에는 정녕 죽으리라 하시니라(창 2:15-17).

하나님은 땅의 질서를 정하시기 위해서 생명나무와 선악과를 에덴 동산에 두시고, 인간에게는 자유의지를 주시고 '선악과를 먹지 말라'고 하셨다. 선하신 하나님께서는 악이 전혀 없으시고, 악을 알고 멸하실 수 있는 분은 하나님뿐이시다. 인간은 선과 악을 구별할 능력이 없고, 선과 악은 오직 거룩하시며 완전하신 하나님의 영역일 뿐이다.

2) 하나님에 대한 의심과 불신임

여호와 하나님의 지으신 들짐승 중에 뱀이 가장 간교하더라 뱀이 여자에게 물어 가로되 하나님이 참으로 너희더러 동산 모든 나무의 실과를 먹지 말라 하시더냐(창 3:1).

뱀이 여자에게 이르되 너희가 결코 죽지 아니하리라 너희가 그것을 먹는 날에는 너희 눈이 밝아 하나님과 같이 되어 선악을 알 줄을 하나님이 아심이니라 여자가 그 나무를 본즉 먹음직도 하고 보암직도 하고 지혜롭게 할 만큼 탐스럽기도 한 나무인지라 여자가 그 실과를 따먹고 자기와 함께한 남편에게도 주매 그도 먹은지라(창 3:4-6).

3) 하나님께 대한 도전

너희가 그것을 먹는 날에는 너희 눈이 밝아 하나님과 같이 되어 선악을 알 줄을 하나님이 아심이니라(창 3:5).
인간은 마귀에게 속아 하나님의 영역에 도전하고, 땅으로 쫓겨나서 마귀의 종으로 살게 되었다.

4) 하나님께 대한 자만심(교만)

하나님 없이도 살아갈 수 있다는 자만이다.
하나님께 대하여 마음을 닫고 마귀에게 귀를 기울이는 것이다.

5) 곁길로 가는 것

하나님의 정하신 길로 가지 아니하고 딴 길로 가는 것이다.
또 자기 지위를 지키지 아니하고 자기 처소를 떠난 천사들을
큰 날의 심판까지 영원한 결박으로 흑암에 가두셨으며(유 1:6).

6) 하나님과의 관계가 파괴되는 것(하나님과 원수가 되는 것)

그는 우리의 화평이신지라 둘로 하나를 만드사 중간에 막힌
담을 허시고 원수 된 것 곧 의문에 속한 계명의 율법을 자기
육체로 폐하셨으니 이는 이 둘로 자기의 의안에서 한 새 사람
을 지어 화평하게 하시고 또 십자가로 이 둘을 한 몸으로 하나
님과 화목하게 하려 하심이라 원수 된 것을 십자가로 소멸하시
고(엡 2:14-16).

7) 이 죄는

a. 아담으로부터 왔다.

이러므로 한 사람으로 말미암아 죄가 세상에 들어오고 죄로
말미암아 사망이 왔나니 이와 같이 모든 사람이 죄를 지었으므
로 사망이 모든 사람에게 이르렀느니라(롬 5:12).

한 사람이 순종치 아니함으로 많은 사람이 죄인 된 것 같이
한 사람의 순종 하심으로 많은 사람이 의인이 되리라(롬 5:19).

b. 한 범죄로 많은 사람이 정죄를 받게 되었다.

그런즉 한 범죄로 많은 사람이 정죄에 이른 것같이 한 의의 한 행동으로 말미암아 많은 사람이 의롭다 함을 받아 생명에 이르렀느니라(롬 5:18).

c. 죄는 사망 안에서 왕 노릇한다.

이는 죄가 사망 안에서 왕 노릇 한 것같이 은혜도 또한 의로 말미암아 왕 노릇하여 우리 주 예수 그리스도로 말미암아 영생에 이르게 하려 함이라(롬 5:21).

d. 죄의 삯은 사망이다.

죄의 삯은 사망이요 하나님의 은사는 그리스도 예수 우리 주 안에 있는 영생이니라(롬 6:23).

e. 죄로 하나님과의 관계가 단절되고 하나님과 원수가 되었다.

육신의 생각은 하나님과 원수가 되나니 이는 하나님의 법에 굴복치 아니할 뿐 아니라 할 수도 없음이라(롬 8:7).

f. 죄의 마지막은 영벌이다.

저희는 영벌에 의인들은 영생에 들어가리라 하시니(마 25:46).

한영태 교수의 『그리스도인의 성결』에 보면 '웨슬리에게 있어서 원죄의 교리는 본질적 교리에 속하는 중요한 것이며, 이교도와 명목상의 신자(육에 속한 그리스도인)를 구분하는 구분 점이다. 원죄는 우리가 실제로 행한 죄가 아니요 내가 타고난 죄 즉 나면서 물려받는 인간의 악한 본성을 의미한다. 원죄는 우리의 죄 된 본성을 의미하며 이는 행위 이전에 우리의 악한 상태를 나타내는 신학적 용어이다. 이 악한 본성으로부터 구체적인 범죄 행위(자범죄)가 나오게 된다. 그러므로 원죄는 죄의 뿌리, 죄의 세력, 죄의 누룩, 또는 죄의 모태라고 불리 운다'라고 하였다.

하나님의 사랑과 신뢰를 배반하고, 자유의지를 남용한 우리 조상 아담의 타락으로 말미암아 인간의 마음에는 사단으로부터 온 두려움과 죄책감과 수치심과 열등감, 교만, 불안, 초조, 시기, 질투, 원망, 불평, 미움, 분노, 용서하지 않음, 이기심, 사랑하지 않음, 비판, 비난, 거짓 등 다 열거할 수도 없이 많은 죄악이 들어있다. 이것이 원죄이다.

19세기의 정신 의학자 프로이드는 인간의 내면의 잠재된 의식구조에 대해서 연구하고 새로운 심리학의 제 이론을 전개하여 현대의 정신분석학의 원조로 정신분석학에 이바지한 바가 많으나 그의 지나친 제 이론에 대하여 여러 학자들의 비판이 있는 것도 사실이다.

프로이드에 의하면 '인간은 내적으로 갈기갈기 찢어진 존재이다'. 그가 본 인간의 내면의 찢어진 모습은 바로 원죄를 가진 인간의 추악하고 가련한 모습이 아니겠는가? 그럼에도 그는 타락하여 평화하지 못한 인간의 찢어진 모습이 곧 아담으로부터 온 원죄 때문이라는 것을 깨닫지 못하고, 또 모든 인간이 절대자 하나님의 창조와 섭리 하에서 하나님의 형상대로 지으신 영적인 존재임을 부인하는 오류를 범함으로서, 오늘날 악한 세상에서 만연한 정신 질환자들의 치유를 맡고 있는 정신과 의사들을 혼돈 속으로 빠지게 하는 크나큰 과오를 범한 것이다.

프로이드가 온 천지를 창조하시고 인간의 생사화복을 주장하시는 영이신 하나님이 계신 것과 그 아들 예수 그리스도의 십자가를 통한 죄 씻음과 용서받은 인간들이 서로 용서하고 사랑하며 살아야 한다는 것을 알았다면, 오늘날의 원죄로 고통당하는 찢어진 인간의 정신건강 회복에 정신과 의사들이 큰 도움이 되었을 것을 안타깝게 생각한다.

2) 자범죄란 무엇인가

모든 인간은 우리 조상 아담으로부터 악한 본성 곧 원죄를 가지고 태어나서 그 원죄로 말미암아 죄의 유혹을 받아 죄를 짓게 되는데 그 죄는 고의로 행한 행위의 죄, 의도적 죄 곧 자범죄인 것이다.

곧 모든 불의, 추악, 탐욕, 악의가 가득한 자요, 시기, 살인, 분쟁, 사기, 악독이 가득한 자요, 수군수군 하는 자요, 비방하는 자요, 하나님의 미워하시는 자요, 능욕하는 자요, 교만한 자요, 자랑하는 자요, 악을 도모하는 자요, 부모를 거역하는 자요, 우매한 자요, 배약하는 자요, 무정한 자요, 무자비한 자라 저희가 이 같은 일을 행하는 자는 사형에 해당한다고 하나님의 정하심을 알고도 자기들만 행할 뿐 아니라 또한 그 일을 행하는 자를 옳다 하느니라(롬 1:29-32).

이것은 정말 안타까운 진실이다. 아담으로부터 온 원죄로 인하여서 많은 사람들이 두려움 없이 사형에 해당하는 일을 자기도 행할 뿐 아니라 멸망의 넓은 길에서 서로 옳다 하며 함께 가는데 두려움이 없다.

육체의 일은 현저하니 곧 음행과 더러운 것과 호색과 우상숭배와 술수와 원수를 맺는 것과 분쟁과 시기와 분냄과 당 짓는 것과 분리함과 이단과 투기와 술 취함과 방탕함과 또 그와 같은 것들이라 전에 너희에게 경계한 것같이 경계하노니 이런 일을 하는 자들은 하나님의 나라를 유업으로 받지 못할 것이요(갈 5:19-21).

대부분의 그리스도인들은 원죄와 자범죄를 구분하지 못한다. 그러므로 일반 기독교인들은 죄라고 하면 자범죄인 자기 마음에 걸리고 잘못한 행위만을 죄라고 생각한다. 그리고 그 죄들을 회개하면 죄를 다 회개한 것으로 생각한다. 원죄는 예수 그리스도로 말미암아 없어졌으나 죽을 때까지 죄(자범죄)를 어떻게 짓지 않고 사느냐고 말한다. 그러나 자범죄는 인간의 마음속에 들어있는 원죄로 말미암아 행동으로 짓게 되는 것이므로 원죄가 없으면 자범죄를 짓지 않게 된다는 것을 알아야 한다.

제3장
인간의 세 가지 유형

제3장
인간의 세 가지 유형

Ⅰ. 육에 속한 사람(자연인)

1. 원죄를 가진 인간

태초에 하나님이 세상을 창조하시니라(창 1:1).

성부, 성자, 성령 하나님이 말씀으로 세상을 창조하셨다. 하나님께서 하나님의 형상대로 흙으로 사람을 만드시고 그 코에 생기를 불어 넣으심으로 성령의 사람이 되었으나, 그 사람은 사단의 유혹

하나님을 알되 하나님으로 영화롭게도 아니하고 오히려 그 생각이 허망하여지며 미련한 마음이 어두워졌나니 스스로 지혜 있다 하나 우준 하게 되어 썩어지지 아니하는 하나님의 영광을 썩어질 사람과 금수와 버러지 형상의 우상으로 바꾸었느니라(롬 1:21-23).

그러면 어떠하뇨 우리는 나으뇨 결코 아니라 유대인이나 헬라인이나 다 죄 아래 있다고 우리가 이미 선언 하였느니라 기록된 바 의인은 없나니 하나도 없으며 깨닫는 자도 없고 하나님을 찾는 자도 없고 다 치우쳐 한가지로 무익하게 되고 선을 행하는 자는 없나니 하나도 없도다 저희 목구멍은 열린 무덤이요 그 혀로는 속임을 베풀며 그 입술에는 독사의 독이 있고 그 입에는 저주와 악독이 가득하고 그 발은 피 흘리는데 빠른지라 파멸과 고생이 그 길에 있어 평강의 길을 알지 못하였고 저희 눈앞에 하나님을 두려워함이 없느니라 함과 같으니라(롬 3:9-18).

이러므로 한 사람으로 말미암아 죄가 세상에 들어오고 죄로 말미암아 사망이 왔나니 이와 같이 모든 사람이 죄를 지었으므로 모든 사람에게 사망이 이르렀느니라(롬 5:12).

불교도 인간의 속성이 죄이며, 인간이 어떻게 할 수 없는 것이 죄라는 것을 알아서 죄에서 벗어나 보려고 우상을 나무나 돌에 새겨서 절하고, 산속에서 고행하며, 또 목탁을 두드리면서 수시로 일어나는 탐욕과 갈등을 다스리려고 하는 것이다. 그러나 그것은 자기를 구원할 수 없는 헛된 노력일 뿐이며, 불교계의 소위 큰 별이었던 성철스님의 유언으로도 증명하고 있다.

'내 죄는 산보다 높고 바다보다 깊은데 내 어찌 감당하랴 내가 80년 동안 표교한 것은 헛것이로다. 우리는 구원이 없다. 죄 값을 해결할 자가 없기 때문이다. 딸 필하와 54년을 단절하고 살았는데 임종에 이르러 찾게 되었다. 내 인생을 잘못 선택

했다. 나는 지옥에 간다.'

너무도 처절한 고백이 아닌가? 그러나 오늘도 전국에 있는 사찰마다 얼마나 많은 돈을 갖다 바치고, 자기를 도울 수 있는 신이 아닌 사람이 만들어 놓은 우상인 부처에게 절하며, 지옥을 향하여 헛된 수고를 하고 있음이 안타깝다.

어떠한 종교의 창시자들도 자기에게 원죄가 있음을 부인할 수는 없는 일이다. 아니 오히려 원죄의 고통 때문에 영적 갈등에서 몸부림치다 위로를 얻기 위하여 우상을 세우고 종교를 만든다. 불교도 인간의 죄성을 자각하고 자기의 죄(내적 갈등)를 위하여 속세를 떠나서 산속에서 주야로 염불을 외우며 모든 욕망으로부터 벗어나서 마음을 다스려서 '부처'가 되고자 하는 것이며, 힌두교는 몸을 학대하여 신에게 가까이하여 인간의 고통을 해결하고자 하며, 이슬람교는 내세의 더 큰 복을 받을 것을 믿고 현세에서 자기 목숨을 헌신짝처럼 자살폭탄으로 내놓아 많은 인명을 해치고 오히려 지옥으로 가고 있다. 불교는 돌이나 나무에 자비하고 인자한 미소를 띤 모습들을 조각해 놓고 그것과 같이 되라고 하고(그 웃는 모습처럼 인간의 마음이 변할 수 있다면 얼마나 좋으랴 만은), 또 그것에 절을 하여 원하는 것을 구하라고 하니 그 돌과 나무가 사람보다 영험 하다고 생각하는 나무와 돌만도 못한 인간들의 어리석음을 어찌하랴! 공자의 유교도 인간의 욕망과 분노를 다스리고 용서와 이해와 양보의 미덕을 가진 사람을 '대인'이라고 하고 마음의 갈등을 해결하지 못하고 용서하지 못하고 유치한 행동을 하는 사람을

'소인배'라고 한다. 그러나 지각이 있는 자들은 조금이라도 깨닫고 '대인'은 될 수 있을지 몰라도, 아무리 노력하고 갈고 닦아도 그들이 원하는 원죄의 내적 갈등을 해결하고 완전히 깨끗한 사람은 결코 될 수 없다.

모든 종교가 인간의 원죄로 인해서 생기는 모든 갈등을 해결하기 위해서 나름대로 각성한 사람들이 깨달은 바를 연구하고 선포한 것인데 삶을 통해서 인간이 수고하고 육체적 고통과 인내를 통해서 죄악에서 벗어나 보려는 인간의 신을 향한 몸부림인 것이다. 너무나 헛된 노력을 기울이는 눈먼 자들이여! 그들이 섬기는 신은 사람이 만든 신이요, 그들을 도울 힘이 없음을 알아야 하고 그것들은 영이 아니요 더더욱 신이 아님을 알아야 한다.

그 모든 종교가 인간의 노력으로 신의 경지에 도달해 보려고 하는 것이나, 인간의 힘이나 노력으로는 아무것도 할 수 없음을 빨리 깨달아 알아야 하는데 미련하고 어리석은 인간의 지혜로 어떻게 하든지 원죄의 고뇌에서 벗어나 보려고 하지만 그것이 원죄임도 알지 못하고, 그것의 헛됨을 알지 못한다.

그들의 허탄한 종교가 영이신 하나님의 위대하신 사랑과 구원의 진리가 가득한 성경말씀과 어찌 비교할 수 있으며, 어느 종교가 믿고 섬기는 신이 인간의 죄를 대속하기 위하여 자기 아들을 대속 물로 보내어서, 고난을 받아 대신 죽게 하여 인간의 죄와 고뇌를 영원히 씻어 주시고, 자기의 자녀 삼으시겠다는 이 기가 막힌 사랑의 약속을 대치할 교리를 갖고 있는가?

우상을 만드는 자는 다 허망하도다 그들의 기뻐하는 우상은 무익한 것이어늘 그것의 증인들은 보지도 못하며 알지도 못하니 그러므로 수치를 당하리라 신상을 만들며 무익한 우상을 부어 만든 자가 누구뇨 보라 그 동류가 다 수치를 당할 것이라 그 장색들은 사람이라 그들이 다 모여 서서 두려워하며 함께 수치를 당할 것이니라(사 44:9-11).

그 나머지로 신상 곧 자기의 우상을 만들고 그 앞에 부복하여 경배하며 그것에게 기도하여 이르기를 너는 나의 신이니 나를 구원하라 하는 도다 그들이 알지도 못하고 깨닫지도 못함은 그 눈이 가리어져서 깨닫지 못함이라 마음에 생각도 없고 지식도 없고 총명도 없으므로 내가 그 나무의 얼마로 불을 사르고 그 숯불 위에 떡도 굽고 고기도 구워 먹었거늘 내가 어찌 그 나머지로 가증한 물건을 만들겠으며 내가 어찌 그 나무토막 앞에 굴복하리요 말하지 아니하니 그는 재를 먹고 미혹한 마음에 미혹되어서 스스로 그 영혼을 구원하지 못하며 나의 오른 손에 거짓 것이 있지 아니하냐 하지도 못 하느니라(사 44:17-20)

자연인(육신에 속한 사람)

하나님
성령, 말씀

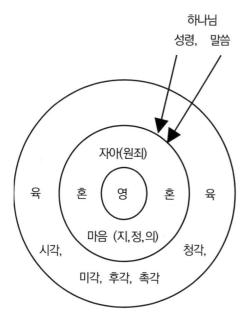

자아(원죄)

육   혼   영   혼   육

마음 (지,정,의)

시각,   청각,

미각, 후각, 촉각

*하나님을 알지 못한다.
*세상에 속한 사람.
*하나님을 믿지 않는다.
*하나님과 원수가 된다
 (롬 8:7).
*마음(혼)에 두려움, 열등감,
 분노, 시기, 질투, 미움, 불
 평,
 원망, 용서하지 않음, 비난,
 원수 갚는 것 등 원죄가 있다.
*율법으로 정죄와 죄책감이
 있다.
*평안이 없다.
*자기가 주인이다.
*회개하지 않는다.
*마귀의 유혹에 개방되어
 있다.
*마귀의 공격에 대항할 수
 있는 힘이 없다.
*하나님께 정죄 받는다.

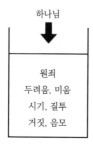

원죄로 가득하다.

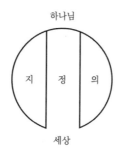

세상에만 문을 연다.

내가 주인이다.

(그림 2)

불교의 경전 팔만 대장경 '라마다 경 38:8'에 다음과 같은 말이 나온다.

何詩耶蘇來 吾導之油無登也(하시야소래 오도지유무등야)
언젠가 예수 오시면 나의 깨달은 도는 기름 없는 등과 같다.

중국에서는 예수를 耶蘇(야소)라고 쓴다. 석가는 예수님 오시기 전(500년 전)에 예수님이 오실 것을 알았던 것 같다. 구약을 보아 알지 않았을까? 이 귀한 글귀를 불교인들은 알지 못하는 것 같다. 자기 형상대로 지으신 인간을 사랑하시어서 자기 아들을 대속자로 보내시고 그 아들 예수 그리스도로 말미암는 십자가의 도를 믿는 모든 사람에게 구원을 주시겠다고 약속하셨으나 세상의 지혜 있는 자들에게는 미련하게 보임으로 믿지 아니할 뿐 아니라 알려고도 하지 않는다. 타락한 세상의 영으로는 알 수도 없고, 도리어 구원을 얻는 믿는 자들을 어리석다고 비웃는다.

십자가의 도가 멸망하는 자들에게는 미련한 것이요 구원을 얻는 우리에게는 하나님의 능력이라 기록된바 내가 지혜 있는 자들의 지혜를 멸하고 총명한 자들의 총명을 폐하리라 하였으니 지혜 있는 자가 어디 있느뇨 선비가 어디 있느뇨 이 세상의 변사가 어디 있느뇨 하나님께서 이 세상의 지혜를 미련케 하신 것이 아니뇨 하나님의 지혜에 있어서는 이 세상이 자기 지혜로 하나님을 알지 못하는 고로 하나님께서 전도의 미련한 것으로 믿는 자들을 구원하시기를 기뻐하셨도다(고전 1:18-21).

2. 육에 속한 사람(자연인)의 마음

어리석은 자는 그 마음에 이르기를 하나님이 없다 하도다 저희는 부패하고 소행이 가증하여 선을 행하는 자가 없도다. 여호와께서 하늘에서 인생을 굽어살피사 지각이 있어 하나님을 찾는 자가 있는가 보려 하신즉 다 치우쳤으며 함께 더러운 자가 되고 선을 행하는 자가 없으니 하나도 없도다(시 14:1-3).

형제들아 내가 이것을 말하노니 혈과 육은 하나님 나라를 유업으로 받을 수 없고 또한 썩은 것은 썩지 아니할 것을 유업으로 받지 못하느니라(고전 15:50).

원죄를 가진 인간은 악하며 악이 그 마음과 눈을 가리어서 바른 판단을 하지 못하게 한다. 세상에는 너무나 당연한 것까지 왜곡하여 진리와는 반대의 길로 가는 불쌍한 사람들의 한심한 모습들이 참으로 안타깝다. 어디를 보아도 공의와 정의를 찾아보기 힘들다. 그러나 하나님의 성령 안에 있는 자에게는 성령께서 모든 진리와 비 진리를 분별할 수 있도록 지혜와 명철을 주신다.

기록된바 하나님이 자기를 사랑하는 자들을 위하여 예비하신 모든 것은 눈으로 보지 못하고 귀로도 듣지 못하고 사람의 마음으로 생각하지도 못하였다(고전 2:9).

육에 속한 사람은 하나님의 성령의 일을 받지 아니하나니 저희에게는 미련하게 보임이요 또 깨닫지도 못하나니 이런 일은 영적으로라야 분변함이니라(고전 2:14).

육신을 쫓는 자는 육신의 일을 영을 쫓는 자는 영의 일을 생각하나니 육신의 생각은 사망이요 영의 생각은 생명과 평안이니라 육신의 생각은 하나님과 원수가 되나니 이는 하나님의 법에 굴복치 아니할 뿐 아니라 할 수도 없음이라 육신의 일은 하나님을 기쁘시게 할 수 없느니라(롬 8:5-8).

독사의 자식들아 너희는 악하니 어떻게 선한 말을 할 수 있느냐 이는 마음에 가득한 것을 입으로 말함이라 선한 사람은 그 쌓은 선에서 선한 것을 내고 악한 사람은 그 쌓은 악에서 악한 것을 내느니라(마 12:34-35).

선한 사람은 마음의 쌓은 선에서 선을 내고 악한 자는 그 쌓은 악에서 악을 내나니 이는 마음의 가득한 것을 입으로 말함이니라(눅 6:45).

만물보다 거짓되고 심히 부패한 것이 마음이라 누가 능히 이를 알리요 마는 나 여호와는 심장을 살피며 폐부를 시험하고 각각 그 행위와 그 행실대로 보응하나니 불의로 치부하는 자는 자고새가 낳지 아니한 알을 품음 같아서 그 중년에 그것이 떠나겠고 필경은 어리석은 자가 되리라(렘 17:9-11).

중 고등학교 학생들 옆을 지나가다 보면 그들의 대화가 듣기

거북한 욕설로 일관될 때가 많이 있다. 학교에서도 그들을 바로잡아 주지 못하고 있으며, 청소년들이 볼 수 있는 인기 있는 영화에 나오는 대화가 대부분 낯 뜨겁고 쌍스러운 욕설이 난무하고 있는 것이 놀랍기도 하다. 그들의 앞날에 무슨 소망을 기대할 수 있을까 참으로 걱정이 된다. 그들은 다음 세대를 이어 갈 이 나라의 주인이다. 입에서 더러운 말을 습관적으로 쏟아 내는 아이들이 어떻게 장래에 정직하고, 성실하게 이 나라의 기둥이 되어 세계와 어깨를 겨누고 이끌어 나갈 수 있겠는가! 또 자기 가정을 책임지고 자녀에게 본이 되는 행복한 가정으로 이끌어 갈 수 있겠는가? 우리나라 국민들이 쉽게 거룩한 하나님의 백성이 될 수 없는 것이 그 속에는 원죄가 있고, 원죄로 말미암아 어른들을 비롯하여 중 고등학생들까지도 화가 나면 습관적으로 그 입에서 더러운 욕설이 나오는 것이 큰 악인 줄을 모르는 것이다. 심지어 화가 나지 않아도 그 욕은 입에 붙어 있는 것이다. 그것은 어른들의 잘못이 크다.

동방예의지국이라는 우리나라 사람들은 언제부터 그렇게 더러운 말들이 입에서 튀어나오게 되었을까? 더러운 욕설은 사단의 속성이며, 원죄의 속성인 악이 속에 가득한 것이 밖으로 나오는 것이다. 이 아이들이 자라서 어떻게 예수 그리스도를 닮으며, 하나님 나라 백성이 될 수 있겠는가? 그리스도인의 자녀들도 보호할 수 없고, 그 문화에서 벗어날 수 없다. 참으로 안타깝고 안타까운 일이다. 이 문제를 어디에서부터 해결해야 할지, 초등학교에서부터 '절대 욕은 안 된다'라고 하면 조금이라도 개

선의 여지가 있지 않을까? 그러나 너무도 안 되었지만, 부모나 교사도 그 환경에서 자라왔기 때문에 화가 나면 본성이 쉽게 드러나서 그들에게서도 기대하기 어렵다. 하나님께서는 성경에 더러운 말은 그 입에 담지도 말라고 하셨으며, 한 입으로 쓴 물과 단 물을 낼 수 없다고 하셨다. 욕을 하는 것은 인격의 문제이고, 마귀의 영역이다.

언어 순화 문제는 가정에서나 학교에서나 반드시 숙고해야 할 문제이다. 앞날의 세대에 우리는 무엇을 물려줄 수 있을 것인가? 앞날의 세대에 우리의 사랑하는 자녀, 그들은 어떻게 성실하며, 어떻게 선하며, 어떻게 서로 사랑하며 살아갈 것인가? 더러운 욕을 입에 달린 것처럼 해대는 것은 그 마음속에 더러운 것으로 가득 차 있기 때문이다. 그런 인간들이 많은 사회는 어찌 될 것이며 그런 백성들로 가득 찬 이 나라는 어찌 될 것인가? 참으로 안타깝고 암담하다.

입에 들어가는 것이 사람을 더럽게 하는 것이 아니요 입에서 나오는 그것이 사람을 더럽게 하느니라(마 15: 11).

입에서 나오는 것들은 마음에서 나오나니 이것이야말로 사람을 더럽게 하느니라 마음에서 나오는 것은 악한 생각과 살인과 간음과 음란과 도적질과 거짓 증거와 훼방이니 이런 것들이 사람을 더럽게 하는 것이요 씻지 아니한 손으로 먹는 것은 사람을 더럽게 하지 못하느니라(마 15:18-19).

정치도, 교육도, 경제도, 과학도 오는 세대에 인간이 서로 사랑하며 살 수 있는 길을 제시해 주지 못한다. 잘살게 되면 서로 사랑할 수 있을까? 천만에, 인간은 잘살게 되면 더욱 이기적이 되고, 교만에 빠지게 되고, 욕심이 더 많아지고 사랑이 식어질 것이다. 기대할 수도 없고 할 수 있는 능력도 없다. 암흑이다.

　오늘날 인간들은 교만하던가 또는 열등감으로 서로 으르렁거리고, 조금도 양보하지 아니하고, 손해 보지 아니하고, 조금만 자존심을 건드리면 그 자리에서 큰 싸움이 일어나며, 살인도 서슴지 않는다. 선하고자 하는 그리스도인들조차도 아담의 원죄를 가진 모든 인간의 마음속에 이러한 악이 가득 차 있다는 것을 안다면 어떻게든지 그 무서운 악에서 벗어나는 길을 찾으려고 혈안이 되지 않겠는가? 그러나 미련한 인간들은 이 악한 세상에서 자기뿐만 아니라 그들이 그렇게 원하고 바라는 장래에 사랑하는 자녀들과 평안한 삶을 살기 위해서는 무엇을 해야 하는지 알지 못한다. 돈만 있으면 된다고 생각하겠지만 돈 많은 재벌들 중에도 가족 간에 재산 싸움으로 서로 미워하며, 얼마나 무서운 일들이 일어나는가?

　우주를 창조하신 하나님의 사랑과 위대하심을 깨닫고, 인간의 죄 때문에 대속자로 오신 예수 그리스도를 믿음으로 이 땅에서도 평안과 복을 받고, 영원한 구원의 하나님 안에서 영생의 복을 누리기 위하여, 가장 필요한 영혼의 회복의 시급성을 알지 못한다. 만일 그들의 눈이 열리어 벼랑 끝에서 마귀와 대치하고 있는 사랑하는 자기 자녀들을 보게 된다면 어찌 마음 놓고 편히 잠자리에 들 수 있겠으며, 자기의 삶의 목표인 자녀들을 악한 세상에서 생명을 위협받으며, 아무 대책 없이 싸워나가야 하는 고난의 인생길로 내보내고 싶지는 않을 것이다.

사랑하는 형제들이여! 당신은 이 위기에서 벗어나야 하지 않겠는가? 그렇다면 조금만 생각해 보라. 아무 무장도 하지 아니하고 자기의 자녀들이 이 악과 어떻게 싸워 이길 수 있겠는가? 오직 대세는 인간으로 오신 하나님의 아들 예수 그리스도뿐이시다. 하나님은 성경에 가득하게 지식과 지혜, 거룩하며, 선하며, 사랑하며, 행복하게 사는 방법을 써 놓으셨다. 앞날의 세대가 서로 미워하며 악을 행하며 노아 홍수 이전에 자행되던 죄가 세상에 가득하여 하나님의 심판이 이르기 전에 이제 예수 그리스도를 마음에 구주로 온전히 영접하고, 자녀들에게 서로 용서하고, 관용하고, 사랑하는 소망 있는 내일을 선물해야 하지 않겠는가.

우리 조상 아담을 타락하게 한 사단은 지금도 아담의 자손인 우리가 하나님께로 돌아가서 거룩하고 선한 삶을 살며 복을 받게 될 것을 적극적으로 방해하고 있다. 작은 이익을 위하여 감언이설로 속이고 유혹하여 죄를 짓게 한다. 인간은 죄를 죄로 알지도 아니하고, 부끄러워하지도 아니하고, 악에서 떠나려고 하지도 아니한다. 하루속히 회개하고 대속자 예수 그리스도를 통하여 창조자께로 돌아오라.

예수께서 말씀하시되 내가 곧 길이요 진리요 생명이니 나로 말미암지 않고는 아버지께로 올 자가 없느니라(요 14:6).

그가 우리를 흑암의 권세에서 건져 내사 그가 사랑의 아들의 나라로 옮기셨으니 그 아들 안에서 구속 곧 죄사함을 얻었도다 (골 1:13-14).

3. 노아의 홍수

인간은 아담으로 말미암은 원죄로 인하여 에덴동산에서 땅으로 쫓겨나서 자녀를 낳으며 살게 되었다. 아담의 장남 가인이 동생 아벨을 시기하여 죽임으로 죄는 시작되고, 사람들이 번성하니 죄악이 땅에 가득하여 하나님께서 사람 지으심을 한탄하셨다.

여호와께서 사람의 죄악이 세상에 가득함과 그 마음의 생각의 모든 계획이 항상 악할 뿐임을 보시고 땅 위에 사람 지으셨음을 한탄하사 마음에 근심하시고 가라사대 나의 창조한 사람을 내가 지면에서 쓸어버리되 사람으로부터 육축과 기는 것과 공중의 새까지 그리하리니 이는 내가 그것을 지었음을 한탄함이니라 하시니라 그러나 노아는 여호와께 은혜를 입었더라(창 6:5-8).

하나님께서는 당대의 의인이요 완전한 자인 노아에게 잣나무로 방주를 지으라 하시니 노아는 순종하여 120년 동안 배를 지었다. 노아는 아내와 세 아들과 자부들과 8명이 함께 배에 들어가고, 하나님께서 명하신 대로 생명 있는 모든 것을 정결한 짐승 암수 일곱 쌍씩, 부정한 짐승 두 쌍씩을 배에 실었다. 노아의 아들들은 셈과 함과 야벳이다.

칠일 후에 홍수가 땅에 덮이니 노아가 육백 세 되던 해 이월 곧 그 달 십칠일이라 그날에 큰 깊음의 샘들이 터지며 하늘의 창들이 열려 사십 주야를 비가 땅에 쏟아졌더라(창 7:10-12).

사십 주야를 비가 땅에 쏟아져서 온 땅에 물이 덮여 방주에 들어가지 못한 모든 생물은 다 목숨을 잃었다. 홍수가 난지 10개월 13일 만에 땅에 물이 마르고 노아와 그 아내와 아들들과 그 아내들과 모든 생물이 배에서 나와서 땅에서 새 삶을 시작하게 되었다.

하나님이 노아와 그 아들들에게 복을 주시며 그들에게 이르시되 생육하고 번성하여 땅에 충만하라 땅의 모든 짐승과 공중의 모든 새와 땅에 기는 모든 것과 바다의 모든 고기가 너희를 두려워하며 무서워하리니 이들은 너희 손에 붙였음이니라 무릇 산 동물은 너희의 식물이 될지라 채소같이 내가 이것을 다 너희에게 주노라(창 9:1-3).

창조 시에는 인간과 동물에게 채소와 열매를 먹이로 주셨는데 홍수 후에는 동물까지 먹게 하신 것이다. 동물들도 약육강식의 살벌한 시대로 들어가게 되었다. 하나님께서는 다시 땅을 홍수로 멸하자 아니 하시겠다고 약속하시고 그 증표로 하늘에 무지개를 주셨다.

전 세계에 홍수의 흔적은 많이 있다. 산 위에서 물고기의 화석이 발견되고, 남극에서 맘모스와 열대의 야자수의 화석, 바닷물고기와 동물의 뼈의 화석이 함께 있는 것, 사막에 있는 고래 뼈의 화석 등 홍수로 인해서 바다 밑과 땅 위의 산들이 급격한 변화를 일으켜 무너지고 솟아올랐다가 주저앉았다는 것을 알 수 있다. 그리고 화석은 차츰 쌓여서 되는 것이 아니라 한꺼번에 흙이 퇴적되어 생긴다는 것을 곤충이나 나무 잎사귀가 살았을 때의 모습 그대로 화석으로 발견되는 것 등을 보면 알 수 있다.

현재는 다윈의 진화론으로 하나님의 창조와 노아의 홍수를 부인하지만, 노아 홍수의 흔적은 세계 여러 곳에서 발견되고 창조과학을 연구하는 학자들에 의해서 더 많은 곳에서 밝혀지고 있다. 미국의 그랜드 캐니언, 미국과 캐나다 사이에 나이아가라 폭포, 남미의 이구아나 폭포 등 세계의 아름다운 경치를 이루고 있는 여러 곳에서 발견되고 있으나 과학적으로 인정하지 않고 있다. 우리나라의 아름다운 금강산도 홍수 때에 생겨난 것이 아닐까?

하나님께서 처음 세상을 창조하실 때 궁창 아래의 물과 궁창 위의 물로 나뉘게 하셔서 지구는 궁창 위의 물로 가려져서 열대와 한대가 없고, 태양으로부터 오는 공해가 없는 따뜻하고 안온한 환경이었으나 궁창 위에 창이 열리고 물이 다 땅으로 쏟아진 것이다.

하나님이 가라사대 물 가운데 궁창이 있어 물과 물로 나뉘게 하리라 하시고 하나님이 궁창을 만드사 궁창 아래 물과 궁창 위의 물로 나뉘게 하시매 그대로 되니라(창 1:6-7).

홍수 때에 그날에 깊음의 샘들이 터졌다고 하니 바다 속에서 땅이 튀어 올라서 그랜드 캐니언과 같은 아름다운 계곡이 되고, 나이아가라, 이구아나 폭포, 중국의 장가계, 원가계 등 세계 곳곳의 절경지가 생기며, 하늘의 창들이 열려 사십 주야를 비가 왔다고 하니 궁창 위에 덮여 있던 물이 없어져서 열대와 한대가 생기고 태양광선으로 오존층이 무너져 공해가 심해지고, 암과 같은 질병도 점점 더 인간에게 닥쳐온 것이다.

북극에서 열대 식물이나 맘모스의 화석이 발견되는 것은 지구 전체의 기후가 온화했다는 것이고, 중동 지방에서 석유가 많이 나는 것은 노아 홍수 시에 생물(열대 식물, 공룡, 인간 등)이 많이 죽어서 묻혀 있다가 석유가 되었기 때문이라고 한다. 이후 인류는 노아의 세 아들 셈과 함과 야벳을 통하여 전 세계로 퍼져나갔다. 함은 아프리카 지역의 흑인종, 야벳은 유럽과 미국, 러시아 등의 백인종과 셈은 중국과 동남아시아, 일본, 한국 등에 사는 황인종이다. 그러므로 우리는 셈의 후손이며, 황인종이며, 예수님은 셈의 후손인 다윗의 계보에서 태어나셨다.

4. 양의 제사

노아 홍수 이후에 셈과 함과 야벳을 통하여 세상에 인류가
다시 퍼져나가기 시작했다.

온 땅의 말이 하나이요 언어가 하나이었더라 이에 그들이 동
방으로 옮기다가 시날 평지를 만나 거기 거하고 서로 말하되
자 벽돌을 만들어 견고히 굽자 하고 이에 벽돌로 돌을 대신하
며 진흙으로 역청을 대신하고 또 말하되 자 성과 대를 쌓아 대
꼭대기가 하늘에 닿게 하여 우리 이름을 내고 지면에 흩어짐을
면하자 하였더니 여호와께서 인생들의 쌓는 성을 보시려고 강
림하셨더라 여호와께서 가라사대 이 무리가 한 족속이요 언어
도 하나이므로 이같이 시작 하였으니 이후로는 그 경영하는 것
을 금지 할 수 없으리로다 자 우리가 내려가서 그들의 언어를
혼잡케 하여 그들로 서로 알아듣지 못하게 하자 하시고 여호와
께서 거기서 그들을 온 지면에 흩으신 고로 그들이 성 쌓기를
그쳤더라 그러므로 그 이름을 바벨이라 하니 이는 여호와께서
거기서 온 땅의 언어를 혼잡케 하셨음이라 여호와께서 거기서
그들을 온 지면에 흩으셨더라(창 11:1-9).

다시 인간의 교만하고, 악한 마음이 하나님께 도전하고자 바
벨에 벽돌로 탑을 쌓아 하늘에까지 이르고자 하니, 하나님께서

언어를 혼잡하게 하심으로 인간은 온 지면에 흩어지게 되었다. 하나님께서는 셈의 후손 아브람을 택하사 그에게 많은 자손을 주시겠다고 약속하시고 우상의 도시였던 갈대아 우르를 떠나게 하셨다.

여호와께서 아브람에게 이르시되 너는 너의 본토 친척 아비 집을 떠나 내가 네게 지시할 땅으로 가라 내가 너로 큰 민족을 이루고 네게 복을 주어 너를 창대케 하리니 너는 복의 근원이 될지라(창 12:1-2).

아브람은 가는 곳마다 여호와께 단을 쌓고 여호와의 이름을 불렀다.

이제 후로는 네 이름을 아브람이라 하지 아니하고 아브라함 이라 하리니 이는 내가 너로 열국의 아비가 되게 함이니라(창 17:5).

아브라함의 자손이 이삭, 야곱을 거쳐 요셉에 이르러 애굽에 서 430년 동안 종살이 하던 이스라엘 민족을 모세를 통하여 이끌어 내시고 시내산에서 십계명과 613개의 율법을 주시고, 성막을 지어 양의 대속을 통한 속죄의 거룩한 제사를 명령하셨 다. 하나님께서는 죄를 싫어하시며, 인간이 거룩한 하나님의 자 녀 되기만을 원하셨다.

너는 이스라엘 자손의 온 회중에게 이르라 너희는 거룩하라 나 여호와 너희 하나님이 거룩함이니라(레 19:2).

하나님께서는 이스라엘 민족을 거룩하게 하시기 위하여 모세에게 성막과 양의 대속을 통한 속죄의 제사를 명하셨다. 이스라엘 백성들이 지켜야 할 모든 제사 안에는 하나님께서 얼마나 인간의 죄에 대한 성결을 중요하게 여기셨는지 알 수 있다. 양의 제사도 인간의 거룩을 위함이며, 예수님의 십자가의 고난도 우리의 거룩을 위함이었다.

모세를 사용하시어서 애굽에서 노예 생활하는 이스라엘 민족의 출애굽을 위하여 하나님께서 바로에게 열 가지의 재앙을 내리실 때에 열 번째 재앙은 장자의 재난이었다. 그 때에 양의 피(속죄의 피)를 문설주에 바른 이스라엘 백성의 집에는 여호와의 재난이 지나쳤고 애굽 왕과 백성들의 집에는 장자가 죽는 벌로 이스라엘 민족이 애굽에서 나오게 되었는데 이것은 대속의 양의 피를 의미하며 곧 예수님의 십자가 보혈의 모형이다. 이것을 기념하여 이스라엘 민족은 유월절에 양의 제사를 지냈는데 우리나라에도 동지에 팥죽을 문설주에 바르면 악귀가 들어오지 않는다고 하는 전설이 내려오는 것으로 보아 이스라엘 민족의 유월절이 우리나라에도 유래된 것이 아닌가 생각된다.

율법을 좇아 거의 모든 물건이 피로서 정결케 되나니 피 흘림이 없은즉 사함이 없느니라(히 9:22).

성막의 성소에 언약궤와 모든 기구와 제사장의 옷에 관유를 발라 거룩하게 하시고 제사장의 머리에는 '여호와께 성결'이라고 쓴 띠를 매게 하셨다.

또 관유를 취하여 성막과 그 안에 모든 것에 발라 그 것과 그 모든 기구를 거룩하게 하라 그것이 거룩하리라 너는 또 번제단과 그 모든 기구에 발라 그 안을 거룩하게 하라 그 단이 지극히 거룩하리라 너는 또 물두멍과 그 받침에 발라 거룩하게 하고 너는 또 아론과 그 아들들을 회막문으로 데려다가 물로 씻기고 아론에게 거룩한 옷을 입히고 그에게 기름을 부어 거룩하게 하여 그로 내게 제사장의 직분을 행하게 하라(출 40:9-13).

그들이 또 정금으로 거룩한 패를 만들고 인을 새김같이 그 위에 [여호와께 성결]이라 새기고 그 패를 청색 끈으로 관 전면에 달았으니 여호와께서 모세에게 명하신 대로 하였더라(출 39:30).

또 거룩한 옷을 입은 제사장이 제사를 드리려고 들어갈 때는 성막 문안에 들어가서 물두멍에서 손발을 깨끗이 씻고 죄인은 죄 없는 양의 머리에 안수하고 제사장은 번제 단에서 양의 각을 뜨고 불에 태워 죄인의 죄를 사하는 소제와 번제의 제사를 드리는데 밖에서 제사를 드리는 사람은 가슴을 치면서 자기 죄를 소리를 지르며 회개하였다고 한다.

성막의 구조를 보면 지성소에 증거궤가 있고 증거궤 위에는 속죄소가 있으며 양쪽에 두 그룹이 마주 속죄소를 덮고 있으며 회막 안에는 장 앞에 분향단이 있고 그 앞에는 등대와 떡 상이 마주보고 있다. 밖에 있는 자의 회개가 제대로 되지 아니하면 분향단의 향이 잘 피어오르지 않고 연기가 아래로 내려와서 제사장이 숨을 쉴 수 없기 때문에, 제사장이 나와서 다시 죄를 지은 그 사람이 진정으로 회개하고 새 양으로 제사를 드려야 했다고 한다. 하나님께서는 처음부터 예수 그리스도의 모형인 죄 없는 양의 제사로 인간의 죄를 씻으셔서 완전한 깨끗함, 곧 성결을 원하셨던 것이다. 제사장이 지성소(속죄소)에 들어가서 제사를 드릴 때 그 옷 가에 달린 방울이 흔들리는 소리가 나는데 그가 정결하지 않으면 죽고 제사장의 옷 가에 달린 방울이 흔들리는 소리가 들리지 아니함으로 밖에서 제사장을 끌어내었다고 한다. 그러나 매년 또는 죄지을 때마다 드리는 양의 제사와 율법으로는 완전히 죄를 없이 할 수 없었다. 세상 죄를 지고 십자가를 지신 양으로 오신 하나님의 아들은 어떠하신가? 그의 죽으심은 우리의 모든 죄를 단번에 완전히 깨끗이 씻어 성결케 하신 것이다.

저가 한 제물로 거룩하게 된 자들을 영원히 온전케 하셨느니라(히 10:14).

분향단의 향은 오늘날의 하나님 앞에 드리는 기도를 의미하는데 죄를 가지고 진정한 회개가 없는 기도는 하나님께서 받으시지 아니함으로 응답되지 아니 한다. 하나님은 사랑이시지만 진정한 회개로서 죄에서 떠나지 아니하면, 하나님의 사랑 안에 영원히 거할 수 없다.

Ⅱ. 육에 속한 그리스도인

1. 예수 그리스도의 대속

모든 인간에게는 아담으로부터 온 원죄가 있고, 인간의 힘과 노력으로는 죽을 때까지 힘쓰고, 애써도 원죄를 다 씻을 수 없다. 하나님께서는 선택한 믿음의 조상 아브라함의 자손에게 모세를 통하여 율법을 주셨으나 율법으로는 죄를 다 씻을 수 없고, 영원한 구원을 얻을 수 없었다. 그러므로 하나님께서는 인간에게 창 3:15에서 약속하신 자기 아들을 대속자로 보내신 것이다.

내가 너로 여자와 원수가 되게 하고 너의 후손도 여자의 후손과 원수가 되게 하리니 여자의 후손은 네 머리를 상하게 할 것이요 너는 그의 발굽치를 상하게 할 것이니라 하시고(창 3:15).

하나님께서는 구약에서도 여러 선지자들을 통하여 하나님의 아들 예수 그리스도의 나심을 예언하셨다.

이는 한 아기가 우리에게 났고 한 아들을 우리에게 주신 바 되었는데 그 어깨에는 정사를 메었고 그 이름은 기묘자라 모사라 전능하신 하나님이라 영존하시는 아버지라 평강의 왕이라 할 것 임이라(사 9:6).

이새의 줄기에서 한 싹이 나며 그 뿌리에서 한 가지가 나서 결실할 것이요 여호와의 신 곧 지혜와 총명의 신이요 모략과 재능의 신이요 지식과 여호와를 경외하는 신이 그 위에 강림하시리니 그가 여호와를 경외함으로 즐거움을 삼을 것이며 그 눈에 보이는 대로 심판치 아니하며 귀에 들리는 대로 판단치 아니하며 공의로 빈핍한 자를 심판하며 정직으로 세상의 겸손한 자를 판단할 것이며 그 입의 막대기로 세상을 치며 입술의 기운으로 악인을 죽일 것이며 공의로 그 허리띠를 삼을 것이며 성실로 몸의 띠를 삼으리라(사 11:1-5).

때가 차매 하나님이 그 아들을 보내사 여자에게서 나게 하시고 율법아래 나게 하신 것은 율법아래 있는 자들을 속량하시고 우리로 아들의 명분을 얻게 하려 하심이라(갈 4:4-5).

아들을 낳으리니 그 이름을 예수라 하라 이는 그가 자기 백성을 저희 죄에서 구원할 자이심이라 하니라 이 모든 일의 된 것은 주께서 선지자로 하신 말씀을 이루려 하심이니 가라사대 보라 처녀가 잉태하여 아들을 낳을 것이요 그 이름은 임마누엘이라 하리라 하셨으니 이를 번역한 즉 하나님이 우리와 함께 계시다 함이라(마 1:21-23).

하나님의 아들 예수 그리스도께서 동정녀 마리아에게 성령으로 잉태되어 육신의 모습으로 이 땅에 친히 오셔서 목수 요셉의 아들로 사시고 30세에 공생애를 시작하셨다. 세례 요한에게 세례를 받으시고 마귀의 시험을 말씀으로 이기신 후에 예수께서 첫 번째 하신 말씀은 "가라사대 때가 찼고 하나님 나라가 가까웠으니 회개하고 복음을 믿으라 하시더라"(막 1:15)였다. 원죄를 가진 모든 인간은 반드시 죄를 회개하고 예수님 앞에 나아가야 한다. 아담으로부터 온 원죄로 말미암아 인간은 반드시 죄를 씻고 구원을 받아야 할 필요가 있다.

죄의 삯은 사망이요 하나님의 은사는 우리 주 예수 그리스도 안에 있는 영생이니라(롬 6:23).

예수님께서는 3년 동안 말씀을 가르치시고, 기적을 베푸시며, 천국 복음을 전파하셨다. 그리고 약속대로 우리 죄를 십자가 위에서 도말하여 주셨다. 영원히 죽을 수밖에 없는 우리 인간의 죄를 담당하신 이 놀라운 은혜를 받은 오늘날의 우리들은 어떠한가?

이러므로 한 사람으로 말미암아 죄가 세상에 들어오고 죄로 말미암아 사망이 왔나니 이와 같이 모든 사람이 죄를 지었으므로 사망이 모든 사람에게 이르렀느니라(롬 5:12).
그런즉 한 범죄로 많은 사람이 정죄에 이른 것같이 의의 한 행동으로 말미암아 많은 사람이 의롭다 하심을 받아 생명에 이르렀느니라 한 사람의 순종치 아니함으로 많은 사람이 죄인 된 것같이 한 사람의 순종하심으로 많은 사람이 의인이 되리라(롬 5:18-19).

아담 안에서 모든 사람이 죽은 것같이 그리스도 안에서 모든 사람이 삶을 얻으리라(고전 15:22).

하나님이 죄를 알지도 못하신 자로 우리를 대신하여 죄를 삼으신 것은 우리로 하여금 저의 안에서 하나님의 의가 되게 하려 하심이니라(고후 5:21).

아담-〉죄(순종치 아니함)-〉정죄-〉죄인-〉사망(첫 번째 아담)
예수 그리스도-〉의(순종)-〉십자가-〉믿음-〉의인-〉영생(두 번째 아담)

하나님이 세상을 이처럼 사랑하사 독생자를 주셨으니 이는 저를 믿는 자마다 멸망치 않고 영생을 얻게 하려 하심이니라 하나님이 그 아들을 세상에 보내신 것은 세상을 심판하려 하심이 아니요 저로 말미암아 세상이 구원을 받게 하려 하심이라(요 3:16-17).

그는 실로 우리의 질고를 지고 우리의 슬픔을 당하였거늘 우리는 생각하기를 그는 징벌을 받아서 하나님에게 맞으며 고난을 당한다 하였노라 그가 찔림은 우리의 허물을 인함이요 그의 상함은 우리의 죄악을 인함이라 그가 징계를 받음으로 우리가 평화를 누리고 그가 채찍에 맞음으로 우리가 나음을 입었도다 우리는 다 양 같아서 그릇 행하여 각기 제 길로 갔거늘 여호와께서는 우리 모두의 죄악을 그에게 담당시키셨도다(사 53:4-6).

그 후에 말씀 하시기를 내가 하나님의 뜻을 행하러 왔나이다 하셨으니 그 첫 것을 폐하심은 둘째 것을 세우려 하심이니라 이 뜻을 좇아 예수 그리스도의 몸을 단번에 드리심으로 말미암아 우리가 거룩함을 얻었노라(히 10:9-10).

우리는 죄 없으신 하나님의 아들이 우리 죄를 위하여 침 뱉음 당하시고, 조롱당하시고, 채찍으로 맞으시고, 창으로 찔리시고, 십자가에 못 박히셨다는 것을 안다. 우리는 예수께서 우리를 위하여 물과 피를 다 흘리시고, 골고다 언덕에서 "엘리 엘리 라마 사박다니(나의 하나님 나의 하나님 어찌하여 나를 버리셨나이까?)"를 외치시며, 우리를 위하여 이 땅에 보내신 아버지 하나님의 뜻을 순종하심으로 "다 이루었다"고 육신에서 영혼이 떠나신 것과, 3일 만에 부활하셔서 제자들과 많은 사람에게 보이시고, 40일 만에 승천하신 것과, 하늘에 오르셔서 하나님 우편에서 지금도 우리를 위하여 기도하고 계시는 것을 우리는 성경에서 보고 알고, 또 믿는다. 또한 예수께서 죄인과 의인을 심판하시기 위하여 이 땅에 다시 오신다고 약속하신 것을 믿고, 준비하고 기다린다.

예수는 우리의 범죄 함을 위하여 내어줌이 되고 또한 우리의 의롭다 함을 위하여 살아나셨느니라(롬 4:25).

　우리는 우리의 구원자이신 예수 그리스도께서 단번에 우리 죄를 대신 지신 것을 믿음으로 죄사함 받고, 율법에서 벗어나서 값없는 은혜로 의롭다 하심을 받았다. 그리스도인들은 우리 죄를 씻어 주신 예수님을 사랑한다. 일 년에 한 번씩 돌아오는 고난주일과 부활절에는 교회마다 모든 교인들이 금식을 하고 기도를 하고, 교회도 거룩하고 진정으로 회개한 그리스도인들만 가득한 것같이 보인다. 그러나 얼마 지나지 않아 자기 생각과 하나님의 생각을 함께 가지고 살다가 마음속에 남아 있는 원죄로 말미암아 때에 따라 하나님의 생각을 미루어 놓고 자기 생각대로 삶으로서 나쁜 냄새를 나타내며, 세상 사람인지 하나님의 사람인지 자각하지 못한다. 또 세상 사람들이 그런 그리스도인들로부터 그리스도의 향기를 맡을 수 없는 것은 당연하다. 믿는다고 하는 사람들은 많이 있으나 참 믿음이 있는 사람들은 많지 않다. 외형적인 기독교인은 많으나 그들은 비기독교인들을 실망케 하고, 분노하게 한다.

　우리가 예수 그리스도의 십자가의 고난이 내 원죄 때문인 것을 진심으로 믿는다면 고난주일만이 아니라 매일 죄 씻음 받아 깨끗하게 된 하나님의 거룩한 자녀처럼 마음을 거룩하게 하여, 그리스도를 닮은 성결한 삶을 살 수 있어야 한다. 그 삶은 곧 사랑의 삶이다. 성결 곧 그리스도의 마음은 하나님의 말씀이신 하나님 사랑과 이웃 사랑이다.

주 여호와의 신이 내게 임하셨으니 이는 여호와께서 내게 기름을 부으사 가난한 자에게 아름다운 소식을 전하게 하려 하심이라 나를 보내사 가난한 자에게 아름다운 소식을 전하게 하려 하심이라 나를 보내사 마음이 상한 자를 고치며 포로된 자에게 자유를, 갇힌 자에게 놓임을 전파하며 여호와의 은혜의 해와 우리 하나님의 신원의 날을 전파하여 모든 슬픈 자를 위로하되 무릇 시온에서 슬퍼하는 자에게 화관을 주어 그 잔을 대신하며 희락의 기름으로 그 슬픔을 대신하며 찬송의 옷으로 그 근심을 대신하시고 그들로 의의 나무 곧 여호와의 심으신바 그 영광을 나타낼 자라 일컬음을 얻게 하려 하심이니라(사 61:1-3).

W. 클라이버 와 M. 마르쿠바르트의 공동저서 『감리교회 신학』에 보면 '웨슬리가 원죄를 인간의 전 존재를 오염시키는 "치명적인 질병"이라고 한 것은 매우 인상적이다. 물론 이 질병은 교만, 자기자랑, 세상자랑, 욕망, 명예욕 등과 같은 구체적인 증후들을 통해 표출된다. 그에 반하여 그리스도 안에 있는 하나님의 구원 행동은 심령의 치유 곧 "그렇게 심하게 병든 영혼을 위한 하나님의 치유행동" 이외에 다른 것이 아니다. 그리스도 안에서 나타났으며 영을 통해 인간의 마음에 주어지는 하나님의 사랑은 이 질병이 나타나는 모든 형태에 대한 효과적인 치유수단이다. 왜냐하면 하나님의 사랑은 이기주의적인 자기 사랑과 그로 인한 세상 사랑의 해악을 그 뿌리에서부터 치유할 수 있기 때문이다.'라고 하였다.

원죄의 무서운 질병에서 벗어나서 하나님의 영으로 뿌리까지 치유함을 받아 하나님의 사랑 안에 거하고, 이 땅에서도 세상의 빛이 되고, 소금이 되어 비 기독교인들에게도 칭송받는 그리스도 닮은 그리스도인이 되려면 먼저는 반드시 성령의 세례를 받아 자아가 깨어져서 중생(거듭남)해야 한다. 그리고 중생 후에 말씀(히 4:23-24)으로 반드시 원죄가 남아 있는 자아가 완전히 깨어져서 성령 충만하여야만 원죄에서 떠나 성결한 그리스도인이 되어 하나님의 나라에 이를 때까지 성화되어 갈 수 있다.

그런즉 사랑하는 자들아 이 약속을 가진 우리가 하나님을 두려워하는 가운데서 거룩함을 온전히 이루어 육과 영의 온갖 더러운 것에서 자신을 깨끗케 하자(고후 7:1).

2. 모태 신자와 전도를 받아 교회에 간 그리스도인

우리가 하나님을 믿게 되는 것은 성령의 역사하심으로 우리의 자아가 깨어져서, 성령이 우리 영에 들어오시기 때문이다.

성부, 성자, 성령 삼위일체의 하나님은 영이시며, 하나님께서 인간을 창조하실 때 자기의 형상을 따라 흙으로 사람을 만드시고, 그 코에 생기를 불어넣으셔서 영과 혼과 육을 가진 영적인 존재로 만드심으로, 인간을 통하여 찬양과 영광 받으시기를 원하셨다. 그러나 사단의 유혹으로 타락한 아담에게서 성령이 떠나고 사단의 영이 주장하게 되었으며, 아담은 죄를 짓고 에덴동산에서 땅으로 쫓겨나게 되었다.

하나님과 인간과의 관계는 우리의 영과 성령과의 만남에 의해서만 이루어진다. 믿음은 성령의 은사이다. 성령이 아니면 우리는 예수 그리스도를 믿을 수 없으므로 그리스도인이 될 수도 없고, 복음에 대해서 아무 감동을 얻을 수 없다. 그러므로 우리가 믿게 되는 것은 성령으로 옛사람의 자아(혼)가 깨어져서 성령이 우리 영에 들어오심으로 우리 영이 성령의 감동(은혜)을 받았기 때문이다.

볼지어다 내가 문 밖에 서서 두드리노니 누구든지 내 음성을 듣고 문을 열면 내가 그에게로 들어가 그로 더불어 먹고 그는 나로 더불어 먹으리라(계 3:20).

너희가 그 은혜를 인하여 믿음으로 말미암아 구원을 얻었나니 이것이 너희에게서 난 것이 아니요 하나님의 선물이라 행위에서 난 것이 아니니 이는 누구든지 자랑치 못하게 함이니라(엡 2:8-9).

주님의 음성을 듣고 문을 열면, 성령께서 인간의 자아를 깨트리시고 들어오셔서 하나님과 은혜의 관계가 시작된다.

형제들아 신령한 것에 대하여는 내가 너희의 알지 못하기를 원치 아니하노니 너희도 알거니와 너희가 이방인으로 있을 때에 말 못하는 우상에게로 끄는 그대로 끌려갔느니라 그러므로 내가 너희에게 알게 하노니 하나님의 영으로 말하는 자는 누구든지 예수를 저주할 자라 하지 않고 또 성령으로 아니하고는 누구든지 예수를 주시라 할 수 없느니라(고전 12:1-3).

인간의 영은 범죄 함으로 성령이 떠나고 사단의 영이 주장하며, 혼은 아담의 원죄로 가득하며, 육은 우리의 외적인 모습인 것이다. 자기의 자아의 모습을 자세히 들여다본 사람은 많지 않을 것이다. 그것을 의식하고 있는 사람도 많지 않다. 때로 목회자들이 자아가 깨어져야 한다고 설교를 하지만 자아가 무엇을 말하고 또 어떻게 깨어져야 하는지 알고 있는 그리스도인들이 별로 없는 것 같다. 동물은 혼과 육이 있으며, 인간은 영과 혼과 육으로 되어 있는데 혼인 자아에는 지식과 감정과 의지가 있고, 그 자아의 발달의 한계에 따라 활동하고, 그것으로 그 사람의 지적, 감정적, 의지적 수준이 나타나는 것이다.

육에 속한 그리스도인
자아(혼)가 부분적으로 조금 깨어진 사람

하나님
성령,   말씀

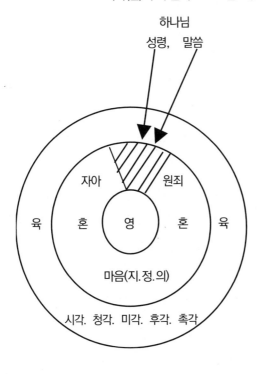

*성령을 강력하게 체험하지
  않은 모태신자.
*전도를 받아 교회에 등록
  하여 물세례를 받는다.
*믿고 입으로 시인.
*회개하지만 완전히 씻어
  지지 않는다.
*교회생활과 하나님을 배워
  간다.
*명목상의 그리스도인.
*하나님의 말씀은 어렵고
  지키기 힘들다
* 율법에 속한다.
*간음하는 불 신앙적인 생활.
*성령으로 말미암는 체험적
  신앙이 없다.
*성화되어 갈 수 없다.

성령의 인도(교회등록)

세상에 더 많이 하나님께 조금

내가 주인

(그림 3)

모든 인간은 각자의 환경에 따라 서로 다른 부모와 형제와 교사와 친구를 만나고 배워서 받아드리는 것과 이해하는 것이 서로 다른 자아를 형성하여, 그 자아를 가지고 살아가게 된다. 성령은 반드시 그 자아를 깨트리고 인간의 영으로 들어오심으로 인간과 하나님과의 교제가 시작되는 것이다.

교회에는 전도를 받아 믿기로 작정하고 교회에 다니기 시작하거나, 모태 신자로서 어머니의 태로부터 교회에 다니게 된 교인들이 있다. 복음에 귀를 기울이게 된 것은 이미 성령에 조금은 깨어져 자아의 문이 열리기 시작한 것이다. 하나님의 말씀을 듣고 처음부터 믿어지는 것은 아니지만 교회에 가게 된 것은 조금이라도 성령이 그 마음에 들어와서 빛으로 역사하기 시작하신 것이다. 또 교회에 와서 말씀과 기도에 감동이 되면 성령이 좀 더 많이 그의 자아를 깨트리고 그의 안에 임재하셔서 말씀에 은혜도 받고, 봉사도 하면서 차츰 교인이 되어 간다. 자아가 순수한 사람은 더욱 은혜를 빨리 받고 교회의 모든 교육과 행사에 참여하며, 교인으로서 성장하여 가지만, 교회에 등록은 하였으나 전도자를 잘 따르지 않고, 이따금 교회에 나오는 사람은 그만큼 말씀과 성령의 깨어짐이 둔하여 성령의 인도와 은혜에 접하기가 힘들다.

성령은 그들의 자아가 깨어진 만큼만 그들을 주장하신다. 그러므로 언제나 깨어지지 아니한 부분의 옛사람의 쓴 뿌리(원죄)가 나타나서 그리스도의 온전한 향기를 나타낼 수도 없고, 그리스도의 모습을 닮아갈 수도 없다. 모든 교인들을 흔히 성도

(거룩한 그리스도인)라 부르는데 성령의 온전한 지배를 받지 아니하고 부분적으로 한쪽에는 세상의 영이, 또 한쪽에는 성령이 주장하는 육신에 속한 그리스도인으로서는 성도라 부르기에 합당한 거룩한 하나님의 사람이라고 할 수 없으므로 교인들을 무조건 성도님이라 부르는 것은 듣기에 민망하다. 그것은 모태 신자도 마찬가지이다.

모태 신자는 어머니의 신앙으로 어릴 때부터 교인이며 3-4세에 유아세례를 받고, 하나님의 자녀가 되나 자기 자신이 성령의 세례를 받아 중생의 체험을 하기 전까지는 뜨겁지도 아니하고 차지도 아니한 명목상의 그리스도인으로서 개인적으로 그 마음에 살아계신 하나님의 확증이 없다.

3. 성령세례로 중생하다

아담이 사단으로 말미암아 범죄하여 땅으로 쫓겨났을 때, 성령은 떠나고 사단의 영이 타락한 인간을 주장하게 되었다. 성령은 하나님의 거룩하신 영이심으로 우리가 하나님과 교통하려면 하나님의 영이신 성령을 받아 옛사람의 자아가 깨어져서, 성령 안에서 옛사람은 죽고 새 사람이 되어야 하는 것이다.

성령의 인도하심으로 하나님을 믿게 되지만, 온전한 그리스도인이 되려면 먼저 강권적인 성령으로 옛사람의 자아가 깨어져 성령의 세례를 받음과 동시에 자범죄에 대한 회개를 통하여 의롭다 하심을 받아 중생(거듭남)해야 한다. 성령세례란 요단강 물속에서 물로 머리부터 온 몸을 씻김(침례) 받은 것처럼 성령으로 머리에서부터 부어 주시는 은혜를 체험하는 것이다.

나는 너희로 회개케 하기 위하여 물로 세례를 주거니와 내 뒤에 오시는 이는 나보다 능력이 많으시니 나는 그의 신을 들기도 감당치 못하겠노라 그는 성령과 불로 너희에게 세례를 주실 것이요(요 3:11).

예수님이 오시기 전 구약 시대에는 선지자나 특정한 사람에게만 성령을 주셨으나, 예수님이 승천하신 후에는 오순절 성령의 세례로 믿는 모든 자들에게 성령을 주셔서 능력을 받고, 옛사람의 자아가 하나님의 말씀으로 깨어지게 하셔서 죄를 회개하여 새사람이 되게 하신다. 성령은 진리의 영이심으로 영을 분별하게 하시며, 말씀 안에 있는 진리를 깨닫고, 지혜를 얻게 하신다.

우리를 구원 하시되 우리의 행한바 의로운 행위로 말미암지 아니하시고 오직 그의 긍휼하심을 좇아 중생의 씻음과 성령의 새롭게 하심으로 하셨나니(딛 3:5-6).

물로 세례를 받는 것은 성령세례의 모형이요 회개하고 하나님의 자녀로 회복된 것을 인증하는 표이지만, 성령세례는 중생하여 하나님의 영이신 성령으로 씻어져서 회개와 믿음의 감격과 방언, 병 고침, 환상 등 외적인 성령의 은사로 하나님의 살아계심을 나타내시고, 이제부터 세상에서 하나님께로 돌아서서 하나님의 자녀로 살아가는 힘을 얻게 되는 것이다. 예수님께서는 물세례와 성령의 세례와 말씀충만(성령충만)을 함께 받으셔서 하나님의 아들의 권세를 회복하셨다.

예수께서 세례를 받으시고 곧 물에서 올라오실 새 하늘이 열리고 하나님의 성령이 비둘기같이 내려 자기 위에 임하심을 보시더니 하늘로서 소리가 있어 말씀하시되 이는 내 사랑하는 아들이요 내 기뻐하는 자라 하시니라(마 3:16-17).

그리고 광야에서 마귀에게 시험받으실 때에 성령으로 충만하여 말씀으로 물리치셨다.

바리새인인 중에 니고데모라 하는 사람이 있으니 유대인의 관원이라 그가 밤에 예수께 와서 가로되 랍비여 우리가 당신은 하나님께로서 오신 선생인 줄 아나이다 하나님이 함께 하시지 아니하시면 당신의 행하시는 이 표적을 아무라도 할 수 없음이니이다 예수께서 대답하여 가라사대 진실로 진실로 네게 이르노니 사람이 거듭나지 아니하면 하나님 나라를 볼 수 없느니라 니고데모가 가로되 사람이 늙으면 어떻게 날 수 있삽나이까 두 번째 모태에 들어갔다가 다시 날 수 있삽나이까 예수께서 대답하시되 진실로 진실로 네게 이르노니 사람이 물과 성령으로 나지 아니하면 하나님 나라에 들어갈 수 없느니라 육으로 난 것은 육이요 성령으로 난 것은 영이니 내가 네게 거듭나야 하겠다 하는 말을 기이히 여기지 말라 바람이 임의로 불매 네가 그 소리를 들어도 어디서 오며 어디로 가는지 알지 못하나니 성령으로 난 사람은 다 이러하니라(요 3:3-8).

예수님은 옛사람이 죽고, 물(회개)과 성령으로 그리스도 안에서 다시 나지 아니하면, 하나님 나라에 들어갈 수 없다고 말씀하셨다.

해 받으신 후에 또한 저희에게 확실한 많은 증거로 친히 사심을 나타내사 사십 일 동안 저희에게 보이시며 하나님 나라의 일을 말씀하시니라 사도와 같이 모이사 저희에게 분부하여 가라사대 예루살렘을 떠나지 말고 내게 들은 바 아버지의 약속하신 것을 기다리라 요한은 물로 세례를 베풀었으나 너희는 몇 날이 못 되어 성령으로 세례를 받으리라(행 1:3-5).

예수님의 말씀대로 12사도들과 예수의 어머니 마리아와 동생들과 많은 사람들이 성령의 세례 받기를 사모하고 기도하고 있었다.

들어가 저희 유하는 다락에 올라가니 베드로, 요한, 야고보, 안드레와 빌립, 도마와 바돌로매, 마태와 알패오의 아들 야고보, 셀롯인 시몬, 야고보의 아들 유다가 다 거기 있어 여자들과 예수의 모친 마리아와 예수의 아우들로 더불어 마음을 같이 하여 전혀 기도에 힘쓰니라(행 1:13-14).

오순절 날이 이미 이르매 저희가 다 같이 한 곳에 모였더니 홀연히 하늘로부터 급하고 강한 바람 같은 소리가 있어 저희 앉은 온 집에 가득하며 불의 혀 같이 갈라지는 것이 저희에게 보여 각 사람 위에 임하여 있더니 저희가 성령의 충만 함을 받고 성령의 말하게 하심을 따라 다른 방언으로 말하기를 시작하니라(행 2:1-4).

나는 그때의 그 모습이 얼마나 장관이었을까? 생각한다. 오늘날에도 성령의 임하심은 개인에게는 다 똑같은 기가 막힌 은혜의 체험이리라고 생각한다. 나에게도 45년이 지난 지금까지 나의 삶을 뒤 바꾼 그 성령세례의 날을 결코 잊을 수 없다.

오직 성령이 너희에게 임하시면 너희가 권능을 받고 예루살렘과 온 유대와 사마리아와 땅 끝까지 이르러 내 증인이 되리라(행 1:8).

오순절의 성령세례는 방언 등 하나님의 살아 계심을 나타내는 외적 은사와 베드로를 비롯한 12제자들과 같이 이미 중생한 자들에게는 말씀충만으로 성령충만이 함께 일어난 것이다. 성령 충만을 받고 베드로가 열한 사도와 같이 서서 말씀을 의지하여, 예수님을 증거 하는 긴 설교를 하였다.

미리 보는 고로 그리스도의 부활하심을 말하되 저가 음부에 버림이 되지 않고 육신이 썩음을 당하지 아니 하시리라 하더니 이 예수를 높이시매 그가 약속대로 성령을 아버지께 받아서 너희 보고 듣는 이것을 부어 주셨느니라 다윗은 하늘에 올라가지 못 하였으나 친히 말하여 가로되 주께서 내 주에게 말씀하시기를 내가 네 원수로 네 발등상 되게 하기까지 너는 내 우편에 앉았느니라 하셨도다 하였으니 그런즉 이스라엘 온 집이 정녕 알지니 너희가 십자가에 못 박은 이 예수를 하나님이 주와 그리스도가 되게 하셨느니라 하니라 저희가 이 말을 듣고 마음에 찔려 베드로와 다른 사도들에게 물어 가로되 형제들아 우리가 어찌할꼬 하거늘 베드로가 가로되 너희가 회개하여 각각 예수 그리스도의 이름으로 세례를 받고 죄사함을 얻으라 그리하면 성령을 선물로 받으리니 이 약속은 너희와 너희 자녀와 모든 먼데 사람 곧 주 우리 하나님이 얼마든지 부르시는 자들에게 하신 것이라 하고 또 여러 말로 확증하며 권하여 가로되 너희가 이 패역한 세대에서 구원을 받으라 하니 그 말을 받는 사람들은 세례를 받으매 이 날에 제자의 수가 삼천이나 더 하더라 (행 2:31-41).

그날에 회개하고 성령 받는 사람들의 수가 삼천이나 되었다 하니 그 말씀과 성령의 능력이 얼마나 크고 놀라웠는지 울고, 은혜를 받는 그들의 광경이 보이는 것 같다. 하나님께서 다시 한번 이 시대의 구원받을 사람들을 위하여 더 큰 능력으로 살아

계신 증거를 보여주시고, 성령을 내려 주셨으면 얼마나 좋으랴!

사울이 행하여 다메섹에 가까이 가더니 홀연히 하늘로서 빛
이 저를 둘러 비치는지라 땅에 엎드러져 들으매 소리 있어 가
로되 사울아 사울아 네가 어찌하여 나를 핍박하느냐 하시거늘
대답하되 주여 뉘시오니까 가라사대 나는 네가 핍박하는 예수
라 네가 일어나 성으로 들어가라 행할 것을 네게 이를 자가 있
느니라 하시니 같이 가던 사람들은 소리만 듣고 아무도 보지
못하여 말을 못하고 섰더라 사울이 땅에서 일어나 눈은 떴으나
아무 것도 보지 못하고 사람의 손에 끌려 다메섹으로 들어가서
사흘 동안 식음을 전폐하니라(행 9:3-9).
아나니아가 떠나 그 집에 들어가서 그에게 안수하여 가로되
형제 사울아 주 곧 네가 오는 길에서 나타나시던 예수께서 나
를 보내어 너로 다시 보게 하시고 성령으로 충만하게 하신다
하니 즉시 사울의 눈에서 비늘 같은 것이 벗어져 다시 보게 된
지라 일어나 세례를 받고(행 9:17-18).

예수 믿는 사람들을 핍박하고, 잡으려고 다메섹으로 가던 유
대인 사울이 하나님의 특별한 은혜로 성령의 세례를 받아 능력
을 얻고, 바울이 되어 이방인의 사도로 소명을 받고, 복음을
전하기 시작하였다.

하나님을 잘 믿고자 하는 모든 그리스도인들은 반드시 먼저

성령세례를 받고, 자범죄를 회개하고 중생해서 세상에서 하나님께로 돌아서야 한다. 성령세례를 받지 아니하고는 간절히 믿기를 원한다고 해도 잘 믿을 수도 없고, 열심을 낼 수도 없으며, 성령으로 거듭나지 아니하고는 새 삶을 살 수도 없다. 또 자범죄를 회개하지 아니하고는 거듭날 수 없으며, 성령이 강하게 임하시면 죄가 생각나서 회개하지 아니할 수 없게 된다.

우리를 창조하신 거룩하신 하나님의 영은 거룩한 영, 곧 성령이다. 그러므로 우리가 하나님과 교제하기 위해서는 반드시 성령의 세례를 받아 중생해야 하고, 중생할 때 성령으로 아담에게 속한 옛사람의 자아가 깨어져서 하나님의 말씀을 깨닫고 은혜 안에서 신앙생활을 시작할 수 있으며, 성령으로 충만하면 사단의 공격을 이기고 승리하는 삶을 살게 된다.

보혜사 곧 아버지께서 내 이름으로 보내실 성령 그가 너희에게 모든 것을 가르치시고 내가 너희에게 말한 모든 것을 생각나게 하시리라(요 14:26).

내가 아버지께로서 너희에게 보낼 보혜사 곧 아버지께로서 나오시는 진리의 성령이 오실 때에 그가 나를 증거 하실 것이요(요 15:26).

성경 안에는 진리로 가득 차 있으나, 하나님의 영이신 성령이 아니고는 결코 깨달을 수 없다.

내가 곧 길이요 진리요 생명이니 나로 말미암지 않고는 아버지께로 올 자가 없느니라(요 14:6).

그러하나 진리의 성령이 오시면 그가 너희를 모든 진리 가운데로 인도 하시리니 그가 자의로 말하지 않고 오직 듣는 것을 말하시며 장래 일을 너희에게 알리시리라(요 16:13).

예수께서 승천하신 후 마가의 다락방에 예수님의 제자들과 120여 명의 성도들이 모여 기도하다가 약속대로 오순절에 내리신 성령은 성령세례와 성령충만을 함께 받았으므로 각양 은사와 능력과 말씀충만이 함께 일어났다. 그곳에 모였던 사람들은 예수님의 십자가의 고난과 부활 승천하심을 보았고, 기다리면 약속하신 성령을 주실 것이라는 것을 믿는 깨끗하고 순전한 마음을 가진 사람들이었다.

우리가 세상의 영을 받지 아니하고 오직 하나님께로 온 영을 받았으니 이는 우리로 하여금 하나님께서 우리에게 은혜로 주신 것들을 알게 하려 하심이라 우리가 이것을 말 하거니와 사람의 지혜의 가르친 말로 아니하고 오직 성령의 가르치신 것으로 하니 신령한 일은 신령한 것으로 분별 하느니라 육에 속한 사람은 성령의 일을 받지 아니하나니 저희에게는 미련하게 보임이요 또 깨닫지도 못하나니 이런 일은 영적으로라야 분변 함이니라(고전 2:12-14).

고전 2장에는 성령을 받지 않은 자들과 성령을 받은 자들에게 나타나는 성령의 역사에 대해서 아주 잘 설명하고 있다.

여호와의 신 곧 지혜와 총명의 신이요 모략과 재능의 신이요 지식과 여호와를 경외하는 신이 강림하시리니(사 11:2).

너희가 아들인고로 하나님이 그 아들의 영을 우리 마음 가운데 보내사 아바 아버지라 부르게 하셨느니라(갈 4:6).

만일 너희 속에 하나님의 영이 거하시면 너희가 육신에 있지 아니하고 영에 있나니 누구든지 그리스도의 영이 없으면 그리스도의 사람이 아니라(롬 8:9).

무릇 하나님의 영으로 인도함을 받는 그들은 곧 하나님의 아들이라 너희는 다시 무서워하는 종의 영을 받지 아니하였고 양자의 영을 받았으므로 아바 아버지라 부르짖느니라 성령이 친히 우리 영으로 더불어 우리가 하나님의 자녀인 것을 증거 하시나니 자녀이면 또한 후사 곧 하나님의 후사요 그리스도와 함께한 후사니 우리가 그와 함께 영광을 받기 위하여 고난도 함께 받아야 될 것이니라(롬 8:14-17).

교회 안에는 아직 성령세례를 받지 못한 모태 신자나, 물세례를 받을 때 예수가 구원자 되심을 고백하지만 그 의미가 확실하지 않고, 머리로는 알겠으나 성령의 확실한 증거로 마음속에서 증거 되지 않은 대다수의 교인들은 하나님을 더 잘 믿고 싶고, 알고 싶으나 성경을 아무리 읽어도 잘 모르겠고, 말씀을 들을 때는 마음의 감동을 받으나 그 때뿐이고, 주일에도 교회에 나오다가 말다가 하게 되며 구원의 확신도 없고, 열심을 낼수 있는 성령의 능력을 받지 못하여 힘들게 교회 생활을 하는 명목상의 교인들이 많이 있다. 모든 그리스도인들이 성령세례로 능력을 받지 않고 인간의 힘으로 신앙생활 하는 것은 믿을 수도 없고 안 믿을 수도 없고, 힘을 낼 수도 없고, 어려운 일이 있으면 낙심하고, 하나님을 원망하기도 한다. 하나님과 우리와의 관계는 말씀과의 관계이지만 성령이 말씀을 조명해 주시지 아니하면, 우리는 하나님의 말씀을 깨달을 수도 없는 것이다.

1970년대의 우리나라에도 굉장한 성령의 역사가 일어나서 많은 사람들이 여의도광장에 모여 빌리 그래함을 위시하여 국내외의 유명 부흥강사님들의 부흥집회가 있었고, 얼마나 많은 사람들이 성경, 찬송을 손에 들고 사방에서 모여들었으며, 지금은 그곳에 건물이 많이 들어서서 상상할 수도 없지만 함께 찬양하도 기도했던 기억들이 지금도 생생한 감동으로 남아 있다. 그때 그 시대에 그런 장엄한 광경을 볼 수 있었고 그곳에 참석할 수 있었던 것을 하나님께 진심으로 감사드리며, 지금 보여줄수는 없지만 상상으로라도 그 모습을 느낄 수 있도록 전하여주고 싶다. 그리고 하나님께서 이 나라에 성령의 기름을 다시 넘치게 부어주셔서, 이 나라의 기독교가 쇠퇴한 유럽같이 되지아니하고 제2의 선민으로 그때보다 더한 성령의 불길이 일어나게 하시기를 간절히 소원하고 기도한다.

저녁 집회에 참석하려고, 오후 햇살을 받으며 어른 아이 할 것 없이 여의도 광장 사방에서 모여드는 광경은 마치 천국을 향하여 나아오는 성도님들의 모습과 같은 광경이어서 지금도 눈에 선하게 보이며, 내게 벅찬 감동으로 남아있다.

성령세례를 받을 때 회개와 믿음과 의인이 순간에 함께 일어나서 중생하게 된다.

성령세례는 강권적으로 성령이 아담에게 속한 옛사람의 자아를 깨트리고 어둠에서 빛으로, 죄 된 세상에서 거룩하신 하나님께로 돌아서서 회개를 통하여 예수 그리스도를 그 마음에 모시고, 예수님을 위한 삶을 살게 하심으로, 지금까지 알지 못했던 살아계신 하나님을 나타내시는 여러 가지 은사가 나타나 능력을 받고, 세상에서 하나님께로 돌아서서 기쁨과 감사함으로 주님을 섬길 수 있게 된다. 그리스도인들은 누구나 먼저 성령세례를 받아야만 원하는 신앙생활을 시작할 수 있는 문에 들어갈 수 있게 된다.

성령세례를 받으면 먼저 외적인 성령의 은사가 강하게 나타나서 방언이나 능력이나 병 고침 등 여러 가지 신비한 은사를 체험하고, 환상을 보고 기뻐하고, 기도에 응답받고, 전국적으로 간증하며, 전도도 하고 열심히 신앙생활을 시작하게 되며, 대부분의 그리스도인들은 성령세례를 받으면 처음에는 빛이 변하고, 바람이 변하고, 세상이 완전히 변한 것 같아서 구원이 자기에게 일어났다고 생각하게 된다.

그러나 처음에는 자범죄를 회개함으로 초기성화가 시작되어 성결의 거룩한 냄새를 맡을 수 있었지만, 성령세례만으로는 자아(혼)가 부분적으로 깨어져서, 원죄가 부분적으로 씻어짐으로 완전한 회개를 하지 못하며, 얼마 안 있어 다 깨어지지 않은 자아에서 원죄의 쓴 뿌리가 나타나서 나쁜 냄새와 나쁜 근성을 드러내어 완전한 성화에 이르지 못하게 된다.

1975년 6월 23일 성령세례를 받고 그날부터 나는 반 미친 마음으로 계속해서 복음을 전하고, 주의 일을 한다. 성령이 아니시면 은혜의 이 기쁨을 알 수도 없고, 내가 이렇게 살 일이 없고, 성령이 아니시면 내가 이 정도로 잘해 낼 수도 없다. 하나님의 창조와 재창조와 예수 그리스도의 십자가의 보혈의 은혜를 깊이 깨닫게 하셔서, 주께 붙들린바 된 삶을 살게 하시는 성령님의 은혜를 감사하며 찬양한다.

나는 어느 성경공부 모임에서 모르는 사람들 사이에 앉아 있었고, 찬양만 불렀을 뿐인데 그때까지 듣지도 못했고, 생각지도 못했던 성령의 부으심(세례)을 받고, 설명할 수 없는 감동으로 눈물을 흘리며 온종일 온 몸이 뜨거워졌으며, 그 날부터 나의 삶이 180도로 변화되어 내가 체험한 기쁨과 황홀한 체험을 만나는 사람마다에게 전하게 되었고, 부흥회에서 또 예배 때마다 눈물을 흘리며 내 마음은 옥토가 되어 떨어지는 모든 말씀의 씨앗이 은혜(꽃이 피고 열매 맺음)가 되어 내 마음은 쪼개지고, 녹아지고, 또 1년 만에 하나님의 말씀으로, 지금까지 알지 못했던 희한한 평강을 체험하게 되었는데, 아무도 말해주지 않았지만 후에 보니 그것은 성령의 두 번째 은혜인 성결이었던 것이다.

여러 교회에서 능력 있는 유명한 부흥사님들의 부흥집회가 계속 열려서 나도 성령세례로 은혜 받은 후 집사님들과 같이 서울 이 끝에서 저 끝까지 부흥회에 참석했다가 택시를 타고 통행금지 시간이 되기 전에 부리나케 집에 돌아오곤 하였다. 그때 정말 눈물도 많이 흘렸고, 너무 많은 것을 배우고, 감동하고, 은혜로 충만했었다. 김충기 목사님의 아브라함, 이삭, 야곱, 요셉의 계보, 강달희 목사님의 사랑, 최복규 목사님의 우주 종말론과 복음서의 신자의 도리, 성막론 등 부흥회에서 신구약을 배우게 되었고, 신약을 20번 정도 읽고 말씀의 눈이 열리게 되어 구역장으로서, 또 성경말씀을 많이 외우고 모임에서 10여 년간이나 강사가 되어 말씀을 증거 함으로써 더욱더 성령충만하게 되고, 하나님의 말씀을 더 깊이 이해하게 되었다. 나는 성령세례를 받은 후 병고침의 은사도 받고 방언도 하게 되었으나 그때 은혜받은 많은 사람들이 더 많이 은사 집회에 감동하고 쫓아다녔지만, 나를 은사에 치중하지 않고 오직 말씀으로 성장시켜 주신 것도 성령님의 인도였음을 참으로 하나님께 감사드린다.

오늘날에는 성령세례를 받기도 어렵고 성령세례의 기회도 많지 않다. 우리나라도 50여 년 전에는 먹고 사는 것만이 급급한 어려운 시기여서 비교적 욕심을 부리고 남을 미워하고, 질투할 마음의 여유가 없었던 선량하고 깨끗한 상태였으므로 복음이 쉽게 전파되고, 회개운동으로 성령이 크게 역사하실 수 있었다고 생각한다. 그러나 지금은 대부분의 사람들이 삶의 여유가 생기고, 어려운 것이 없고, 모든 사람들의 마음에 사랑이 식어지고, 오히려 욕심이 채워져서 길가 밭, 돌작 밭, 가시덩굴 밭의 강팍한 심령이 되었으므로 성령이 역사하여 은혜받기가 심히 어려워진 것 같다.

지금은 옛날의 우리와 같이 중국과 동남아, 아프리카 등 극빈한 나라 사람들의 마음이 가난하고 깨끗하여서 저들에게 복음의 씨앗이 떨어져 싹이 나고, 꽃이 피고, 많은 열매를 맺을 수 있으리라고 생각한다. 22,000여 명의 한국 선교사들이 전 세계에서 선교하고 있으며 가난한 나라의 심령이 깨끗한 자들에게 성령의 역사가 많이 나타나서 아프리카 등 오지에도 복음이 전하여지고, 신학교가 세워져서 그 나라의 목회자들과 복음 전도자들이 많이 배출되고 있다고 한다.

북한에서도 목숨을 걸고 숨어서 예배드리는 지하교회들이 있고, 중국에 그리스도인들이 1억 2천 명으로 가정교회 등 목숨을 걸고 예배드리며, 비밀리에 기독교가 확산되어 간다고 하는데 그것은 그들이 아직까지 마음이 가난하며 순수하기 때문이다. 그러나 먼저 기독교가 크게 부흥했던 서유럽과 영국 등은 교회들이 문을 닫고 극장이 되거나 이슬람교 사원으로 바뀌었다고 하며, 먼저 성령의 역사가 크게 나타나 기독교 대국이 되었던 미국의 복음적인 그리스도인은 인구의 10%인 2천 6백만 명이며, 100여 년 전 평양 성령 대 부흥의 역사로부터 제2의 선민으로 각광 받던 우리나라에도 기독교인들이 몇 년 전까지는 20%인 1천만 명이었다고 하는데 지금은 가톨릭으로 가든지 하여 8백만 명도 되지 않는다고 하는 것은 기독교인들이 크게 각성하고 돌아보아야 할 일이다. 그중에 복음적인 그리스도인은 과연 몇%나 될까? 오늘날에는 안타깝지만 성령세례와 성령이 함께하시는 뜨거운 심령을 만나보기가 심히 어렵다. 다시 한국 교회들이 성령으로 뜨거워질 수 있을까?

성령이여! 다시 이 시대에 오순절의 성령의 역사를 이 나라에 허락하여 주시옵소서!

수년 전에 '여호와증인'에 다니는 여신도들과 성령에 대해서 이야기한 적이 있었다. 여호와증인은 하나님과 예수님은 인정하지만, 성령님을 '생각나게 하는 영' 또는 '보혜사'라고 만 했다. 여호와증인은 모든 것을 글자로만 보고 하나님이 성부, 성자, 성령의 삼위일체 하나님이신 것을 부인하고 성령이 '생각나게 하는 영,' '은혜를 보호하는 영' 정도로만 생각하여 성령의 능력으로 역사하심을 제한하여 일하시지 못하게 하였으므로, 성령의 신비를 체험하지 못하고 잘못 판단하여 이단이 된 것이다. 그들에게는 하나님의 말씀은 구약의 율법일 뿐이다. 그러므로 그들은 신비하고 놀라우신 성령님의 역사로만 자아가 깨어져서 성경 말씀 속의 하나님과 예수님의 놀라우심과 사랑을 깨달을 수 있다는 것을 결코 알 수 없었으며, 성경 말씀을 인간의 지혜로 해석하여 이단이 될 수밖에 없었던 것이다. 내가 만난 그들은 상당히 순수한 것 같이 보이는 여인들이었으나 성령이 아니고 무엇으로 믿으며, 죽을 때까지 믿어도 하나님을 글자대로 밖에 알지 못하고 어떻게 그들이 영원한 생명을 얻을 수 있겠는가? 너무나 안 되었다.

성령이 임하셔서 우리에게 역사 하시지 아니하면 우리가 성경 말씀을 보는 영적 눈이 뜨일 수도 없고, 하나님의 뜻대로 이해할 수도 없다. 그들이 말하는 성부 하나님과 성자 예수님을 성령이 아니고는 어찌 알아볼 수 있을 것인가? 성경의 글자는 그저 이해하기 어려운 글자일 뿐이다. 그들은 성경을 인간의 눈으로 보고, 인간의 지혜로 생각한다. 성령이 역사하시지 아니하고는 어찌 보이지 아니하는 하나님을 믿을 수 있으며, 성령의 역사가 아니고 어찌 성경 안에서 예수님께서 행하신 기적과 신비를 이해할 수 있으며, 성령께서 능력으로 막아 주시지 아니하면 어떻게 하나님의 뜻을 따라 악한 세상을 이기고, 또 성령으로 인도받지 아니하고는 어떻게 말씀에 순종하며 살아갈 수 있겠는가? 믿음은 성령의 은사이다. 또한 성령의 역사로 아담에게 속한 옛사람의 자아가 완전히 깨어져서 성결하게 되며, 그리스도 닮은 그리스도인으로 하나님께 충성하는 참 하나님의 자녀가 될 수 있는 것이다. 성령의 역사가 없이는 그들이 믿는 하나님은 살아계신 성경의 하나님이 아니시다.

참으로 불쌍한 사람들이다. 하나님을 찾으려는 선량한 사람들 앞에 잘못된 길이 너무 많이 있다. 정신을 똑바로 차리고 한번 들어가면 다시 나올 수 없는 죽음의 길이 수없이 자기 앞에 입을 크게 벌리고 기다리고 있음을 알아야 한다. 그것을 보여주시고, 막아 주시는 분도 성령님이 아니겠는가?

하나님은 성부, 성자, 성령 삼위일체의 하나님이시다. 성부 하나님은 온 세상을 창조하시고, 성자 예수님은 우리 죄를 대속하시고, 타락한 옛 아담에게 속하여 세상의 영에 사로잡혀 있던 옛사람을 그리스도 안의 완전한 새사람으로 바꾸어 주시고, 능력으로 함께하시는 분은 성령 하나님이시다. 이 세분의 하나님은 한 분 하나님이시나 역사하시는 것은 다르다.

그러나 우리나라에도 성령세례를 받고 은혜가 충만한 그리스도인들이 많이 있었으나 50여 년이 지난 지금도 방언이나, 병고침이나, 축복 등 외적인 체험적 신앙에만 머물러 있고, 말씀으로 성장해서 거룩한 영적인 그리스도인으로 성화되어 간 모습은 보기 힘들다.

자기에게 영이 있다는 것을 알지 못하는 세상 사람들은 성령을 도저히 이해하지 못한다. 저들은 왜 저러나 이해하지 못할 뿐 아니라 부러워하지도 않는다. 성령을 받았다는 것의 좋음을 알지 못하는 것은 성령 받은 우리의 행동 때문이기도 하다. 그들은 우리 그리스도인들에게서 성령의 열매를 기대하는 것이다. 그러나 성령을 받았으나 옛사람의 자아가 완전히 깨어져서 그리스도 안의 완전한 새사람으로 변화하지 아니하면 완전한 영적 분별이 일어나지 아니하고, 어린아이와 같은 미숙한 그리스도인 곧 육에 속한 그리스도인으로서 그들에게서는 완전한 성령의 열매를 기대할 수 없다.

그 당시 순복음 오순절 교회에서도 성령세례를 통하여 성령의 강력한 외적인 은사가 많은 사람에게 크게 나타나서, 방언과 병 고침의 은사를 통해서 하나님의 살아계심을 증거하고, 간증도 하고, 금식하고 기도원이나 산에 기도하러 다니는 사람들이 많이 있었으며, 그 뜨거움이 영원할 것으로 생각 되었었다.

그러나 40-50년이 지나간 지금 많은 그리스도인들이 하나님이 기뻐하시는 성결하고 온전히 순종하는 성장한 성도가 되어 있어서 교회들이 크게 부흥되고, 그리스도 닮은 그리스도인으로 가득 채워져서 비 그리스도인들에게도 칭송받는 교회들이 되어 있어야 하는데, 대부분의 그리스도인들이 아직도 몇십 년 동안 죄와 싸우며 육에 속한 그리스도인으로 살고 있다. 또 많은 그리스도인들이 그것을 당연한 것으로 알며, 그리스도의 향기가 아닌 나쁜 냄새를 나타내고도 부끄러워할 줄 모른다. 그들이 바울에게 책망받던 고린도교회 사람들처럼 아직도 성장하지 못한 육에 속한 그리스도인으로 남아 있는 것은 무슨 이유인가? 그것은 그 사람에게 성령은 성령세례로만 끝나고, 말씀으로 말미암는 성령충만에 이르지 못했기 때문이다. 곧 말씀충만으로 성령충만하여 요한 웨슬리가 외치고 외쳤던 성결에 이르는 기가 막힌 두 번째 은혜의 경지가 있다는 것을 대부분의 목회자들을 비롯한 그리스도인들이 알지 못하기 때문이다.

하나님의 말씀의 내적인 은사(지혜의 말씀이 은사, 지식의 말씀의 은사, 믿음의 은사, 영 분별의 내적인 은사)로서 자아가 완전히 깨어져서(히 4:12-13) 성령충만(성결)에 들어가지 아니하면, 초기성화가 계속될 수 없기 때문에 성령세례의 뜨거움은 10년, 20년 지나는 동안에 차츰 사라지고, 초기의 감동을 주었던 그의 간증은 점점 능력을 잃고, 힘없고 외식적인 간증이 될 수밖에 없게 되었다. 성령세례 시에 나타나는 외적인 성령의 은사만으로는 속사람이 완전히 달라질 수 없으며, 완전한 구원에 이를 수도 없고, 원죄가 남아 있어서 다시 죄를 지면서 회개하지만, 또다시 죄를 짓는 위선적인 부끄러운 그리스도인의 모습으로 살아가게 된다.

누구나 먼저 성령의 세례로 중생(거듭남)해야 하지만 성령세례만으로는 마음으로는 원하지만 영육간의 싸움으로 하나님의 뜻을 온전히 순종하지 못하고, 그리스도의 향기를 드러낼 수 없는 육에 속한 그리스도인이 될 수밖에 없고, 오늘날의 비 그리스도인들에게 신뢰받지 못하는 기독교인들이 되는 것이다.

첫사랑을 회복해야 된다고 하는데 첫사랑을 회복하여 완성된 그리스도 닮은 그리스도인이 되려면, 반드시 두 번째 은혜인 말씀으로 자아가 완전히 깨어져서 성령충만함을 받아 성결한 그리스도인이 되어야만 완전한 사랑, 완전한 구원을 바라보고 이 땅에서도 천국 백성으로 살아갈 수 있는 것이다.

4. 성령의 내적인 은사와 외적인 은사

우리가 성령세례를 받으면 성령의 은사(은혜의 선물)를 받는데 성령의 은사에는 성경에 우리에게 주신 말씀으로 말미암아 그리스도 닮은 그리스도인으로 내적 변화를 일으킬 수 있는 성령의 내적인 은사와 하나님의 살아 계심을 증거 하는 성령의 외적인 은사가 있다. 먼저 나타나는 은사는 중생할 때에 나타나는 외적 은사이다.

은사는 여러 가지나 성령은 같고 직임은 여러 가지나 주는 같으며 또 역사는 여러 가지나 모든 것을 모든 사람 가운데서 역사하는 하나님은 같으니 각 사람에게 성령의 나타남을 주심은 유익하게 하려 하심이라 어떤 이에게는 성령으로 말미암아 지혜의 말씀을, 어떤 이에게는 같은 성령으로 지식의 말씀을, 다른 이에게는 같은 성령으로 믿음을, 어떤 이에게는 한 성령으로 병 고치는 은사를, 어떤 이에게는 능력 행함을, 어떤 이에게는 예언함을, 어떤 이에게는 영들 분별함을, 다른 이에게는 각종 방언 말함을, 어떤 이에게는 방언들 통역함을 주시나니 이 모든 일은 같은 한 성령이 행하사 그 뜻대로 각 사람에게 나눠 주시느니라(고전 12:4-11).

내적인 은사

성령의 내적인 은사로는 지혜의 말씀의 은사, 지식의 말씀의 은사, 믿음의 은사, 영들 분별하는 은사와 사랑의 은사 등이 있다.

지혜의 말씀의 은사 - 하나님의 말씀이 성령으로 조명되어서 모든 하나님의 지혜로 지혜롭게 된다.

지식의 말씀의 은사 - 우리에게 향하신 하나님의 뜻과 섭리와 목적을 아는 지식으로 가득하게 된다.

믿음의 은사 - 성령으로 말미암아 예수 그리스도의 대속의 보혈과 성경의 모든 말씀을 믿는다.

영 분별의 은사 - 말씀으로 말미암은 성령에 속한 사람은 상대가 영에 속한 그리스도인인지, 육에 속한 그리스도인인지 분별할 수 있다.

사랑의 은사 - 성령을 받으면 하나님이 자기를 사랑하신 신비한 사랑으로 인하여, 이기심과 욕심을 버리고 다른 영혼들을 사랑하게 된다.

외적인 은사

외적인 은사는 방언의 은사, 예언의 은사, 병 고치는 은사, 방언 통역의 은사, 능력 행함 등이 있다.

방언의 은사 - 성령을 받을 때 표적으로 주시는 언어의 은사로 가장 많이 나타나는 표적이며,

1) 하나님의 언어, 2) 천사의 언어, 3) 각 나라의 언어 등 세 가지가 있다고 한다.

예언의 은사 - 성경 말씀을 통한 예언, 또는 하나님이 주시는 계시를 받아 예언한다.

병 고치는 은사 - 하나님의 능력을 받아 병든 자를 위한 기도로 치유가 일어난다.

방언통역의 은사 - 방언을 통역하여 모든 사람이 알 수 있게 한다.

능력 행함 - 성령의 능력으로 귀신을 쫓아내고, 하나님의 신적 능력을 행할 수 있다.

성령세례로 인한 외적인 은사만으로는 구원받을 수 없고, 천국에 이를 수 없다.

은사는 하나님의 살아계심만을 증거 하는 것이다.

1950-80년대에 많은 기독교인들이 성령세례의 외적인 은사와 능력만을 추구했던 것을 염려하여, 예수원의 대천덕(토레이)신부님께서 예수 전도단 대표인 오대원(로스) 목사님 댁에 모였던 우리 몇 사람에게 외적인 은사만으로는 구원 받을 수 없다는 것을 간곡한 표현으로 말씀해 주신 것을 지금도 생생하게 기억하며, 그것은 내가 말씀(내적인 은사)충만으로 성령충만(성결)을 연구하는데 큰 도움이 되었음을 특별히 감사하게 생각한다.

성령세례를 받을 때 너무 큰 은사를 강하게 받으면, 사단이 이용하여 은사에 치우쳐서 신비주의에 빠지거나, 말씀의 진리를 왜곡하여 이단이 되기도 한다.

성령세례로 자아가 좀 더 많이 깨어진 사람
(중생, 거듭남)

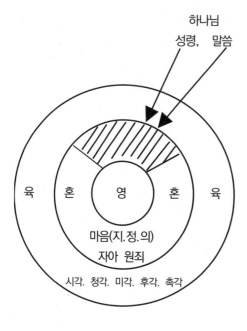

*성령세례를 받고 중생한다.
*신비한 체험. 방언, 병고침 등 강력한 외적인 은사를 받는다.
*처음에는 마음의 평안과 기쁨이 있고 새 세상을 만난 것 같다.
*전도도 하고 교회 일도 열심히 한다.
*회개(자범죄)했으나 원죄가 다 씻어지지 않아 옛사람의 모습이 나타난다.
*자기 안에 영육의 싸움이 계속되는 생활. 거듭 패배를 당한다.
*위선적인 그리스도인이 된다.
*완전히 성화되어 갈 수 없다.
*율법에서 완전히 벗어나지 못한다.
*강하게 외적 능력을 체험하고 자아가 다 깨어지지 아니하면 사단이 이용하여 이단이 될 수도 있다.

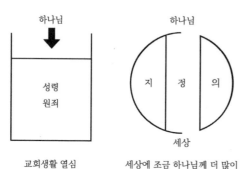

| 교회생활 열심 | 세상에 조금 하나님께 더 많이 | 하나님이 주인 내가 주인 |

(그림 4)

5. 육에 속한 그리스도인의 마음

대부분의 그리스도인들은 성령세례로 중생하여 성령의 외적인 은사를 받고, 자범죄를 회개함으로 초기 성화가 시작되어 성결의 거룩한 냄새를 맡을 수 있었지만, 성령세례(그림4)만으로는 옛사람의 자아(혼)가 완전히 깨어지지 아니하고 부분적으로 깨어져서 얼마 지나면 다 깨어지지 않은 자아에 남아있던 원죄의 쓴 뿌리가 나타나서 나쁜 냄새와 나쁜 근성이 드러남으로 완전한 성화에 이르지 못하게 된다. 외적인 성령의 은사만으로는 속사람이 완전히 달라질 수 없으며, 원죄가 남아 있어서 다시 죄를 지면서 회개하지만, 또다시 죄를 짓는 위선적인 부끄러운 그리스도인의 모습으로 살아가게 된다. 마음으로는 원하나 영육 간의 싸움으로 하나님의 뜻을 온전히 순종하지 못하고, 그리스도의 향기를 드러낼 수 없는 육에 속한 그리스도인이 될 수밖에 없다. 기독교가 중생한 많은 그리스도인들이 목회자로, 선교사로, 교회에서 중진으로 헌신하고, 충성하고 계시지만 이것은 오늘날 대부분의 중생한 그리스도인들의 모습인 것이다.

조종남 박사는 『요한 웨슬레의 신학』에서 '웨슬리는 중생한 자의 초기의 성화에서 그는 겸손했다. 그러나 온전히 겸손하지는 않았다. 그의 겸손은 오만과 혼합된 겸손이었다. 그는 온순했다. 그러나 그의 온순은 종종 분노와 어떤 소용돌이치는 감정으로 말미암아 중단되었다. 그의 하나님 사랑은 피조물을 사랑하는 일로 방해를 받고 이웃 사랑은 악한 억측과 생각 때문에 방해를 받았다'고 하였다.

또 세계적인 설교가이며 저술가인 존 스토트는『성령세례와 충만』에서 '우리는 회개하고 하나님께로 돌아가야 한다. 우리는 성령세례를 받았으나 성령세례의 능력보다 낮은 수준의 신앙생활을 하고 있다. 교만하고 사랑이 없으며 다투기 잘하고 죄에 관대했던 고린도교회 사람들처럼 놀라운 경험을 했던 사람들이나 그렇지 않은 사람이나 똑같이 도덕적 의무, 정직성, 순결, 비이기적인 태도 등에 실패할 수 있다. 그러므로 성령세례를 받은 사람도 두 번째 단계인 성령충만을 받아야한다'라고 하였다.

요한 웨슬리는 '중생은 현관이요 성결은 거실이다'라고 하였다. 옛사람의 자아가 부분적으로 깨어진 첫 번째 성령세례만으로는 자범죄만 회개하여 현관에 들어간 정도이며, 두 번째 성령충만, 말씀충만으로 성결하여야만 거실에 거하는 온전한 하나님의 사람이 될 수 있다는 것이다. 바울도 성령을 받았으나 변화되지 못하고, 육신에 속한 그리스도인의 모습으로 분쟁하는 고린도 교회의 교인들을 책망하였다.

형제들아 내가 신령한 자들을 대함과 같이 너희에게 말할 수 없어서 육신에 속한 자 곧 그리스도 안에서 어린아이들을 대함과 같이 하노라 내가 너희를 젖으로 먹이고 밥으로 아니 하였노니 이는 너희가 감당치 못하였음이거니와 지금도 못하리라 너희가 아직도 육신에 있는 자로다 너희 가운데 시기와 분쟁이 있으니 어찌 육신에 속하여 사람을 따라 행함이 아니리요(고전 3:1-3).

때가 오래므로 너희가 마땅히 선생이 될 터인데 너희가 다시 하나님의 말씀의 초보가 무엇인지 누구에게 가르침을 받아야 할 것이니 젖이나 먹고 단단한 음식을 못 먹는 자가 되었도다. 대저 젖을 먹는 자마다 어린아이니 의의 말씀을 경험하지 못한 자요 단단한 식물은 장성한 자의 것이니 저희는 지각을 사용함으로 연단을 받아 선악을 분변하는 자들이니라(히 5:12-14).

교회 안에는 믿은 지 오래된 신자들도 아직까지 젖을 먹고 단단한 것을 먹지 못하는 어린아이와 같은 명목상의 교인들이 많이 있다. 육에 속한 그리스도인들은 성령세례를 받았고, 회개도 했고, 교회 일과 봉사도 열심히 하고 헌금도 많이 하는데 왜 때로 마음속에 옛사람의 원망과 분노가 살아나고, 그리스도인으로서 부끄러운 행동을 하게 되는지 본인들도 알지 못하고, 비기독교인들 사이에는 기독교인들이 가증한 위선자로 보이는 것이다. 또 그것은 성령세례로 은혜를 받고 말씀대로 살아보려고 하는 많은 그리스도인들의 고민이기도 하다. 목회자들도 교회들이 오늘날 신뢰받지 못한다는 것을 설교 중에도 자인하고 있다.

육에 속한 그리스도인들은 죄를 회개하려고 하지만 자기 마음속에 무서운 원죄의 쓴 뿌리가 아직도 남아 있다는 것을 잘 모르는 기독교인들은 마음에 걸리고 생각나는 자범죄만 회개하게 됨으로 회개하고 또 회개하는데도 완전히 깨끗해지지 않고, 같은 범죄를 되풀이하게 되는 것이다. 자범죄는 회개했는데도 원죄 때문에 무거운 죄의 짐을 내려놓지 못하고 율법으로 말미암아 자책감으로 떳떳하지 못하고, 항상 죄인이며 더욱 마음이 무거운 신앙생활을 하게 되는 것이다.

육에 속한 그리스도인은 성령으로 깨어진 부분의 성령과 사단의 지배를 받는 원죄가 싸워 마음은 선하기를 원하나 마음속에 남아 있는 원죄의 강한 힘으로 끌려가서 원치 않는 죄를 짓고 하나님께 온전히 순종할 수 없으며, 그리스도의 모습을 온전히 닮아갈 수 없다. 아직까지도 육체가 있는 동안에는 죄를 짓고 회개하면서 성화되어 간다고 하는 신학 때문에, 대부분의 그리스도인들이 죄를 지면서 신앙생활을 하는 것을 당연하다고 생각한다.

자범죄는 원죄에서 나오는 것이므로 원죄가 씻김받으면 악이 없어지고, 자범죄는 다시 짓지 않아야 하는데 원죄는 없어졌지만 육체가 있는 동안에는 자범죄를 짓지 않을 수 없다고 생각하는 이 엄청난 과오는 아직도 그것을 밝히지 못한 개신교의 신학적 오류인 것이며, 요한 웨슬리는 성령의 역사하심을 통하여 첫 번째 중생하고 두 번째 더 강력한 성령의 능력으로 성결 곧 완전한 구원에 도달할 수 있다는 것을 깨닫고 외치고 외쳤으나, 요한 웨슬리가 세운 감리교에서는 그 뜻을 계승하지 못하였다. 이로 인하여 대부분의 기독교인들이 성결이 무엇인지조차 알지 못하고, 성결한 그리스도인이 되지 못하여 온전한 자유를 얻어 구원에 이르지 못하는 육에 속한 그리스도인으로 남아있게 되는 것이다.

원죄를 깨끗이 씻지 아니하면 원죄의 쓴 뿌리가 복병이 되어 언제든지 기회를 보아 선하게 살고자 하는 그리스도인들의 마음을 비집고 튀어나와 나쁜 냄새를 내게 하고, 죄를 짓게 한다. 교회 사람들에게 선한 것처럼 보여야 하기 때문에 위선으로 위장하는 불쌍한 위선적인 그리스도인이 되지만, 죄를 짓고 자책감으로 괴로워하다가 나중에는 그것이 습관화되어 버리고, 회개하지만 진정한 회개를 하지 못하기 때문에 완전히 깨끗하게 되지 않으며, 같은 죄를 자꾸 짓게 되는 것에 괴로워한다. 그러나 이것은 신학이 그렇게 말하고, 다른 그리스도인들도 다 죄를 짓고 사는 것에 위로를 받는 대부분의 육에 속한 그리스도인들의 모습인 것이다. 원죄를 가지고 죄를 지면서 성화되어 간다는 것은 있을 수 없으며, 원죄는 씻어졌지만 몸이 있는 동안에는 죄를 짓지 않고 살 수 없다는 것도 있을 수 없는 것이다. 인간의 죄를 대신하여 독생자를 대속자로 보내신 하나님께 얼마나 큰 죄인가를 생각해야 한다. 아담으로부터 온 인간의 원죄가 예수 그리스도의 보혈로 다 씻어졌으면 자범죄는 원죄로부터 오는 것이므로 다시는 죄를 짓지 아니하게 되는 것이다. 주님 오실 날이 가까운 이 때에 하루속히 그리스도인들은 오늘날과 같이 안이한 신앙생활에서 벗어나야 한다.

하나님이 죄를 알지도 못하신 자로 우리를 대신하여 죄를 삼으신 것은 우리로 하여금 저의 안에서 하나님의 의가 되게 하려 하심이니라(고후 5:21).

주께서 가라사대 이 백성이 입으로는 나를 가까이 하며 입술로는 나를 존경하나 그 마음은 내게서 멀리 떠났나니 그들이 나를 경외함은 사람의 계명으로 가르침을 받았을 뿐이라(사 29:13).

내가 네 행위를 아노니 네가 차지도 아니하고 더웁지도 아니하도다 네가 차든지 더웁든지 하기를 원하노라 네가 이같이 미지근하여 더웁지도 아니하고 차지도 아니하니 내 입에서 토하여 내치리라(계 3:15-16).

육에 속한 그리스도인은 성령세례를 받고 처음에는 중생하여 뜨거웠으나, 몇 년 지나는 동안에 계속해서 회개하지만 죄에서 완전히 벗어나지 못하므로 뜨거울 수도 없고, 죄를 떠날 수도 없는 것이다.

육체의 소욕은 성령을 거스리고 성령의 소욕은 육체를 거스리나니 이 둘이 서로 대적함으로 너희의 원하는 것을 하지 못하게 하려 함이니라(갈 5:17).

자기의 육체를 위하여 심는 자는 육체로부터 썩어진 것을 거두고 성령을 위하여 심는 자는 성령으로부터 영생을 거두리라(갈 6:8).

그리스도의 십자가의 보혈로 자기의 원죄가 다 씻어져서 성결하게 되었다는 것을 믿지 못하면 원죄가 그 속에 남아 있어서 어느 순간에 원치 아니하는 다스려지지 못한 옛 성품이 살아남으로 거룩한 하나님의 자녀가 될 수 없으며, 성화되어 갈 수도 없다. 그들에게서는 위장된 선의 모습은 볼 수 있으나 참 그리스도인의 향기는 맡을 수 없다. 또한 그러한 육에 속한 그리스도인들을 성도라 부를 수 없다.

우리는 구원 얻는 자들에게나 망하는 자들에게나 하나님 앞에서 그리스도의 향기니 이 사람에게는 사망으로 좇아 사망에 이르는 냄새요 저 사람에게는 생명으로 좇아 생명에 이르는 냄새라 누가 이것을 감당하리요(고후 2:15-16).

이 시대에는 목회자들을 비롯하여 성령의 세례로 중생한 그리스도인들은 많이 있다. 그러나 중생한 것이 은혜의 끝이라고 생각하여 많은 목회자들이 1회적인 성령세례만을 주장하고 있으므로 중생 했으나 자아가 완전히 깨어지지 않은 옛사람의 자아에서 남아있는 원죄가 때로 나타나서, 죄를 짓게 되는데 습관적으로 회개하지만 다시 죄를 짓는 육에 속한 그리스도인들이 많이 있다. 그러므로 위선적인 그리스도인들이 많을 수밖에 없고, 사람들이 그 모습이 참 그리스도인의 모습이라고 잘못 생각하며, 또 그리스도인들은 봉사에 참여하고, 십일조도 하고, 새벽기도에 열심히 참석하는 것이 참 신앙이며, 성장이라고 생각한다. 그러나 언제나 완전히 변화되지 않은 옛사람의 원죄로 인한 추한 모습이나, 옛사람의 냄새를 나타내면 기독교인들조차도 '은혜 받았어도 성격은 안 변하더라'고 하며, 또는 '인간이기 때문에' 당연한 것으로 생각한다. 육신에 속한 그리스도인들을 '흡혈귀 크리스찬'이라고 하는 신학자도 있다고 한다. 낮에는 크리스찬인 것 같이 살다가 밤이면 다시 피를 보충 받아 다음날 살아가는 흡혈귀와 같은 크리스찬이라는 것이다.

오늘날 기독교의 문제는 기독교인이라고 하면서 웨슬리가 말한 것처럼 'Semi Christian(그림 2)'과 'Almost Christian (그림 3)'이 교인의 대부분이기 때문이다. 이들이 말씀 충만으로 성령 충만해 지지 아니하면, 그리스도 닮은 Most Christian (성결한 그리스도인)이 되기는 심히 어렵다.

교회에서 먼저 죄에는 아담에게서 온 원죄와 원죄로 짓게 되는 자범죄가 있다는 것과, 예수 그리스도께서 십자가에서 죽으신 것은 인간의 원죄와 자범죄를 깨끗하게 씻어서 거룩하게 살게 해주시려고 오신 것이라는 것을 분명히 가르쳐주고, 그 사실을 믿으면 원죄가 없으므로 자범죄를 다시 짓지 않는다는 것을 알려 주어야 하는 것이다. 기독교인들이 성령세례만으로는 원죄가 완전히 깨어져 성령충만하게 되지 않으므로 천국을 바라볼 수 없다는 것과 그리스도 닮은 그리스도인으로 살 수 없다는 것을 안다면 두 번째 은혜인 성령충만을 받기 위해서 좀 더 자기의 마음을 드려다 보고 생명의 말씀을 붙들고, 원죄에서 벗어나기 위하여 몸부림치고 회개하며, 기도할 것이다.

진정한 회개는 말로만 되는 것이 아니며, 자아의 완전한 깨어짐이며, 내가 억지로 할 수 있는 것이 결코 아니다. 거룩하신 성령께서 말씀으로 빛을 비추시면, 인간의 부끄럽고 추하고 더러운 죄악들이 낱 낱이 드러나서 부끄러움과 가슴 아픔으로 하나님의 긍휼과 자비하심 앞에 고꾸라지며, 죄와 악을 통회 자복하고, 그리스도의 고난의 십자가의 보혈로 씻김을 받는 것이다. 옛사람의 자아가 말씀과 성령으로 완전히 깨어져서 진정으로 회개하고, 깨끗함을 받지 아니하면 절대로 육에 속한 그리스도인의 원죄에서 벗어날 수 없고, 성결하여 영적인 그리스도인으로 변화되지 아니하면 이 땅에서도 하나님께서 주시는 평강 가운데서 그리스도 닮은 그리스도인으로 살다가 주께서 부르시는 날 영광 중에 하나님의 나라에 들어가는 특권을 포기할 수밖에 없는 것이다.

육에 속한 그리스도인은 옛사람의 자아가 성령으로 말미암아 부분적으로 깨어져서 깨어진 만큼, 그리스도의 보혈로 씻어져서, 깨끗해진 만큼만 성령이 주장한다. 말씀과 성령으로 완전히 씻어지지 아니한 부분은 사단이 주장하며, 원죄의 쓴 뿌리가 아직도 남아있는 자아가 성령과 하나님의 살아계신 말씀으로 완전히 씻김 받아(히 4:12-13) 성결하게 되어야 한다. 육에 속한 그리스도인은 성령으로 깨어진 부분의 성령과 사단의 영의 지배를 받는 원죄가 싸워 마음은 선하기를 원하나, 마음속에 남아 있는 원죄의 강한 힘으로 죄에게 끌려가서 죄를 짓고, 하나님께 온전히 순종할 수 없으며, 그리스도의 모습을 닮을 수 없는 것이다. 곧 성령이 우리의 자아를 완전히 씻지 아니하면 마음속에서 영육간의 갈등이 일어나서 원하는 바 선을 행하지 못하고 악을 행하게 되는 육에 속한 그리스도인의 모습을 바울은 로마서 7장에서 탄식하고 있다. 이 말씀들로 '바울도 죄 때문에 괴로워했고 죄에서 벗어나지 못했다. 그러므로 인간은 죽을 때까지 회개하면서 사는 것이지 죄에서 벗어날 수 없는 것이다'라고 하는 개신교 목회자들도 있다. 그런 생각들 때문에 그리스도인들이 죄를 떠나지 못하고, 죄와 더불어 살며 성결은 상상할 수도 없이 더욱 먼 것이다.

우리가 알거니와 우리 옛사람이 주와 함께 십자가에 못 박힌 것은 죄의 몸이 멸하여 다시는 우리가 죄에게 종노릇 하지 아니하려 함이니 이는 죽은 자가 죄에서 벗어나 의롭다 하심을 얻었음이니라(롬 6:6-7).
그의 죽으심은 죄에 대하여 단번에 죽으심이요 그의 살으심은 하나님께 대하여 살으심이니 이와 같이 너희도 너희 자신을 죄에 대하여는 죽은 자요 하나님께 대하여는 산자로 여길지어다(롬 6:10-11).

바울은 로마서 6장에서 그리스도와 함께 죽고, 함께 사는 것을 체험하고 선포하였으나 완전히 말씀과 성령으로 변화 받지 못하고, 육신에 속한 그리스도인으로서 로마서 7장에서는 율법에 속하여 원치 아니하는 죄로 인하여 괴로워하고 자기 속에 원치 아니하는 악이 함께 있음을 한탄하였으나 나의 행하는 것을 내가 알지 못하노니 곧 원하는 그것은 행하지 아니하고 도리어 미워하는 그것을 함이라 만일 내가 원치 아니하는 그것을 하면 내가 이로 율법의 선한 것을 시인하노니 이제는 이것을 행하는 자가 내가 아니요 내 속에 거하는 죄니라. 내속 곧 내 육신에 선한 것이 거하지 아니하는 줄을 아노니 원함은 내게 있으나 선을 행하는 것은 없노라 내가 원하는 바 선은 하지 아니하고 도리어 원치 아니하는바 악은 행하는도다 만일 내가 원치 아니하는 그것을 하면 이를 행하는 자가 내가 아니요 내속에 거하는 죄니라 그러므로 내가 한 법을 깨달았노니 곧 선을 행하기 원하는 나에게 악이 함께 있는 것이로다 내 속사람으로는 하나님의 법을 즐거워하되 내 지체 속에 한 다른 법이 내 마음의 법과 싸워내 지체 속에 있는 죄의 법 아래로 나를 사로잡아 오는 것을 보는도다 오호라 나는 곤고한 사람이로다 이 사망의 몸에서 누가 나를 건져내랴 우리 주 예수 그리스도로 말미암아 하나님께 감사하리로다 그런즉 내 자신이 마음으로는 하나님의 법을 육신으로는 죄의 법을 섬기노라(롬 7:15-25).

바울은 로마서 8장에서 두 번째 성령의 강권하심을 받아 구원자 예수 그리스도로 말미암는 영원한 해방과 완전한 구원을 깨닫게 되었고, 율법에서 벗어나서 오직 예수 그리스도 안에 있는 '생명의 성령의 법'으로 말미암는 성화의 길을 외치게 되었던 것이다. 로마서 8장은 성령장이며, 로마서 9-16장까지 성화의 길을 가는 그리스도인들에게 주는 교훈인 것이다.

그러므로 이제 그리스도 예수 안에 있는 자에게는 결코 정죄함이 없나니 이는 그리스도 예수 안에 있는 생명의 성령의 법이 죄와 사망의 법에서 너를 해방하였음이라 율법이 육신으로 말미암아 연약하여 할 수 없는 그것을 하나님은 하시나니 곧 죄를 인하여 자기 아들을 죄 있는 육신의 모양으로 보내어 육신을 따르지 않고 영을 따라 행하는 우리에게 율법의 요구를 이루어지게 하셨느니라 육신을 따르는 자는 육신의 일을 영을 따르는 자는 영의 일을 생각하나니 육신의 생각은 사망이요 영의 생각을 생명과 평안이니라(롬 8:1-6).

첫 번째 성령의 역사하심으로 중생하고, 두 번째 말씀과 성령의 강권하심으로 자아가 완전히 깨어져(그림 5) 그리스도의 생명의 성령의 법안에 있는 자는 죄와 율법에서 해방되었고, 지난 죄뿐 아니라 앞으로의 모든 죄도 깨끗하게 하셨음을 믿어야 한다. 곧 자기에게 남아 있던 원죄까지 그리스도의 보혈로 완전히 씻어져서 성결하게 되었다는 것을 믿어야 하는 것이다. 많은 그리스도인들이 그리스도의 보혈로 구원받았다고 하면서 죄에서 완전히 깨끗함 받았다는 것을 믿지 못한다. 믿지 못하기 때문에 성결해지지 못하고 성결을 꺼리며 또 죄를 짓게 된다는 것을 분명히 알아야 한다.

위험을 무릅쓰고 세계 오지에 나가서 선교하시는 선교사님들과, 사명을 받고 일생동안 목회자로 수고하시는 목회자님들과, 또 성령세례로 중생하여 몇 십 년간 전도하고, 새벽기도하고, 주일성수하고, 십일조 내고, 봉사하고, 충성하는 많은 그리스도인들이 두 번째 은혜인 말씀과 성령으로 성결한 그리스도인이 되지 아니하면 하나님께서 원하시는 완전한 사랑(고전 13:4-7)을 할 수 없는 것이다.

내가 사람의 방언과 천사의 말을 할지라도 사랑이 없으면 소리 나는 구리와 울리는 꽹과리가 되고 내가 예언하는 능이 있어 모든 비밀과 모든 지식을 알고 또 산을 옮길만한 믿음이 있을지라도 내어 줄지라도 사랑이 없으면 내게 아무 유익이 없느니라(고전 13:1-3).

R.펙숀(1981)의 『성령충만의 필요조건』에 보면 '성경에는 두 종류의 그리스도인에 대하여 분명하게 구분하여 묘사하고 있다. 그러므로 모든 그리스도인은 어느 종류에 속하여 있는지 알아야 하며 어느 편의 그리스도인이 되어야겠다고 결정하는 것은 매우 주요한 일이다. 바울은 고전 3:1-4에 육신적인 인간과 영적인 인간으로 구분하여 말하고 있다.'라고 하였다.

또한 '육신에 속한 그리스도인의 표'로서는 '자기 안에 영육간의 싸움이 계속되는 생활, 거듭 패배하는 생활, 성장하지 못하는 유아기의 생활, 열매 없는 생활, 간음하는 불신앙적인 생활,

수치스런 위선의 생활' 등으로 표현하고 있고, '거룩한 그리스도인의 표'로서는 '평안이 넘치는 생활, 그리스도를 향한 계속적인 성장, 초자연적인 능력, 성결의 생활'을 강조하고 있다. 곧 성결한 그리스도인이 된 후에야 그리스도의 모습을 닮아가는 그리스도인이 될 수 있는 것이다.

하나님이 세상을 이처럼 사랑하사 독생자를 주셨으니 이는 저를 믿는 자마다 멸망치 않고 영생을 얻게 하려 하심이니라 (요 3:16).

지금은 성령의 시대가 아니라고 한다. 그러나 하나님은 지금도 살아계시고, 성령도 살아 계시지만 비 그리스도인들도, 그리스도인들도 성령이 자유롭게 역사하실 수 없도록 마음이 강팍하여, 계속해서 우리를 부르시는 하나님의 성령과 말씀의 무한하신 사랑에 마음을 열지 않는다. 전도가 되지 않는다.

예루살렘아 네 마음의 악을 씻어 버리라 그리하면 구원을 얻으리라 네 악한 생각이 네 속에 얼마나 오래 머물겠느냐(렘 4:14).
나더러 주여 주여 하는 자마다 천국에 다 들어 갈 것이 아니요 다만 하늘에 계신 아버지의 뜻대로 행하는 자라야 들어가리라((마 7:21).
그러므로 너희는 죄로 너희 죽을 몸에 왕 노릇하지 못하게 하여 몸의 사욕을 순종치 말고 또한 너희 지체를 불의의 병기로 죄에게 드리지 말고 오직 너희 자신을 죽은 자 가운데서 다시 산 자 같이 하나님께 드리며 너희 지체를 의의 병기로 하나님께 드리라 죄가 너희를 주관치 못하리니 이는 너희가 죄 아래 있지 아니하고 은혜 아래 있음이니라(롬 6:12-14).

외모로 보시지 않고 각 사람의 행위대로 판단하시는 자를 너희가 아버지라 부른즉 너희의 나그네로 있을 때를 두려움으로 지내라(벧전 1:17).

이제는 시급하게 신학이 달라져야 하며, 신학자들이 깨어나야 한다.

지금 이대로는 안 된다. 말씀으로 성령 충만하여 성결한 그리스도인으로 하나님이 기뻐하시는 삶을 살지 못하는 많은 육에 속한 그리스도인들에게 이제는 바른 구원의 길을 제시해야 한다.

Ⅲ. 영에 속한 그리스도인

첫 번째 성령세례를 받아 중생하여 하나님께 충성하고 있는 그리스도인들도 반드시 두 번째 은혜인 말씀으로 말미암는 성령충만을 받아 성결한 영에 속한 그리스도인이 되어야 한다.

그러므로 이제 그리스도 예수 안에 있는 자에게는 결코 정죄함이 없나니 이는 그리스도 예수 안에 있는 생명의 성령의 법이 죄와 사망의 법에서 너를 해방하였음이라 율법이 육신으로 말미암아 연약하여 할 수 없는 그것을 하나님은 하시나니 곧 죄를 인하여 자기 아들을 죄 있는 육신의 모양으로 보내어 육신을 따르지 않고 그 영을 따라 행하는 우리에게 율법의 요구를 이루어지게 하려 하심이니라 육신을 따르는 자는 육신의 일을 영을 따르는 자는 영의 일을 생각하나니 육신의 생각은 사망이요 영의 생각은 생명과 평안이니라(롬 8:1-6).

만일 너희 속에 하나님의 영이 거하시면 너희가 육신에 있지 아니하고 영에 있나니 누구든지 그리스도의 영이 없으면 그리스도의 사람이 아니라(롬 8:9).

한영태 교수의『그리스도인의 성결』(p109)에 보면 '웨슬리에게 회개는 두 종류가 있다. 첫 번째 회개는 칭의 이전의 회개요, 두 번째 회개는 칭의 후의 회개이다. 칭의 후의 회개는 성결을 얻기 위한 것이다'라고 하였다.

김영선 교수의『웨슬리와 감리교 신학』에서 '웨슬리는 점진적인 성화에 순간적인 성화를 밀착시키는 데는 두 개의 순간적인 체험이 있다고 했다. 하나는 중생과 동시에 일어나는 초기의 성화요 다른 하나는 그 후에 오는 또 하나의 순간적인 체험 곧 온전한 성화이다. 초기의 성화를 불신자가 회개하고 믿음으로 얻는 순간적인 체험이라고 한다면 온전한 성화는 신자가 다시 자기의 무능과 자기 안에 아직도 남아 있는 죄(원죄)를 깨닫고 믿음으로 받는 신앙 체험이다. 이 체험을 웨슬리는 "제2의 축복" "두 번째 변화," "온전한 구원," "그리스도인의 완전"이라고 했다. 그리고 그 본질을 "온전한 사랑" 혹은 "순수한 사랑"이라고 표현하였다. 온전한 성화는 바로 "온전한 사랑" 또는 "순수한 사랑"이며, 이 사랑 때문에 죄를 짓지 않게 되고, 하나님과 이웃을 사랑하게 되며, 하나님과의 관계가 온전히 회복되는 것을 말한다. 온전한 성화의 단계에서 신자는 순간적인 체험을 통하여 마음속에 남아있는 죄성이 씻김을 받으며, 사랑과 봉사에 더욱 큰 힘을 얻어 승리하는 생활을 하게 된다. 그러므로 웨슬리는 모든 신자를 향하여 이 '온전한 성화' 곧 '그리스도인의 완전'으로 나아가라고 권고했다'라고 하였다. 요한 웨슬리가 외치고 외쳤던 '완전한 사랑'은 곧 고전 13장 4-7의 사랑인 것이다.

사랑은 오래참고 사랑은 온유하며 시기하지 하는 자가 되지 아니하며 자랑하지 아니하며 교만하지 아니하며 무례히 행하지 아니하며 자기의 유익을 구하지 아니하며 성내지 아니하며 악한 것을 생각지 아니하며 불의를 기뻐하지 아니하며 진리와 함께 기뻐하고 모든 것을 참으며 모든 것을 믿으며 모든 것을 바라며 모든 것을 견디느니라(고전 13:4-7).

곧 원죄로 말미암아 서로 미워하고, 시기하고, 비난하고, 원망하고, 불안하고 행복하지 못했던 자아가 성령과 말씀으로 깨어져 깨끗하게 씻김 받고, 그 마음에서 자랑과 교만과 미움과 원망과 비난이 사라지고 감사와 찬양이 흘러나오는 신비한 참 평화(평강)를 얻게 되는 것이 곧 진정한 사랑이며, 그런 후에야 하나님에 대한 사랑과 이웃사랑을 온전하게 회복할 수 있게 되는 것이다. 그러므로 중생하였으면 반드시 원죄가 남아 있는 자아가 두 번째 진정한 회개를 통하여, 더 강력한 성령과 말씀으로 깨어져서 원죄까지 깨끗이 씻어짐으로서 성령충만, 말씀충만하여 성결의 은혜로 들어가야만 성령충만과 성결을 항상 유지할 수 있고, 하나님께서 원하시는 진정한 사랑을 할 수 있게 된다.

이것을 성령을 받은 모든 그리스도인이 알고, 모두가 성결한 그리스도인이 되어서 이 세상에서 서로 이해하고, 용서하고, 사랑함으로 서로 돕고 나누며 살아간다면, 얼마나 살기 좋고 아름다운 세상이 될 수 있을 것인가. 우리 그리스도인들이 그런 세상을 후손에게 물려줄 수 있다면 우리가 이 땅에서도 천국을 이루며 살다가 주님이 부르시면 천국백성으로 천국에 가는 것은 당연한 일인 것이다. 이 땅에서 죄짓고 살다가 죽기 직전에 부랴부랴 회개할 것이 아니라 반드시 이 땅에서도 서로 용서하며, 서로 불쌍히 여기며, 서로 사랑하며 천국과 같이 살기를 하나님께서는 원하신다. 현세에서의 거룩(성결), 이것은 하나님이 우리를 향하신 뜻인 것이다.

영생은 참 하나님과 그의 보내신 자 예수 그리스도를 아는 것이니이다(요 17:3).

곧 하나님의 원하시는 성결(거룩)한 그리스도인이 되어 천국에 이르려면, 온 천지를 창조하시고 자기 형상대로 우리 인간을 지으신 하나님 아버지와 그가 인간을 사랑하시어서 구원자로 보내신 예수 그리스도를 알고, 이 땅에서도 하나님의 자녀답게 온전한 사랑으로 성결한 삶을 살아야 하는 것이다.

1. 말씀충만과 성령충만으로 말미암는 성결

하나님의 말씀은 하나님 자신이시며. 육신이 되어 오신 예수님이시며 그분들을 알게 하시는 분은 하나님의 영이신 성령님이시다.

태초에 말씀이 계시니라 이 말씀이 하나님과 함께 계셨으니 이 말씀은 곧 하나님이시니라(요 1:1).
말씀이 육신이 되어 우리 가운데 거하시매 우리가 그 영광을 보니 하나님의 독생자의 영광이요 은혜와 진리가 충만하더라(요 1:14).

성령의 역사하심으로 하나님은 말씀으로 인간의 자아를 깨트리시고, 우리의 영안으로 들어오신다.

너희는 내가 일러준 말로 이미 깨끗하였으니 내 안에 거하라 나도 너희 안에 거하리라 가지가 포도나무에 붙어 있지 아니하면 절로 과실을 맺을 수 없음같이 너희도 내 안에 있지 아니하면 그러하리라(요 15:3-4).

모든 성경은 하나님의 감동으로 된 것으로 교훈과 책망과 바르게 함과 의로 교육하기에 유익하니 이는 하나님의 사람으로 온전케 하며 모든 선한 일을 행하기에 온전케 하려 함이니라(딤후 3:16-17).

하나님의 말씀은 살았고 운동력이 있어 좌우에 날선 어떤 검보다도 예리하여 혼과 영과 및 관절과 골수를 찔러 쪼개기까지 하며 또 마음의 생각과 뜻을 감찰하나니 지으신 것이 하나라도 그 앞에 나타나지 않음이 없고 우리의 결산을 받으실 이의 눈앞에 만물이 벌거벗은 것 같이 드러나느니라(히 4:12-13).

너희가 거듭난 것이 썩어질 씨로 된 것이 아니고 썩지 아니할 씨로 된 것이니 하나님의 살아있고 항상 있는 말씀으로 되었느니라(벧전 1:23).

하나님의 말씀은 살아있고 운동력이 있어 좌우로 날선 어떤 검보다도 예리한 하나님의 말씀이 성령으로 깨어져 중생했으나, 아직 완전히 죄에서 벗어나지 못한 육신에 속한 그리스도인의 마음 곧 자아를 완전히 깨트린다. 성령이 말씀으로 동시에 혼과 영과 관절과 골수를 찔러 쪼개시고 그 안에 들어와 계시면 마음의 생각과 뜻을 감찰하시고 모든 것이 하나님 앞에 벌거벗은 것같이 들어나는데 죄가 거룩한 하나님의 영 앞에 어찌 더

숨으며, 과거의 악함(원죄)이 어디 더 거할 곳이 있겠는가?

하나님의 말씀이 예리한 어느 칼날보다 더 예리하다는 것을 누가 부인할 것이며 강력한 운동력이 있다는 것을 누가 부인할 것인가? 그런데 왜 원죄가 남아 있는 자기 마음을 말씀에 맡겨서 성결의 기가 막힌 신비에 들어가 보려고 하지 아니하는가?

말씀으로 자아가 깨어져 심혼골수를 쪼개고 우리 안에 들어오사면 다시 나가지 아나하시고, 성령충만과 함께 우리 안에서 항상 넘쳐나서 성령의 열매를 맺게 된다(그림 5).

오직 성령의 열매는 사랑과 희락과 화평과 오래 참음과 자비와 양선과 충성과 온유와 절제니 이같은 것을 금지할 법이 없느니라 그리스도 예수의 사람들은 육체와 함께 그 정과 욕심을 십자가에 못 박았느니라(갈 5:22-24).

우리의 거듭남이 썩지 아니하고 항상 있는 하나님의 말씀으로 되었다고 베드로가 고백하였던 것처럼 거듭난 그리스도인들은 알고 있다. 우리가 얼마나 신비한 이 세상 것으로는 설명할 수 없는 기쁨과 방언, 병 고침, 기적 등 성령의 신비함을 체험했으며, 우리는 그것이 하나님의 주신 성령의 은혜임을 알고 있다. 또한 그것을 누리며, 기뻐하며 한동안 옛날과 다르게 힘 있게 신앙생활을 해왔다. 그러나 그것만으로는 완전하지 않다는 것을 알고 있는 그리스도인들이 심히 적다. 그 이유는 첫째 신학적으로 밝혀지지 않았고, 그것을 아는 신학자들과 목회자들이

극히 적다는 것에 기인한다.

지금도 대부분의 그리스도인들은 첫 번째 은혜 곧 성령의 세례가 하나님 은혜의 전부인 줄 알고 있다. 그러나 그것만으로는 열심히 기도하고, 금식하고, 새벽기도에 십일조 하고, 전도하고, 1등 신자로서 최선을 다하지만 언젠가 원치 아니하는 죄 아래로 끌려가는 자신을 발견할 수밖에 없고(롬 7:15-24) 하나님 앞에는 언제나 율법에 속하여 떳떳하지 못한 죄인인 위선적인 그리스도인일 수밖에 없는 것이 참으로 안타깝다. 그들은 열심히 기도하고 노력해야 한다고 생각하지만, 그것만으로는 쉽지 않다는 것을 알지 못한다. 그것은 인간이 노력해서 할 수 있는 것이 결코 아니다. 하나님께서 주신 말씀과 성령의 능력으로 원죄의 씻김이 일어나서 자아가 완전히 깨끗하게 씻어지고, 옛사람의 추한 모습을 보고 진정으로 통회하지 아니하고는 결단코 인간의 힘으로 할 수 없는 것이며, 원죄가 남아 있는 덜 깨어진 자아를 가지고는 하나님의 뜻을 완전히 깨달을 수도 없고, 악을 떠날 수도 없고 힘을 받지도 못한다. 또한 하나님의 뜻을 잘 모르고 힘을 받지 못하는데 완전히 순종할 수 없는 것은 당연한 일이다.

예를 들어 산상수훈의 모든 말씀들과 그 외에도 첫째 이 땅에서 거룩하며, 거룩한 하나님의 백성으로서 어떻게 살기를 바라시는지 알지만 모든 말씀들이 성령으로 말미암아 하나님의 말씀에 깨어져서 말씀이 내 안에 들어와 계시면 그것은 자동적으로 힘이 있어 흘러나오듯이 행할 수 있게 되는 것이지만, 성령이 하시지 아니하면 그것은 율법이 되어 억지로 할 수 있는 것도 아니고, 항상 마음에 걸려서 죄책감으로 남아있게 되어 하나님 앞에 언제나 떳떳하지 못한 죄인인 것이다. 개신교의 목회자들은 설교를 통해서 그리스도인들도 죄인인 것을 항상 지적해 주고 있다. 그러므로 오늘날의 대부분의 그리스도인들은 육신이 있는 동안에는 죄를 떠날 수 없다고 생각한다.

그러나 영에 속한 온전한 그리스도인이 되면 율법에서 벗어나서 성령의 열매와 하나님이 주시는 평화가 마음속에서 말씀과 함께 흘러넘치는 성결한 그리스도인 곧 그리스도 예수의 십자가의 승리로 말미암아 죄에서 해방되고 율법에서 벗어나서, 성령충만이 자동적으로 이루어지기 때문에 마음에 평화를 얻고 천국 백성으로 살아갈 수 있는 것이다. 그것이 곧 마음이 깨끗해지고 평화롭게 되는 성결인 것이다.

중생의 성령세례에서 오는 성령 충만은 계속될 수 없지만 말씀충만으로 얻는 성령충만은 영원히 지속되며, 그 성령충만은 곧 웨슬리가 말하는 기독자 완전이며, 완전한 사랑이며, 완전한 사랑은 곧 완전한 구원이며, 성결이다.

내가 율법으로 말미암아 율법을 향하여 죽었나니 이는 하나님을 향하여 살려함이니라 내가 그리스도와 함께 십자가에 못 박혔나니 그런즉 이제는 내가 산 것이 아니요 내 안에 그리스도께서 사신 것이라 이제 내가 육체 가운데 사는 것은 나를 사랑하사 나를 위하여 자기 몸을 버리신 하나님의 아들을 믿는 믿음 안에서 사는 것이라(갈 2:19-20).

　말씀충만이 곧 성령충만으로 나타나며, 내가 항상 성령충만을 유지할 수 있는 것은 말씀이 내게 충만할 때만 계속될 수 있다.

　오세열교수의『믿음을 탄탄하게 만들라』에서 말씀충만의 증거로 '골로새서 3장 16절을 제시하고 있다. "그리스도의 말씀이 너희 속에 풍성히 거하여 모든 지혜로 피차 가르치며 권하고 시와 찬미와 신령한 노래를 부르며 마음에 감사함으로 하나님을 찬양하게"된다.

　성령충만의 증거로는 에베소서 5장 18-20절을 제시한다. "오직 성령으로 충만함을 받으라 시와 찬미와 신령한 노래들로 서로 화답하며 너희의 마음으로 주께 노래하며 찬송하며 범사에 우리 주 예수 그리스도의 이름으로 항상 아버지 하나님께 감사하며." 오세열 교수에 따르면 '성령충만의 증거와 말씀충만의 증거는 똑같이 시와 찬미와 신령한 노래로 하나님께 영광 돌리며 감사로 넘치게 됨을 보여준다. 하나님의 보이지 않는 영, 곧 성령이 보이는 하나님의 말씀을 통해서 역사하기 때문에 성령충만 했을 때 나타나는 증거와 말씀 충만했을 때 나타나는 증거는 동일하다. 말씀이 우리 안에 충만할 때 우리는 성령의 충만함을 받게 된다'.

　이와 같이 성령이 말씀으로 나를 쪼개고 관절과 골수까지 왕래하여 성결을 체험하며, 시와 찬미와 신령한 노래로 서로 화답하는 모습이 곧 천국백성의 모습이 아니겠는가! 하나님께서는 우리에게서 그 모습을 이 땅에서도 보시기를 원하시는 것이며, 그러므로 하나님께서는 하나님 자신이신 말씀과 성령을 우리에게 주신 것이다. 또한 우리의 목표는 그리스도와 함께 살리심을 받는 것이다.

그러므로 너희가 그리스도와 함께 살리심을 받았으면 위의 것을 찾으라 거기는 그리스도께서 하나님 우편에 앉아 계시느니라 위에 것을 생각하고 땅에 것을 생각하지 말라 이는 너희가 죽었고 너희 생명이 그리스도와 함께 하나님 안에 감추어졌음이라 우리 생명이신 그리스도께서 나타나실 그 때에 너희도 그와 함께 영광 중에 나타나리라 그럼으로 땅에 있는 지체를 죽이라 곧 음란과 부정과 사욕과 악한 정욕과 탐심이니 탐심은 우상숭배니라 이것들로 말미암아 하나님의 진노가 임하느니라 너희도 전에 그 가운데 살 때에는 그 가운데서 행하였으나 이제는 너희가 이 모든 것을 벗어버리라 곧 분함과 노여움과 악의와 비방과 너희 입에 부끄러운 말이라 너희가 서로 거짓말을 하지 말라 옛사람과 그 행위를 벗어버리고 새 사람을 입었으니 이는 자기를 창조하신 이의 형상을 따라 지식에 까지 새롭게 하심을 입은 자니라 거기에는 헬라인이나 유대인이나 할례파나 무할례파나 야만인이나 스구디아인이나 종이나 자유인이 차별이 있을 수 없나니 오직 그리스도는 만유시오 만유 안에 계시느니라 그러므로 너희는 하나님이 택하사 거룩하고 사랑받는 자처럼 긍휼과 자비와 겸손과 온유와 오래 참음을 옷 입고 누가 누구에게 불만이 있거든 서로 용납하여 피차 용서하되 주께서 너희를 용서하신 것 같이 너희도 그리하고 이 모든 것 위에 사랑을 더하라 이는 온전하게 매는 띠니라 그리스도의 평강이 너희 마음을 주장하게 하라 너희는 평강을 위하여 한 몸으로 부르심을 받았나니 너희는 또한 감사하는 자가 되라 그리스도의 말씀이 너희 속에 풍성히 거하여 모든 지혜로 피차 가르치며 권면하고 시와 찬미와 신령한 노래를 부르며 마음에 감사함으로 하나님을 찬양하고 또 무엇을 하든지 말에나 일에나 다 주 예수의 이름으로 하고 그를 힘입어 하나님 아버지께 감사하라(골 3:1-17).

이러한 아름다운 상태가 곧 하나님께서 원하시고 또 바울이 제시한 성결한 그리스도인의 상태인 것이다. 오늘날의 그리스도인들은 이러한 삶을 살고 있는지 생각해보아야 한다.

그의 신기한 능력으로 생명과 경건에 속한 모든 것을 우리에게 주셨으니 이는 자기의 영광과 덕으로써 우리를 부르신 자를 앎으로 말미암음이라 이로써 그 보배롭고 지극히 큰 약속을 우리에게 주사 이 약속으로 말미암아 너희로 정욕을 인하여 세상에서 썩어질 것을 피하여 신의 성품에 참예하는 자가 되게 하려 하셨으니(벧후 1:3-4).

영에 속한 그리스도인(성령충만 · 말씀충만)
육에 속한 자아(혼)가 다 깨어져서 성령이 주장하시는 사람

하나님
성령, 말씀

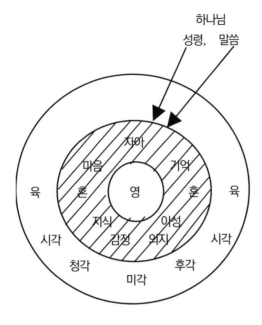

*자아가 완전히 다 깨어진 상태
*그리스도의 형상을 향한 계속
 적인 성장
*초자연적인 능력.
*원죄와 율법에서 해방되었음을
 믿는다.
*하나님 사랑, 이웃 사랑.
*평안한 삶. 감사가 넘치는 삶
*성결한 마음. 말씀 충만한 삶
*성령 충만한 삶.
*성령의 열매를 맺는다.
*연약함, 실수, 무지 등으로
 잘못했을 때 요일 1:9 로
 회개하여 성결을 항상 유지한
 다.

성결한 그리스도인

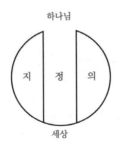

하나님께 완전히 열고 세상에는 닫고

하나님이 주인 나는 하나님의 종

(그림 5)

성경에는 죄에 대한 것도, 죄의 해결에 대한 것도 완전하게 다 써 있다. 그러나 그 해석이 어찌 그리 다양한가? 그것은 각 가지의 인간의 어리석고 깨어지지 아니한 완악한 자아 때문이다. 자아가 성령과 말씀으로 완전히 다 씻어져 깨끗하게 된 상태로서 만 그리스도의 형상을 향해 계속적인 성장을 할 수 있고, 원죄와 율법에서 해방되었음을 믿고 성령 안에서 하나님께서 주시는 평안과 용서와 사랑의 삶을 살 수 있는 것이다.

그러므로 성결하지 아니하면 거룩하신 하나님 안에 거할 수 없고, 거룩한 하늘나라에 들어갈 수 없다.

오직 너희는 택하신 족속이요 왕 같은 제사장들이요 거룩한 나라요 그의 소유된 백성이니 이는 너희를 어두운 데서 불러내어 그의 기이한 빛에 들어가게 하신 자의 아름다운 덕을 선전하게 하려 하심이라 너희가 전에는 백성이 아니더니 이제는 하나님의 백성이요 전에는 긍휼을 얻지 못하였더니 이제는 긍휼을 얻은 자 되었느니라(벧전 2:9-10).

2. 믿음으로 얻는 구원의 실제

1) 원죄가 완전히 씻어진 것을 믿는다

내가 복음을 부끄러워하지 아니하노니 이 복음은 모든 믿는 자에게 구원을 주시는 하나님의 능력이 됨이라 첫째는 유대인에게요 둘째는 헬라인에게라 복음에는 하나님의 의가 나타나서 믿음으로 믿음에 이르게 하나니 기록된바 오직 의인은 믿음으로 말미암아 살리라 함과 같으니라(롬 1:16-17).

그러므로 그리스도 예수 안에 있는 자에게는 결코 정죄함이 없나니 이는 그리스도 예수 우리 주 안에 있는 생명의 성령의 법이 죄와 사망의 법에서 너를 해방하였음이라(롬 8:1-2).

하나님께서는 타락한 아담에게서 온, 원죄(내재적 죄)를 가진 인간을 사랑하시어서 독생자 예수 그리스도의 십자가의 대속으로 믿는 모든 자들을 영원한 죄에서 해방시켜 주셨다. 예수께서는 우리가 살면서 지은 지난 죄만이 아니라 원죄 즉 우리 안에 있는 죄성을 씻어 영원히 거룩하게 하시려고 십자가를 지신 것이다. 이것이 곧 복음인 것이다.

모든 사람이 죄를 범하였으매 하나님의 영광에 이르지 못하더니 그리스도 예수 안에 있는 구속으로 말미암아 하나님의 은혜로 값없이 의롭다 하심을 얻은 자 되었느니라 이 예수를 하나님이 그의 피로 인하여 믿음으로 말미암는 화목제물로 세우셨으니 이는 하나님께서 길이 참으시는 중에 전에 지은 죄를 간과하심으로 자기의 의로우심을 나타내려 하심이니 곧 이 때에 자기의 의로우심을 나타내사 자기도 의로우시며 또한 예수 믿는 자를 의롭다 하심이니라 그런즉 자랑할 데가 어디뇨 있을 수가 없느니라 무슨 법으로냐 행위로냐 아니라 오직 믿음의 법으로니라 그러므로 사람이 의롭다 함을 얻는 것은 율법에 행위에 있지 않고 믿음으로 되는 줄 우리가 인정하노라(롬 3:23-28).

이것은 복음의 요소이며 인간이 이 복음을 믿음으로 원죄가 씻어지고 하나님이 의로우신 것같이 우리도 의롭다 하심을 받아 구원을 얻는다고 하는 것이 기독교의 교리이다. 기독교는 인간에게 주신 자유의지로서 하나님의 선행적 은총을 받아 드림으로서, 성령으로 말미암아 성자 예수님을 믿고 성부 하나님과 연합하여 충성과 순종과 거룩한 삶을 삶으로서 이 땅에서도 승리하는 것이 영적인 그리스도인의 궁극적 목표이며, 말씀과 성령의 충만함으로 영원한 나라를 바라보고 계속해서 성화 되어 갈 수 있는 힘을 얻어 영화에까지 이를 수 있다.

하나님께 감사하리로다 너희가 본래 죄의 종이더니 너희에게 전하여 준바 교훈의 본을 마음으로 순종하여 죄에게서 해방되어 의에게 종이 되었느니라(롬 6:17-18).

그러나 많은 사람들이 하나님의 약속에도 불구하고 자기가 회개하여 완전히 죄 씻음 받아 깨끗하게 되었다는 것을 믿지 못한다. 웨슬리에 따르면 구원이란 통상적으로 선행적 은총으로부터 시작하며, 하나님을 기쁘시게 하려는 소원의 시작, 그리고 하나님의 뜻에 관한 최초의 서광, 하나님 앞에서 범죄한 사실에 대한 최초의 인죄감을 포함한다. 이와 같은 일들은 사람의 마음이 새생명을 향했다는 사실을 시사한다. 어느 정도의 구원,

맹목적인 무감동의 마음, 하나님에 대한 무감동의 마음으로부터의 석방이 시작되는 것이다. 구원은 성서가 회개라고 말하고 있는 "인죄에 이르게 하는 은총" 곧 자기 자신에 대한 보다 큰 지식, 또한 돌같이 굳은 마음으로부터 석방되는 일에 따라 지속된다. 그 후에 우리는 참된 그리스도인이 되는 구원을 체험하게 된다. 그리하여 우리는 "은혜로 말미암고 은혜로 말미암아 구원을 얻는 것"이며 이것은 "의인과 성화"의 두 요소로 이루어지는 것이다. 의인으로 말미암아 우리는 죄책으로부터 해방되고, 하나님의 은총을 입고 성화로 말미암아 죄의 뿌리와 세력으로부터 건져냄을 받고, 하나님의 형상을 회복하는 것이다. 성서와 함께 모든 경험은 이 구원이 순간적이며 점진적이라는 사실을 말해 준다. 모든 죄에서 마음이 깨끗하여지고 하나님과 사람에 대한 순수한 사랑으로 충만해질 때까지 자라며 커지는 것이며, 모든 일에 우리의 머리가 되시는 그리스도의 분량에까지 자라가는 것이다.

오직 사랑 안에서 참된 것을 하여 범사에 그에게까지 자랄지라 그는 머리니 곧 그리스도라(엡 4:15).

내가 진실로 진실로 너희에게 이르노니 내 말을 듣고 또 나 보내신 이를 믿는 자는 영생을 얻었고 심판에 이르지 아니하나니 사망에서 생명으로 옮겼느니라(요 5:24).

죄가 너희를 주장치 못하리니 이는 너희가 법아래 있지 아니하고 은혜 아래 있음이니라(롬 6:14).

예수 그리스도의 십자가를 믿는 사람은 죄가 다시는 자기를 주장할 수 없다는 것을 믿어야 한다. 그러나 대부분의 그리스도인들은 믿는다고 하고, 구원을 받았다고 하면서도 자기의 죄가 깨끗하게 씻어졌다는 것을 믿지 않는다. 이러한 믿음으로는 죄를 떠날 수도 없고, 죄를 떠나지 아니하고는 구원을 받을 수도 없다. 자기가 다시는 심판을 받지 아니하고 이미 사망에서 생명으로 옮긴 자 되었음을 머리로는 알지만 마음으로는 믿지 않는다.

이것이 감추어진 그리스도인의 오늘날의 현실임이 심히 안타깝다. 많은 기독교인들이 예수님의 십자가를 믿는데 왜 그것을 안 믿는다고 하느냐고 화를 내겠지만 또 그들이 자기가 예수 그리스도의 피로 씻어졌다는 것을 믿는다고 하겠지만 자기가 죄가 없다는 것을 믿지 못하고, 그리스도만 깨끗하시지 자기는 깨끗하다고 말할 수 없다면 그의 믿음은 예수님의 십자가의 보혈을 헛되게 하는 것이다.

우리가 알거니와 우리 옛사람이 예수와 함께 십자가에 못 박힌 것은 죄의 몸이 멸하여 다시는 우리가 죄에게 종노릇 하지 아니하려 함이니 이는 죽은 자가 죄에서 벗어나 의롭다 함을 얻었음이니라(롬 6:6-7).

그의 죽으심은 죄에 대하여 죽으심이요 그의 살으심은 하나님께 대하여 살으심이니 이와 같이 너희도 너희 자신을 죄에 대하여는 죽은 자요 그리스도 예수 안에서 하나님께 대하여는 산 자로 여길 지어다(롬 6:10-11).

자기 속에 남아있는 원죄의 악함을 보고 회개하여 죄를 떠나지 아니하고는 결단코 하나님이 온전히 함께 하시지 아니하신다. '내가 그리스도와 함께 십자가에 못박혔다'라고 하고, '나를 위해 죽으신 하나님의 아들이 내 안에 계시다'고 고백하면서 그리스도 닮은 모습을 보이지 못하는 것은 옛사람의 자아를 그리스도의 십자가에 완전히 못 박아 버리지 못했기 때문이며, 때를 따라 옛사람의 자아가 살아나서 예수님을 다시 십자가에 못박아 욕보이는 것이다.

그런즉 우리가 무슨 말 하리요 은혜를 더하게 하려고 죄에 거하겠느뇨 그럴 수 없느니라 죄에 대하여 죽은 우리가 어찌 그 가운데 더 살리요(롬 6:1-2).

우리가 예수님을 믿고 첫 번째 성령으로 세례를 받아 중생할 때에는 자아가 다 깨어지지 아니하여 옛사람의 원죄가 완전히 씻어지지 아니한다. 그러므로 남아 있는 원죄로 인해서 그 후에도 때로 자범죄를 짓게 된다. 성결(거룩)은 쓴 뿌리의 원죄까지 완전히 씻어지는 두 번째의 성령의 씻김을 받는 것을 말하며, 하나님의 약속의 말씀대로 예수 그리스도로 말미암아 죄 씻음 받은 것을 믿고, 죄를 완전히 떠나는 것이다. 하나님께로 난 자는 다시 죄를 짓지 아니한다.

하나님께로 난 자마다 죄를 짓지 아니하나니 이는 하나님의 씨가 그의 속에 거함이요 저도 범죄치 못하는 것은 하나님께로서 났음이라(요일 3:9).

하나님께로서 난 자마다 범죄치 아니하는 줄을 우리가 아노라 하나님께로서 나신 자가 저를 지키시매 악한 자가 저를 만지지도 못하느니라(요일 5:18).

믿음이 없이는 기쁘시게 못하나니 하나님께 나아가는 자는 그가 계신 것과 그가 자기를 찾는 자들에게 상 주시는 이심을 믿어야 할지니라(히 11:6).

그러므로 너희는 죄로 죽을 너희 몸에 왕노릇 하지 못하게 하여 몸의 사욕을 순종치 말고 또한 너희 지체를 불의의 병기로 죄에게 드리지 말고 오직 너희 자신을 죽은 자 가운데서 다시 산 자같이 하나님께 드리며 너희 지체를 의의 병기로 하나님께 드리라 죄가 너희를 주관치 못하리니 이는 너희가 법아래 있지 아니하고 은혜 아래 있음이니라 그런즉 어찌 하리요 우리가 법아래 있지 아니하고 은혜아래 있으니 죄를 지으리요 그럴 수 없느니라 너희 자신을 종으로 드려 누구에게 순종하든지 그 순종함을 받는 자의 종이 되는 줄을 너희가 알지 못하느냐 혹은 죄의 종으로 사망에 이르고 순종의 종으로 의에 이르느니라(롬 6:12-17).

육에 속한 그리스도인들이 성결한 영에 속한 그리스도인이 되지 못하는 것은 자기에게 죄가 없다는 것을 믿지 못하기 때문이다. '인간이 어떻게 죄가 없느냐 죄를 짓지 아니하려고 노력하고 회개하면서 사는 것이지'라고 생각하면서 죄와 함께 살기 때문이다. 이런 생각 속에서 죄를 떠나는 것이 얼마나 어려울 것인가? 기독교인들뿐만 아니라 목회자들까지 거룩(성결)하다는 것을 꺼린다고 한다. 주의 종이라도 성결을 꺼리고는 어떻게 하늘나라에 가며, 하나님의 자녀로 구원받았다는 것을 믿는다고 하면서 거룩을 두려워하고, 거룩을 알지 못하면서 거룩한 하늘나라가 자기의 것이라고 생각한다는 것은 참으로 우스운 일이다. 죄를 가지고 괴로워하면서 살아가는 세상 사람들과 다를 것이 없지 않은가.

교회 안에 아직도 많은 육에 속한 그리스도인들은 자기의 자아를 잡고 두려워하고 있는 원죄를 하나님께 내어놓고 몸부림치며 통회하여 성결의 아름다운 빛에 들어가기를 소망해야 한다. 진정한 믿음은 우리가 한 것 아무 것도 없지만 예수 그리스도께서 우리 대신 지신 십자가의 대속으로 값없이 의롭다 함을 받았다는 것을 믿는 것이다. 교인들은 그 교회 목회자들만큼만 성장한다. 성결하지 못하고 성결을 꺼리며 두려워하는 목회자들 밑에서 성결한 그리스도인이 나올 수 없는 것은 당연한 일이다. 언제나 예수 그리스도께서 자기 죄를 완전히 씻어 주셨음을 진심으로 믿고, 하나님의 거룩한 자 곧 성결한 그리스도인으로 살아가야 할 것이다.

2) 율법에서 벗어난 것을 믿는다.

우리가 예수 그리스도 안에 있는 자라면 그리스도께서 십자가에서 우리의 모든 율법의 요구를 이루어 주셨음을 믿어야 한다. 이제 그리스도의 생명의 성령 안에 있는 그리스도인은 율법과 죄에 대하여는 자유인 것이다.

율법이 육신으로 말미암아 연약하여 할 수 없는 그것을 하나님은 하시나니 곧 죄를 인하여 자기 아들을 죄 있는 육신의 모양으로 보내어 육신에 죄를 정하사 육신을 쫓지 않고 영을 쫓아 행하는 우리에게 율법의 요구를 이루어지게 하려 하심이니라(롬 8:3-4).

그러나 사람들은 롬 8:3-4절을 잘 안 보는 것 같다. 예수님께서 그 지긋지긋하고 끔찍하게 우리를 유혹하고 괴롭히던 죄와 사망의 법(율법)에서 우리를 건지신 것이다. 우리는 율법으로 구원받지 않고 예수 그리스도를 믿고 은혜로 값없이 의롭다 하심을 받아 율법(죄)에서 해방을 받은 것이다. 예수님께서 십자가 위에서 모세를 통하여 이스라엘 민족에게 주셨던 율법을 다 이루시고, 폐하셨다.

아브라함이나 그 후손에게 세상의 후사가 되리라고 하신 언약은 율법으로 말미암은 것이 아니요 오직 믿음의 의로 말미암은 것이니라 만일 율법에 속한 자들이 후사이면 믿음은 헛것이 되고 약속은 폐하여졌느니라 율법은 진노를 이루게 하나니 율법이 없는 곳에는 범함도 없느니라(롬 4:13-15).

결코 다시 율법에 억매이지 말고, 율법을 그 몸으로 폐하신 예수 그리스도를 믿음으로 성령 안의 자유자로 살아야 한다.

그리스도께서 우리를 위하여 저주를 받은바 되사 율법의 저주에서 우리를 속량하셨으니 기록된바 나무에 달린 자마다 저주 아래 있는 자라 하였음이라(갈 3:13).

예수께서 십자가 위에서 우리에게 향한 율법의 요구를 다 이루어 주시고 율법의 속박에서 건져 주셨다. 그리고 예수님의 영혼이 떠나신 후에 성소의 휘장이 위로부터 아래까지 찢어져 둘이 되고 다시는 양의 제사를 성소에서 지낼 필요가 없게 되었다.

예수께서 큰 소리를 지르고 운명하시다 이에 성소 휘장이 위로부터 아래까지 찢어져 둘이 되니라 예수를 향하여 섰던 백부장이 그렇게 운명하심을 보고 가로되 이 사람은 진실로 하나님의 아들이었도다 하더라(막 15:38-39).
내가 율법으로 말미암아 율법을 향하여 죽었나니 이는 하나님을 향하여 살려 함이니라(갈 2:19).

율법은 예수 그리스도 안에서 해결되었음을 믿고, 율법 아래 다시 들어가지 아니하며, 성령의 법으로 해방 받은 성결한 그리스도인은 성령의 열매를 맺으며 성령 안에서 영을 따라 살게 된다.

육신을 좇는 자는 육신의 일을 영을 좇는 자는 영의 일을 생각하나니 육신의 생각은 사망이요 영의 생각은 생명과 평안이니라(롬 8:5-6).

오늘까지 모세의 글을 읽을 때에 수건이 오히려 그 마음을 덮었도다 그러나 언제든지 주께로 돌아가면 그 수건이 벗어지리라 주는 영이시니 주의 영이 계신 곳에는 자유함이 있느니라 우리가 수건을 벗은 얼굴로 거울을 보는 것같이 주의 영광을 보매 저와 같은 형상으로 화하여 영광으로 영광에 이르니 곧 주의 영으로 말미암음이니라(고후 3:15-18).

그러나 성경이 모든 것을 죄 아래 가두었으니 이는 예수 그리스도를 믿음으로 말미암은 약속을 믿는 자들에게 주려 함이니라 믿음이 오기 전에 우리가 율법아래 매인 바 되고 계시될 믿음의 때까지 갇혔느니라 이같이 율법이 우리를 그리스도에게로 인도하는 몽학선생이 되어 우리로 하여금 믿음으로 말미암아 의롭다 함을 얻게 하려 함이니라 믿음이 온 후로는 우리가 몽학선생 아래 있지 아니하도다. 너희가 다 믿음으로 말미암아 그리스도 예수 안에서 하나님의 아들이 되었으니 누구든지 그리스도와 합하여 세례를 받은 자는 그리스도로 옷 입었느니라

(갈 3:22-27).

그 안에는 신성의 모든 충만이 육체로 거하시고 너희도 그 안에서 충만하여졌으니 그는 모든 정사와 권세의 머리시라 또 그 안에서 너희가 손으로 하지 아니한 할례를 받았으니 곧 육적 몸을 벗는 것이요 그리스도의 할례니라 너희가 세례로 그리스도와 함께 장사한 바 되고 또 죽은 자들 가운데서 그를 일으키신 하나님의 역사를 믿음으로 말미암아 그 안에서 함께 일으키심을 받았느니라 또 너희의 범죄와 육체의 무할례로 죽었던 너희를 하나님이 그와 함께 살리시고 우리에게 모든 죄를 사하시고 우리를 거스리고 우리를 대적하는 의문에 쓴 증서를 도말하시고 버리사 십자가에 못 박으시고 정사와 권세를 벗어버려 밝히 드러내시고 십자가로 승리하셨느니라(골 2:9-15).

그는 우리의 화평이신지라 둘로 하나를 만드사 중간에 막힌 담을 허시고 원수 된 것 곧 의문에 속한 계명의 율법을 자기 육체로 폐하셨으니 이는 이 둘로 자기의 안에서 한 새사람을 지어 화평하게 하시고 또 십자가로 이 둘을 한 몸으로 하나님과 화목하게 하려 하심이라 원수 된 것을 십자가로 소멸하시고(엡 2:14-16).

육신이 연약한 우리에게 부여된 율법의 요구를 예수 그리스도께서 십자가에서 대신 갚아 주셨으므로 우리는 율법에 대하여 자유하다. 그러나 주님은 이렇게 말씀하셨다.

내가 율법이나 선지자나 폐하려 온 줄로 생각지 말라 폐하려
온 것이 아니요 완전케 하려 함이로다 진실로 너희에게 이르노
니 천지가 없어지기 전에는 율법의 일 점 일획이라도 반드시
없어지지 아니하고 다 이루리라 그러므로 누구든지 이 계명 중
에 지극히 적은 것 하나라도 버리고 또 그같이 가르치는 자는
천국에서 지극히 적다 일컬음을 받을 것이요 누구든지 이를 행
하며 가르치는 자는 크다 일컬음을 받을 것이니라 내가 너희에
게 이르노니 너희 의가 서기관과 바리새인보다 더 낫지 못하면
결단코 천국에 들어가지 못하리라(마 5:17-20).

예수님의 산상수훈인 마태복음 5장에 있는 말씀이다. 얼마나
무서운 경고인가? 율법에서 자유함을 얻었다고 방심하지 말고
반드시 성결한 영적인 그리스도인으로 하나님의 사랑 안에서
이웃사랑으로 율법을 완성하도록 해야 한다.

피차 사랑의 빚 외에는 아무에게든지 아무 빚도 지지 말라
사랑하는 자는 율법을 다 이루었느니라 간음하지 말라 살인하
지 말라 도적질하지 말라 탐내지 말라 한 것과 그 외에 다른
계명이 있을지라도 네 이웃을 네 몸과 같이 사랑하라 하신 그
말씀 가운데 다 들었느니라 사랑은 이웃에게 악을 행치 아니
하나니 그러므로 사랑은 율법의 완성이니라(롬 13:8-10).

영적인 그리스도인이 되면 하나님의 사랑으로 마음속에서 율

법이 이루어져서 짐이 되지 않는다. 그러므로 율법에서 자유
할 수 있다.

3) 거룩한 하나님의 자녀 됨을 믿어야 한다

서로 창화하여 가로되 거룩하다 거룩하다 거룩하다 만군의
여호와여 그 영광이 온 땅에 충만하도다(사 6:3).

요한 웨슬리는 다음과 같이 언급하였다. '하나님의 본성은 거
룩한 사랑이시다. 거룩한 하나님의 인간을 향하신 뜻은 인간의
성결이며, 하나님의 사랑은 인간에게 성결을 나누어 주고자 하
는 하나님의 소원이며 표현이다. 따라서 성결과 사랑은 동일한
하나님의 본성이다.' '또한 우리를 거룩하게 하시려고 그리스도
께서 십자가에서 죽으셨으므로 우리는 항상 거룩해야 하며, 거
룩하게 되었음을 믿어야 한다.'

나는 너희의 하나님이 되려고 너희를 애굽 땅에서 인도하여
낸 여호와라 내가 거룩하니 너희도 거룩할 지어다(레 11:45).
하나님의 뜻은 이것이니 너희의 거룩함이라 곧 음란을 버리
고(살전 4:3).
하나님이 우리를 부르심은 부정케 하심이 아니요 거룩케 하
심이니 그러므로 저버리는 자는 사람을 저버림이 아니요 너희
에게 그의 성령을 주신 하나님을 저버림이니라(살전 4:7).
오직 너희를 부르신 거룩한 자처럼 너희도 모든 행실에 거룩

한 자가 되라. 기록하였으되 내가 거룩하니 너희도 거룩할지어다 하셨느니라(벧전 1:15-16).

하나님께서 하나님의 거룩하심과 같이 우리도 거룩하라고 명령하셨다. 하나님이 우리 죄를 씻어 주심은 오직 우리의 거룩함을 이루게 하려 하심이다. 예수님이 십자가에서 피 흘려 우리를 구원하심은 죄를 사하실 뿐만이 아니라 영원토록 죄 없이 거룩케 하시려는 것인 줄 모르는 것인가? 거룩하게 살 수 없으니까 모르는 척하는 것인가?

레위기에 하나님께서 이스라엘 민족의 죄를 씻고 거룩하게 하시려고 명하신 성막의 제사는 회막 안의 있는 모든 기구에 관유를 발라 거룩하게 하고, 모든 백성들이 1년에 한번 통회하면서 양의 제사를 드리는데 제사장이 지성소에 들어가서 제사를 지낼 때 죄가 있으면 죽고 나오지 못했다고 했다.

십계명과 613개의 율법을 어겼을 때는 또 수시로 죄 없는 양과 염소, 소, 비둘기 등을 자기의 형편에 따라 드리고 각을 뜨고 피를 뿌리고 불에 태워 죄를 씻는 피의 제사를 드렸다. 그것은 오직 하나님의 자녀들을 성결케 하시기 위한 제사였다. 그러나 2천 년 전에 예수 그리스도께서 오셔서 성막을 폐하시고, 단번에 믿는 자들을 율법에서 해방시키시고, 거룩하게 하셨다. 구원받은 거룩하신 하나님의 자녀인 우리는 반드시 거룩(성결)할 책임이 있다. 그리스도인의 최종 목표는 거룩함이다. 특별히 성결의 은혜를 준비해 놓고 기다리시는 하나님도 아니고,

성결의 은혜를 받아도 되고 받지 않아도 되는 것이 아니라, 그리스도의 십자가의 고난과 무한하신 하나님의 사랑을 헛된 것으로 돌리는 엄청난 죄를 범하지 아니하려면, 거룩(성결)함에 도달하지 못한 목회자들이 먼저 통회하고 말씀으로 쪼개어져서 하나님의 영광의 빛(성결)에 적셔져야 한다. 거룩함이 없이는 하나님의 영광의 나라에 결코 접근함도 허락하지 아니하시리라. 이것을 자기에게 맡기신 영혼들에게 꼭 알게 해야 할 책임이 있다.

그런즉 거짓을 버리고 각각 그 이웃으로 더불어 참된 것을 말하라. 이는 우리가 서로 지체가 됨이니라 분을 내어도 죄를 짓지 말며 해가 지도록 분을 품지 말고 마귀로 틈을 타지 못하게 하라 도적질하는 자는 다시 도적질하지 말고 돌이켜 빈궁한 자에게 구제할 것이 있기 위하여 제 손으로 수고하여 선한 일을 하라 무릇 더러운 말은 네 입에도 내지 말고 오직 덕을 세우는데 소용되는 대로 선한 말을 하여 듣는 자들에게 은혜를 끼치게 하라 하나님의 성령을 근심하게 하지 말라 그 안에서 너희가 구속의 날까지 인치심을 받았느니라 너희는 모든 악독과 노함과 분냄과 떠드는 것과 훼방하는 하는 것을 모든 악의와 함께 버리고 서로 인자하게 하며 불쌍히 여기며 서로 용서하기를 하나님이 그리스도 안에서 너희를 용서하심과 같이 하라(엡 4:26-32).

그러나 온전한 회개와 예수 그리스도의 대속을 믿는 믿음과, 하나님의 성령이 말씀과 함께 동시에 옛사람에 역사하셔서 인간의 악한 본성의 쓴 뿌리까지 완전히 씻어냄으로서, 비고 깨끗한 그릇이 되지 아니하면 거룩한 성령이 온전히 임재하여 충만함을 누릴 수 없다.

오직 주 예수 그리스도로 옷 입고 정욕을 위하여 육신의 일을 도모하지 말라(롬 13:14).

그러나 이제는 너희가 죄에게서 해방되고 하나님께 종이 되어 거룩함에 이르는 열매를 얻었으니 이 마지막은 영생이라 죄의 삯은 사망이요 하나님의 은사는 그리스도 예수 우리 주 안에 있는 영생이니라(롬 6:22-23).

거룩하게 하시는 자와 거룩하게 함을 입은 자들이 다 하나에서 난지라 그러므로 형제라 부르시기를 부끄러워 아니 하시고(벧전 2:2).

그리스도인에게 '당신은 거룩하십니까?' 라고 물으면 대부분의 은혜 받았다는 그리스도인들은 '예수님만 거룩하시죠 제가 어떻게 거룩해요' 라고 말한다. 이것은 겸손이 아니고 우리 죄를 깨끗하게 씻으시고 거룩하게 해주신 그리스도의 십자가의 고통의 대속을 욕되게 하고, 부끄럽게 하는 것이다. 또한 이것은 복음을 부인하는 큰 죄인 것이다. 여기에 우리가 사단이 우리들 안에 장악하고 있는 죄에서 완전히 벗어날 수 없는 비밀이 들어있는 것이다. 우리는 하나님께 받은바 성령과 말씀으로, 이 겸손으로 위장한 사단의 거짓을 밝히고 무너트려야 한다. 그리고 예수 그리스도께서 나를 거룩하게 하셨음을 믿고 감사해야 하며, 성령과 말씀 안에서 주님과 함께 거룩한 삶을 살아야 한다.

거룩은 흠도 티도 없는 하나님의 깨끗함, 곧 성결이다. 하나님의 신성의 본질은 성결(거룩)이며 사랑이시다. 하나님은 죄를 싫어하시며, 피조 세계의 창조주와 통치자로서 인간의 성결을 원하신다. 하나님은 자신의 형상의 완전한 회복(성결)을 위하여 그 아들을 대속자로 보내신 사랑의 하나님이시다. 육에 속한 그리스도인들은 죄를 씻어 주실 뿐 아니라 성결하게 하시며, 또 거룩함을 지키게 하시려고 예수 그리스도를 보내신 것을 알지 못하며, 하나님은 대속을 받은 우리에게 대속자이신 예수 그리스도와 사랑이시며 거룩하신 하나님의 요구인 성결의 의무가 있음을 알지 못한다.

몇 번을 말해도 지나치지 않은 것은 예수 그리스도께서 우리를 위하여 죽으신 것은 인간의 원죄를 깨끗이 씻으시고 거룩하신 하나님의 자녀로 회복하게 하려 하신 것이다. 그리고 거룩한 성도로 살기를 원하신다. 아직까지도 많은 그리스도인들이 예수님의 십자가의 공로로 구원받았다고 하면서 죄에서 완전히 떠나기를 주저하고 있다. 우리는 우리 죄를 씻어주신 예수님께 거룩해야 할 빚이 있는 것이다.

그러므로 형제들아 우리가 빚진 자로되 육신에게 져서 육신대로 살 것이 아니니라 너희가 육신대로 살면 반드시 죽을 것이로되 영으로서 몸의 행실을 죽이면 살리니(롬 8:12-13).

우리는 반드시 죄를 떠나 영으로서 몸의 행실을 다스러서 성결을 회복하고 나를 구원하시고, 자녀 삼아 주시고 장차 말할 수 없는 영광에 참여하게 하실 하나님 아버지를 기쁘시게 하고 또 우리의 거룩함을 위하여 십자가를 지신 예수님을 위하여 성령이 인도하시는 대로 순종과 충성으로 성화(거룩한 삶)되어 가야 한다. 한번 마음에 진정한 성결이 이루어지면 방심한다고 없어질 수 없으며, 성결(성령충만, 말씀충만)에 붙들려서 주를 향한 열정으로 충성하게 되며, 하나님과 영혼을 사랑함이 넘치게 되어 주를 기쁘시게 할 것이 무엇인가 밤낮으로 찾아 기쁨으로 행하지 아니할 수 없게 된다.

위에 말씀하시기를 주께서는 제사와 예물과 번제와 속죄제는 원하지도 아니하고 기뻐하지도 아니하신다 하셨고 (이는 다 율법을 따라 드리는 것이라) 그 후에 말씀하시기를 보시옵소서 내가 하나님의 뜻을 행하러 왔나이다 하셨으니 그 첫째 것을 폐하심은 둘째 것을 세우려 하심이라 이 뜻을 따라 예수 그리스도의 몸을 단번에 드리심으로 말미암아 우리가 거룩함을 얻었노라(히 10:8-10).

그리스도인들은 거룩하신 하나님이 자기 형상대로 지으신 사랑하는 인간의 악하고 더러운 원죄 때문에 에덴동산에서 땅으로 쫓아내신 것을 기억하지 아니하는 것 같다. 그리고 그리스도의 십자가의 피로 완전히 죄를 씻지 아니하고도 하늘나라에 들어갈 수 있다고 생각하는 것 같다. 그러므로 오늘 밤에 심판의 주가 오실는지 모르는데, 죄를 회개하지 않은 그리스도인들이 그리스도의 이름으로 이 일도 하고 저 일도 한다. 그러나 주님이 오셔서 "내가 너를 모른다" 하시기 전에 먼저 십자가의 보혈로 자기를 깨끗하게 씻는 진정한 회개가 있어야 한다. 그리고 거룩하게 되었음을 믿어야 한다.

제리 브릿지스는 그의 저서 『거룩한 삶의 추구』에서 인간이 거룩해야 함은 '선택의 여지가 없는 거룩함'이라고 하였다. 하나님의 속성은 거룩함이고, 예수님께서 십자가에 달리신 것은 하나님의 형상대로 거룩하게 지으심을 받은, 타락하기 전 거룩한 아담으로 돌아가게 하시려는 하나님의 뜻이다. 인간의 죄 때문에 십자가를 지심으로 우리가 믿음으로 의롭다 함을 얻었으며, 거룩하게 되었다는 것을 믿고 거룩하게 살아야 하는 것은 선택의 여지가 없는 구원받은 자의 당연한 의무이다.

모든 사람으로 더불어 화평함과 거룩함을 쫓으라 이것이 없이는 아무도 주를 보지 못하리라(히 12:14).

내가 노력해서 거룩해지는 것이 아니고 하나님의 거룩하심으로 죄를 깨끗하게 씻고, 믿을 때에 오직 성령으로만 거룩해지는 것이다.

대저 표면적 유대인이 유대인이 아니요 표면적 육신의 할례가 아니라 오직 이면적 유대인이 유대인이며 할례는 마음에 할지니 신령에 있고 의문에 있지 아니한 것이라 그 칭찬이 사람에게서가 아니요 다만 하나님에게서니라(롬 2:29).

말씀과 성령으로 마음에 할례를 받은 신령에 속한 그리스도인은 거룩하신 하나님의 임재하심을 받아 타락하기 전 아담으로 회복될 수 있다. 하나님의 형상을 닮은 첫 인간을 위하여 지으신 에덴동산은 얼마나 아름다운 곳이었을까? 이 세상에서 하나님의 거룩(성결)보다 더 아름다운 것은 없으리라고 생각한다. 천국은 햇빛이 없는 거룩한 빛으로 가득 차서 어두움이 조금도 없으며 백합 향기보다 더한 향기로운 곳일 것이다. 그러므로 죄를 떠나지 못하는 세상 사람들은 하나님의 거룩과 인간에게 요구하신 성결은 상상하기조차 매우 어려운 일일 것이다.

그러나 성령을 받아 은혜를 체험한 사람들은 모두 초기 성화를 받아 성결의 신비를 경험했을 것인데, 그 첫사랑 때의 기가막힌 성결의 기쁨을 잃어버리고 한발은 세상에, 한발은 교회에 두고, 예수 그리스도를 통해서 값없이 주신 영원한 구원의 약속을 부끄럽게 하며, 천국이냐 지옥이냐의 기로에 서있음의 위험을 자각하지 못하고 있는 것이다.

그런즉 사랑하는 자들아 이 약속을 가진 우리가 하나님을 두려워하는 가운데서 거룩함을 온전히 이루어 육과 영의 온갖 더러운 것에서 자신을 깨끗케 하자(고후 7:1).

예수 그리스도께서 나를 거룩하게 하시려고 나대신 십자가에서 죽으셨으므로, 나는 성결하고 거룩한 하나님의 자녀임을 믿는다. 이 세 가지를 믿기만 하면 우리는 성결하고 하나님의 거룩한 자녀인 것이다.

3. 말씀이신 하나님

1) 하나님의 말씀의 완전하고 위대하심

성경 말씀은 무오하며, 위대하시다. 하나님께서는 말씀으로 천지를 지으셨다. 성경에 있는 하나님의 말씀은 이 세상의 어떤 보화보다도 더 귀한 보화이며, 모든 인간에게 꼭 필요한 보화로 가득 차 있다. 성경은 성부, 성자, 성령 하나님께서 해와 달, 동물과 식물, 나는 것과 기는 것, 물속에 있는 고기 들을 지으실 때 말씀이 함께 계셨고, 말씀으로 "있으라 하시니 있었고"라고 기록하였다.

이 모든 날 마지막에 아들로 우리에게 말씀하셨으니 이 아들을 만유의 후사로 세우시고 또 저로 말미암아 모든 세계를 지으셨느니라 이는 하나님의 영광의 광채시요 그 본체의 형상이

시라 그의 능력의 말씀으로 만물을 붙드시며 죄를 정결케 하는 일을 하시고 높은 곳에 계신 위엄의 우편에 앉으셨느니라(히 1:2-3).

또 주여 태초에 주께서 땅의 기초를 두셨으며 하늘도 주의 손으로 지으신 바라 그것들은 멸망할 것이나 오직 주는 영존할 것이요 그것들은 다 옷과 같이 낡아지리니 의복처럼 갈아입을 것이요 그것들이 옷과 같이 변할 것이니 주는 여전하여 연대가 다함이 없으리라 하였으나(히 1:10-12).

하나님의 말씀은 위대하시며 변함이 없으시다. 태초부터 계신 하나님의 말씀은 하나님의 말씀일 뿐 아니라, 하나님 자신이시다.

태초에 말씀이 계시니라 이 말씀이 하나님과 함께 계셨으니 이 말씀은 곧 하나님이시니라(요 1: 1).

말씀이 육신이 되어 우리 가운데 거하시매 우리가 그 영광을 보니 아버지의 독생자의 영광이요 은혜와 진리가 충만하더라(요 1:14).

하나님과 우리와의 관계는 하나님 자신이신 말씀과, 말씀이 육신이 되어 오신 예수님과, 하나님의 영이신 성령님과의 관계이다. 그리고 그것을 우리에게 성령을 주심으로 알게 해주신 하나님의 말씀과의 관계이다. 성경 말씀이 없었다면 어느 것이 하나님이 원하시는 길인지 알 수 없을 것이다. 하나님께서는 삼위일체의 하나님을 오직 말씀으로 나타내셔서 우리에게 하나님의 뜻과 섭리와 경륜을 알게 하셨다. 성경에는 우주와 인간의 모든 역사가 다 들어 있다. 성경을 보면 말씀이 육신이 되어 오신 예수님은 길이요, 진리요, 생명이시며 빛이심을 알 수 있다. 성령의 역사하심도 성경에 있는 말씀으로 행하신다.

모든 성경은 하나님의 감동으로 된 것으로 교훈과 책망과 바르게 함과 의로 교육하기에 유익하니 이는 하나님의 사람으로 온전케 하며 모든 선한 일을 행하기에 온전케 하려 함이니라 (딤후 3:16-17).

성경은 1545년 동안 45명의 하나님의 감동을 받은 저자들이 썼다고 한다. 자유주의 신학자들은 인간이 믿을 수 있는 것은 믿고 믿을 수 없는 것은 믿지 않는다고 한다. 인간의 이성으로 믿을 수 있는 것만 믿는다고 하는 것은 믿음이 아니다. 하나님은 신이시며 인간의 지혜로 헤아릴 수 있는 분이 아니다. 그러므로 그들에게 하나님은 신이 아니시며, 성경의 하나님이 아니시면 하나님은 없는 것이며, 구원도 없는 것이며, 성령의 역사도 없는 것이다. 예수께서 성령 받으신 후에 마귀에게 시험 당하실 때 말씀으로 이기셨다.

예수께서 대답하여 가라사대 기록되었으되 사람이 떡으로만 살 것이 아니요 하나님의 입으로 나오는 모든 말씀으로 살 것이라 하였느니라 하시니(마 4:4).

그리스도인들은 사단의 어떠한 유혹도 오직 하나님의 말씀으로만 이길 수 있고, 하나님의 말씀으로만 성령 충만하여 풍성한 삶을 살 수 있다. 성령세례는 능력충만이며, 성령 충만은 말씀충만이다. 성령세례는 죄인인 것을 자각하고 지금까지 지은 모든 죄(자범죄)를 회개하고 예수 그리스도를 인격적으로 영접하여 새 삶(거듭남)을 시작하지만 완전한 회심을 통해서 말씀으로 자아를 온전히 하나님께 드린 상태가 아니다. 성령세례 받을 때에 말씀이 함께 역사하지만 더 강력한 성령의 능력으로 말씀이 충만해지지 아니하면 성령충만은 계속될 수 없다.

많은 기독교인들이 성령충만을 부르짖지만 성령충만을 어떻게 항상 유지할 수 있느냐는 아직 신학적으로 확립되지 않았다고 신학자들이 말한다. 그것은 안타깝게도 대부분의 신학자들의 말이다. 죄를 다 버리지 못한, 성결하지 않은 육신에 속한 그리스도인이 성화되어 간다는 신학으로는 성령충만을 계속 유지할 수 있다는 것을 설명할 수 없다. 성령충만 하지 않고 이 악한 세상에서 어떻게 사단의 궤계를 물리치며, 승리하는 그리스도인으로 살 수 있겠는가?

그러나 앞에 그림(그림 5)에서 보는 것처럼 육신에 속한 그리스도인의 자아가 하나님의 성령의 강권하심을 받아 말씀으로 완전히 깨어지며 원죄를 회개하고, 말씀이 주장하시는 바가 되면 말씀이 곧 하나님이시며, 예수님이시며, 성령님이시므로, 성령충만의 상태가 되며 세상에 대해서 그리스도와 함께 육이 죽었고 다시 살아날 수 없다. 옛사람은 죽고 하나님의 말씀이 항상 내 마음에 임재하시는 말씀의 거울에 비추어서 삶으로서 성령충만이 계속될 수 있는 것이다. 곧 성령충만은 하나님의 말씀충만이다. 그리고 그것은 곧 거룩이며, 성결이며, 기독자의 완전이다. 말씀으로 성결의 상태를 체험하고 확신해야 한다. 원죄가 다시는 그를 주장 할 수 없다.

너희는 여호와의 책을 자세히 읽어보라 이것들이 하나도 빠진 것이 없고 하나도 그 짝이 없는 것이 없으리니 이는 여호와의 입이 이를 명하셨고 그의 신이 이것들을 모으셨음이라(사 34:16).

구약과 신약의 모든 말씀이 마찬가지지만 BC 700년경에 기록된 이사야서에 성경 전체를 아우르는 이 말씀은 얼마나 기가 막힌 말씀인가? 영원히 없어지지 아니하는 진리와 능력으로 가득한 하나님의 말씀이 성경 안에 무한정으로 우리에게 펼쳐져 있고, 또 누구에게나 주어졌다. 구약에서 신약까지 누구나 원한다면 서점에 가서 1-2만 원이면 신의 영역뿐 아니라 세계의 역사, 지혜와 지식, 이성, 철학, 악인과 선인의 결과, 세상에서 사는 모든 지혜 등 인간에게 꼭 필요한 무궁무진한 보화의 세계로 들어갈 수 있다.

내가 보니 모든 완전한 것이 다 끝이 있어도 주의 계명은 심히 넓으니이다 내가 주의 법을 어찌 그리 사랑하는지요 내가 종일 그것을 묵상하나이다 주의 계명이 항상 나와 함께 하므로 그것이 나로 원수보다 지혜롭게 하나이다 내가 주의 증거를 묵상하므로 나의 명철함이 모든 스승보다 승하며 주의 법도를 지키므로 나의 명철함이 노인보다 승하니이다 내가 주의 말씀을 지키려고 발을 금하여 모든 악한 길로 가지 아니 하였사오며 주께서 나를 가르치셨으므로 내가 주의 규례에서 떠나지 아니 하였나이다. 주의 말씀의 맛이 어찌 그리 단지요 내 입의 꿀보다 더하니이다 주의 법도로 인하여 내가 명철케 되었으므로 모든 거짓 행위를 미워하나이다(시 119:96-104).

말씀 속에서 기쁨으로 우리는 주의 법을 사랑하고, 선하고 지혜로운 자가 되어 주님과 함께 살아갈 수 있다.

그러면 무엇을 말하느뇨 말씀이 네게 가까워 네 입에 있으며 네 마음에 있다 하였으니 곧 우리가 전파하는 믿음의 말씀이라 (롬 10:8).

지혜 있는 자에게 교훈을 더하라 그가 더욱 지혜로워질 것이요 의로운 사람을 가르치라 그가 학식을 더하리라 여호와를 경외하는 것이 지혜의 근본이요 거룩하신 자를 아는 것이 명철이니라 나 지혜로 말미암아 네 날이 많아질 것이요 네 생명의 해가 더하리라(잠 9:9-11).

2) 하나님의 말씀으로 깨어져서 성결의 은혜 안으로 들어가라

하나님과 우리와의 관계는 하나님이시며 예수님이신 성경 말씀과의 관계이다. 성결교회에서 성결의 체험을 해야 한다고 말하는 것은 성령세례로 말미암은 중생의 은혜와 말씀으로 말미암은 성결의 은혜의 차원은 하늘과 땅의 차이가 있기 때문이다. 중생은 하나님을 만나고 영의 세계를 체험하여 놀랍고 기쁘지만 나의 전체를 드리지 못했기 때문에 원죄의 쓴 뿌리로 인해서 완전히 기뻐하지 못하고, 완전히 평안하지 못하고, 또 완전히 감사하지 못한다.

우리를 구원하시되 우리의 행한바 의로운 행위로 말미암지 아니하고 오직 그의 긍휼하심을 좇아 중생의 씻음과 성령의 새롭게 하심으로 하셨나니(딛 3:5).

먼저 중생으로 죄를 씻고 성령으로 새롭게 하심을 받아야 한다. 웨슬리는 중생은 현관이고 성결은 거실과 같다고 했다. 성결은 성령이 중생한 그리스도인에게 성령충만 하기 위하여 강력한 역사로 임하게 되는데, 그 역사가 말씀과 함께하지 아니하고 외적인 능력 만으로만 되면 자아가 다 깨어져 옛사람의 원죄가 완전히 깨끗해지지 못하여 그 성령충만은 계속해서 유지될 수 없다. 성령의 외적인 능력만으로는 원죄를 가진 인간이 온전히 깨끗해져서 내적 변화를 일으킬 수 없으므로 하나님의 말씀으로 심혼골수가 쪼개어져서, 성령과 함께 우리 속에 항상 임재하셔야만 성령충만이 계속될 수 있다. 그러므로 말씀 충만이 성령충만이다. 말씀이 하나님이시고 말씀의 위대하심과 절대 진리이심을 알면서 왜 성령충만을 말씀과 연결시키지 못하는지 모르겠다. 또 계명을 지키라 하셨는데 그 말씀이 성령으로 내 안에 있지 아니하면 그 계명은 지킬 수도 없고, 만일 계명을 성령충만 없이 지킨다면 그것은 그에게 율법이 될 수밖에 없다.

여호와의 말씀의 순결함이여 흙 도가니에 일곱 번 단련한 은 같도다(시 12:6).

성결의 은혜는 성령의 희한한 빛과, 하나님의 흠도 티도 없는 깨끗함 곧 성결함으로 가득하여서 나의 세포가 하나님을 향하여 찬양하며, 하나님의 기뻐하심을 위하여 온 날을 보낸다. 하나님을 사랑하고 다른 영혼들을 사랑하는 사랑으로 넘쳐나게 되며, 하나님의 기뻐하심이 곧 나의 기쁨이 되는 것이다. 내가 같은 말을 되풀이 하는 것은 많은 사람들이 많은 책을 읽고도 깨닫지 못하므로 또 읽고 또 읽어서 반드시 깨닫게 되었으면 하는 마음이므로 읽는 분들에게 용서를 빈다. '다 아는 것인데' 라고 제발 지나치지 말았으면 좋겠다. 꼭 말하고 싶은 것은 많은 목사님들까지 성결(거룩)을 꺼리는 것이 안타깝다.

예수 그리스도를 믿고 구원을 받는다는 것은 잘 알지만 우리의 구원자이신 예수님을 보내신 하나님도 성결하시고, 십자가에서 우리 죄를 씻으신 그 예수님도 성결하시고, 우리를 깨닫게 하시는 성령님도 성결하시며, 하나님께서는 구원받은 우리가 성결하기를 원하시는 것을 잘 모르는 것 같다. 또 우리는 반드시 성결해야 하며 목회자든 누구든 성결하지 않으면 구원받지 못한다는 것도 알지 못하는 것 같다. 모든 그리스도인들은 제발 두려워하지 말고 성경에 다 있는 하나님의 말씀으로 죄를 씻고, 성결하게 되기를 힘써야 한다.

성결을 계속해서 말하면 성결에 치우쳐 있다고 한다. 성결을 체험하지 못하고, 처음 성령 받을 때 체험한 외적인 성령의 체험에만 아직도 치우쳐 있는 그들은 하나님께 가는 마지막 길이 성결인 것을 빨리 깨달았으면 좋겠다. 하나님과 함께 하는 길은 처음도 성결이요, 마지막도 성결이다. 성결하지 않으면 거룩하신 하나님과의 교통을 시작할 수 없고, 성결이 없이는 거룩하신 하나님 나라에 들어갈 수 없다. 죄를 가지고는 구원이란 있을 수 없다. 죄를 가지고도 천국에 갈 수 있다고 생각하는 것은 얼마나 불쌍하고 어리석은가? 거룩함이 없이 하나님의 사람이라고 할 수도 없으며, 하나님 앞에 나아갈 수 없다는 것을 왜 알지 못 하는가?

살리는 것은 영이니 육은 무익하니라 내가 너희에게 이른 말이 영이요 생명이라(요 6:63).

너희는 내가 일러준 말로 이미 깨끗하였으니 내 안에 거하라 나도 너희 안에 거하리라 가지가 포도나무에 붙어 있지 아니하

면 절로 과실을 맺을 수 없음 같이 너희도 내 안에 있지 아니
하며 그러하리라(요 15:3-4).

말씀이 내 안에 거하시면 원죄의 쓴 뿌리까지 깨끗함 받고,
말씀이신 하나님에 붙어 있는 온전한 성령의 사람이 된다. 하
나님의 말씀만이 인간이 항상 성령충만을 유지하여 하나님과
동행할 수 있는 하나님의 비법이요, 성령이 우리 안에 항상 거
하실 수 있는 단 하나의 보물인 것이다.

오직 하나님이 성령으로 이것을 우리에게 보이셨으니 성령은
모든 것 곧 하나님의 모든 것이라도 통달하시느니라 사람의 사
정을 사람의 속에 있는 영 외에는 누가 알리요 이와 같이 하나
님의 사정도 하나님의 영 외에는 알지 못하느니라 우리가 세상
의 영을 받지 아니하고 오직 하나님께로 온 영을 받았으니 이
는 우리로 하여금 하나님께로 온 영을 받았으니 이는 우리로
하여금 하나님께서 우리에게 은혜로 받은 것들을 알게 하려 하
심이라 우리가 이것을 말하거니와 사람의 지혜의 가르친 말로
아니하고 오직 성령의 가르치신 것으로 하니 신령한 일은 신령
한 것으로 분별하느니라 육에 속한 사람은 하나님의 성령의 일
을 받지 아니 하나니 저희에게는 미련하게 보임이요 또 깨닫지
도 못하나니 이런 일은 영적으로라야 분변함이니라 신령한 자
는 모든 것을 판단하나 자기는 아무에게도 판단을 받지 아니
하느니라 그러나 주의 마음을 알아서 주를 가르치겠느냐 그러

나 우리가 그리스도의 마음을 가졌느니라(고전 2:10-16).

성령 안에 있으면 모든 것을 판단할 수 있는 분별력이 있게 되고, 그리스도의 마음을 갖고 주와 함께 할 수 있다는 너무나 복된 말씀이다. '판단하지 말라' 하셨지만 신령한 자는 모든 것을 판단한다는 것은 영으로 모든 것을 바르게 분별한다는 것이며 나는 성령 안에 있지 않은 아무에게도 판단 받지 아니한다는 말씀이다. 오직 성령 안에 있으면 성령 안에 있는 자들과 서로 성령으로 들어오며 나가는 영적 교통을 할 수 있다. 성령의 내적 은사인 지식의 말씀의 은사, 지혜의 말씀의 은사와 믿음의 은사, 영분별의 은사로 말씀을 깨닫고 믿으며 영적 분별을 통하여 뼈 속과 골수까지 말씀과 성령으로 깨어져 충만하게 된다.

하나님의 말씀은 살았고 운동력이 있어 좌우에 날 선 어떤 검보다도 예리하여 혼과 영과 및 관절과 골수를 찔러 쪼개기까지 하며 또 마음의 생각과 뜻을 감찰하나니 지으신 것이 하나라도 그 앞에 나타나지 않음이 없고 우리의 결산을 받으실 이의 눈앞에 만물이 벌거벗은 것같이 드러나느니라(히 4:12-13).
너희가 거듭난 것이 썩어질 씨로 된 것이 아니요 썩지 아니할 씨로 된 것이니 하나님의 살아있고 항상 있는 말씀으로 되었느니라 그러므로 모든 육체는 풀과 같고 그 모든 영광이 풀의 꽃과 같으니 풀은 마르고 꽃은 떨어지되 오직 주의 말씀은 세세토록 있도다 하였으니 너희에게 전한 복음이 곧 이 말씀이니라(벧전 1:23-25).

모든 말씀은 하나님의 감동으로 된 것으로 교훈과 책망과 바르게 함과 의로 교육하기에 유익하니 이는 하나님의 사람으로 온전케 하며 선한 일을 행하기에 온전케 하려 함이니라(딤 3:16-17).

말씀으로 감동을 받아 본 사람은 누구나 말씀으로 임한 성령의 감동을 알 수 있다. 얼마만큼 더 말씀이 그의 심혼 골수를 쪼개었느냐에 따라 더 큰 감동을 받고, 더 많이 깨어진 만큼 성령이 그에게 임재하시고, 머무시며, 말씀으로 하나님과 교제할 수 있다.

내가 주는 물을 먹는 자는 영원히 목마르지 아니하리니 나의 주는 물은 그 속에서 영생하도록 솟아나는 샘물이 되리라(요 4:14).

명절 끝날 곧 큰 날에 예수께서 서서 외쳐 가라사대 누구든지 목마르거든 내게로 와서 마시라 나를 믿는 자는 성경에 이름과 같이 그 배에서 생수의 강이 흘러 나리라(요 7:37-38).

하나님의 말씀이 나를 쪼개시면 성령으로 충만하여 배에서 생수가 흘러넘치는 것처럼 말씀으로 넘쳐나서 말하지 않고는 견딜 수 없으며, 정말 말씀이 배에서 폭포수처럼 넘쳐나는 것

같이 느껴진다. 하나님의 말씀은 육신의 눈으로 보면 로고스로서 글자(문자)일 뿐이지만 성령이 조명하시면 살아계신 말씀으로 생명이 있는 '레마'가 되어 마음과 혼과 관절과 골수를 찔러 쪼개고 성령이 함께 들어오시면 하나님 앞에 벌거벗은 것 같이 드러나며 내가 거룩한 성령의 전이 되고, 아담에게서 온 원죄의 더러움은 깨끗이 씻김 받아 하나님 앞에 거짓을 말하고 악한 것을 생각할 수 없게 된다. 그리고 항상 말씀이 성령과 함께 임재하셔서 성령충만을 누리며 성화되어 갈 수 있다. 성령충만의 상태가 곧 성결의 상태이다. 온 마음에 성령이 가득한데 당연히 거룩한 영으로 가득할 것이고, 그 상태가 곧 깨끗한 성결의 상태가 아니겠는가? 인간이 할 수 있는 것은 아무것도 없다. 다만 죄에 대한 진정한 회개와 하나님의 무한하신 긍휼하심으로 우리에게 자비를 베풀어주시는 하나님의 무한하신 사랑의 영광뿐이다. 성경에 있는데 왜 하나님의 말씀으로 깨어짐의 그 환희를 성령충만의 설명으로 결부시키지 못하는지 모르겠다.

오늘날에는 40여 년 전보다 성령의 은사나 외적인 은사보다 말씀으로 돌아가야 한다고 말씀을 강조하는 목사님들이 많으나 말씀의 해석에 문제가 많고, 하나님의 말씀이 '레마'가 되기 위해서 말씀에 깨어짐에 히 4:12절과 벧 1:23절을 강력하게 주장하지 않는지 모르겠다. 말씀이 중요하지만 성령으로 말미암는 말씀의 깨어짐이 없으면 하나님의 말씀이 그 사람에게 무슨 소용이 있겠는가?

제임스 케네디는 『영적 소생』에서 '만약 당신이 하나님의 말씀과 성서에 나타난 진리의 실제와 한번 맞부딪치기만 한다면 당신은 말씀의 배후에 있는 하나님의 능력을 체험하게 될 것이며, 당신에게는 놀라운 사건들이 발생할 것이다. 하나님의 말씀은 실제가 되며 살아계셔서 진동하는 역사가 될 것이다. 당신의 주의를 집중시킬 만한 책이 성서 외에 어디 있으며, 한 책의 연구를 위하여 소비한 그 시간을 그렇게도 보람 있고 가치 있게 하여 주는 책이 성서 외에 어디 있겠는가?'라고 하였으며 '하나님은 내가 성서를 연구하는 만큼 나에게 말씀 하신다'라고 하였다.

여호와의 율법은 완전하여 영혼을 소성케 하고 여호와의 증거는 확실하여 우둔한 자로 지혜롭게 하며 여호와의 교훈은 정직하여 마음을 기쁘게 하고 여호와의 계명은 순결하여 눈을 밝게 하도다 여호와를 경외하는 도는 정결하여 영원까지 이르고 여호와의 규례는 다 의로우니 금 곧 정금보다 더 사모할 것이며 꿀과 송이 꿀보다 더 달도다 또 주의 종이 이로 경계를 받고 이를 지킴으로 상이 크니이다(시 19:7-11).

여호와의 말씀이 그의 안에 계시는 자의 완전함을 찬양하고 있지 않은가! 꿀과 송이 꿀보다 더 달므로 정금보다 더 사모할 것이라 하지 않았는가?

김남준 목사의 루터파 개혁신학의 성화론에 보면 '루터는 성령 안에서 역사하는 그리스도의 은총은 원천적으로 하나님의 말씀과 함께 나타나며 부차적으로 성례전을 통하여 주어진다. 또한 신앙을 통하여 우리를 하나님 앞에서 의롭다 여김을 받게 하고 성령의 지속적인 역사를 가능케 하여 우리를 죄에서 구원할 뿐 아니라 죄의 지배와 영향력 아래서 우리를 건져냄으로써 우리를 성화시킨다. 그리고 끊임없이 거룩을 지키기 위해서 죄와 싸워야 하며 완전한 성화는 할 수 없지만 실천해야 되는 것이 신자의 의무라고 보았다'고 하였다. 루터가 가톨릭의 성례전으로 다시 돌아가지 않고 하나님의 말씀과 성령만을 의존하였다면 웨슬리와 같이 완전 성화를 깨닫게 되지 않았을까? 말씀과 성령이 육에 속한 사람을 깨끗하게 하여 영의 사람으로 만들 수 있는 것은 너무나 당연한 일이다. 하나님의 전적 능력(성령과 말씀의 능력)만을 의지하지 아니하고 인간의 노력으로 깨끗해지려고 생각했던 가톨릭과 수도사들의 인본적 신앙이 오늘날의 연옥사상과 마리아 신봉의 오류의 근원이 된 것이다.

그리스도의 말씀이 너희 속에 풍성히 거하여 모든 지혜로 피차 가르치며 권면하고 시와 찬미와 신령한 노래를 부르며 마음에 감사함으로 하나님을 찬양하고 또 무엇을 하든지 말에나 일에나 다 주 예수의 이름으로 하고 그를 힘입어 하나님 아버지께 감사하라(골 3:16-17).

또 말하지만 하나님과 우리와의 모든 관계는 성경에 있는 말씀과의 관계이다. 하나님께서는 성경 안에 가득하게 우리로 진리를 깨닫게 하시려고 여러 시대의 여러 사도들을 통하여 같은 말씀을 여러 번씩 설명하고 계시다.

위의 히 4:12-13, 벧전 1:23의 두 말씀으로 말씀과 성령충만의 관계를 얼마든지 설명할 수 있는데 왜 아직까지 성령 충만을 유지할 수 있는 방법이 신학적으로 연구되지 않았다고 하는지 참으로 이해되지 않는다. 살아계신 하나님의 말씀이 성령으로 우리 안에 계신데 살아 역사하시는 그 말씀이 어찌 우리를 변화시키고 날마다 강권하시는 성령의 충만함을 누릴 수 없겠는가?

완악한 자신의 자아가 깨어지고 성령과 말씀으로 채워져서 어린아이 같이 천진한 성결을 체험해 보라. 아버지의 독생자의 영광, 은혜와 진리가 충만하더라! 얼마나 그리스도인들이 바라고 동경하는 광경인가!

말씀이 육신이 되어 우리 가운데 거하시매 우리가 그 영광을 보니 아버지의 독생자의 영광이요 은혜와 진리가 충만하더라(요 1:14).

은혜와 진리가 넘치는 하나님의 영광이 내 안에서 함께하는 광경이 우리가 꿈꾸는 천국이다.

나를 훈계하신 여호와를 송축할지라 밤마다 내 심장이 나를 교훈하도다 내가 여호와를 항상 내 앞에 모심이여 그가 내 우편에 계심으로 내가 요동치 아니하리로다(시 16:7-8).

이 말씀은 나의 곤란 중에 위로라 주의 말씀이 나를 살리셨음이니이다(시 119:50).

내 마음에는 하나님의 법이 있으니 그 걸음에 실족함이 없으리로다(시37:32).

3) 하나님의 말씀을 암송하라

이 율법책을 네 입에서 떠나지 말게 하며 주야로 그것을 묵상하여 그 가운데 기록한 대로 다 지켜 행하라. 그리하면 네 길이 평탄하게 될 것이요 네가 형통하리라(수 1:8).

너희가 성경에서 영생을 얻는 줄 생각하고 성경을 상고하거니와 이 성경이 곧 내게 대하여 증거하는 것이로다(요 5:39).

영생은 유일하신 참 하나님과 그의 보내신 자 예수 그리스도를 아는 것이니이다(요 17:3).

하나님과 우리 주 예수를 앎으로 은혜와 평강이 너희에게 더욱 많을 지어다(벧후 1:2).

말씀을 항상 가까이하고 입에서 떠나지 말게 하며, 말씀 안에서 기도하며 묵상하면 말씀대로 지켜 행할 힘을 주신다. 하나님이 주셔야 하지만 우리가 해야 할 것은 우리가 해야 한다. 우리가 해야 할 것은 곧 말씀을 외우는 것이다. 성경을 1년에 몇 번씩 읽었다고 하는 교인들에게서도 그리스도 닮은 모습을 보기 힘들다. 이것은 말씀이 문자로만 보이고, 그 마음이 말씀에 쪼개어지지 않았기 때문이다. 말씀을 늘 마음에 모시고 살려면 성경 말씀을 듣고 읽기도 해야 하겠지만 그것을 주야로 묵상하려면 반드시 외워야 한다. 하나님의 말씀을 듣기(5%), 읽기(15%), 공부(연구)하기(35%), 암송하기(100%), 묵상하기(100%)로서 말씀 안에서의 생활(100%)을 할 수 있다.

유진 피터슨의 『이 책을 먹으라』에 보면 '이 책을 먹으라 단지 성경을 읽는 것이 아니라 이 책을 먹으라'라고 하였다. 하나님의 말씀을 먹는 것처럼 외우면 심혼 골수 안에 머물러 성령의 역사하심으로 넘치게 되어 나도 살고 다른 사람들도 살리게 되는 것이 하나님의 사람들의 삶이어야 한다.

말씀이 하나님이신데 당연히 그 말씀을 외워서 언제나 묵상할 수 있다면 말씀으로 충만하여져서 하나님의 원하시는 제자의 삶을 살 수 있는데 머리가 나쁘다느니, 외워도 금방 잊어버린다느니 하고 잘 외우려고 하지 않는 것이 심히 안타깝다. 말씀을 모르면 하나님과의 관계를 하나님의 뜻대로 이루어 갈 수 없고 그 기도는 자기 생각대로 드리는 기도일 수밖에 없다. 또한 그의 신앙도 자기 생각, 자기 뜻대로 하게 되는 것을 깊이 생각하고, 하나님의 말씀으로 돌아가서 성경을 읽고 연구하고 외우면 하나님의 뜻에 합당한 신앙생활로 하나님을 기쁘시게 하며 하나님이 함께하시는 복된 삶을 살 수 있다.

그러므로 예수께서 자기를 믿은 유대인들에게 이르시되 너희가 내 말에 거하면 참 내 제자가 되고 진리를 알지니 진리가 너희를 자유케 하리라(요 8:31-32).

말씀 안에 있어야 하나님의 참 제자가 되고 진리를 알아 진리로 참 자유를 얻을 수 있다.

너희가 하나님의 성전인 것과 하나님의 성령이 너희 안에 거하시는 것을 알지 못하느뇨(고전 3:16).

너희 몸은 너희가 하나님께로부터 받은바 너희 가운데 계신 성령의 전인 줄을 알지 못하느냐 너희는 너희의 것이 아니라 값으로 산 것이 되었으니 그런즉 너희 몸으로 하나님께 영광을 돌리라(고전 6:19-20).

죄가 너희를 주관치 못하리니 너희가 법아래 있지 아니하고 은혜 아래 있음이니라(롬 6:14).

속사람이 깨끗해지지 못하고 선한 것처럼 말하고 행동하는 것은 결국 언제든지 그 실체가 다 드러나며, 그것은 위선적인 그리스도인의 덜 깨어진 부끄러운 모습이나 본인은 깨닫지 못하고 회개하지도 아니한다. 그리고 왜 그런지 알지도 못하고 기독교인들도 믿는 사람이나 믿지 않는 사람과 다 똑같다고 비난하여 하나님께 영광이 아니라 도리어 욕을 돌린다.

죄를 짓는 자마다 불법을 행하나니 죄는 불법이라 그가 우리 죄를 없이하려고 나타내신바 된 것을 너희가 아나니 그에게는 죄가 없느니라. 그 안에 있는 자마다 범죄 하지 아니하나니 범죄하는 자마다 그를 보지도 못하였고 그를 알지도 못하였느니라(요일 3:4-6).

만일 너희 속에 하나님의 영이 거하시면 너희가 육신에 있지 아니하고 영에 있나니 누구든지 그리스도의 영이 없으면 그리스도의 사람이 아니라(롬 8:9).

성령이 말씀으로 충만하면 흘러넘치게 되어 하나님께 자아를 완전히 복종시켜 하나님의 뜻에 온전히 순종하게 된다.

보라 처녀가 잉태하여 아들을 낳을 것이요 그 이름은 임마누엘이라 하리라 하셨으니 이를 번역한즉 하나님이 우리와 함께 계시다 함이라(마 1:23).

말씀충만한 성령충만은 곧 말씀이 육신이 되어 오신 하나님의 아들이 우리 안에 함께 하시는 임마누엘의 상태가 아니겠는가!

4) 하나님의 계명(사랑)을 지키라

내가 율법이나 선지자나 폐하러 온 줄로 생각지 말라 폐하려 온 것이 아니요 완전케 하려 함이로라 진실로 너희에게 이르노니 천지가 없어지기 전에는 율법의 일점일획이라도 반드시 없어지지 아니하고 다 이루리라(마 5:17-18).

우리가 그의 계명을 지키면 이로써 우리가 저를 아는 줄로 알 것이요 저를 아노라 하고 그의 계명을 지키지 아니하는 자는 거짓말하는 자요 진리가 그 속에 있지 아니하되 누구든지 그의 말씀을 지키는 자는 하나님의 사랑이 참으로 그 속에서 온전케 되었나니 이로써 우리가 저 안에 있는 줄을 아노라 저 안에 거한다 하는 자는 그의 행하시는 대로 자기도 행할지니라(요일 2:3-6).

믿는다고 하면 구원받고 성화가 시작된다고 하는 것은 있을 수 없다. 원죄를 가지고는 성화되어 갈 수 없고 두 마음을 가지고 늘 싸워서 원하는 길로 가지 못하는데 어떻게 거룩한 삶을 살 수 있겠는가? 온전히 믿는 자에게는 성령이 역사하셔서 반드시 믿음의 행위를 하게 된다.

영혼 없는 몸이 죽은 것같이 행함이 없는 믿음은 죽은 것이니라(약 2:26).

어떤 사람은 말하기를 너는 믿음이 있고 나는 행함이 있으니 행함이 없는 네 믿음을 내게 보이라 나는 행함으로 내 믿음을 네게 보이리라(약 2:18).

히브리서 11장에 보면 믿음의 행위로 의롭다 함을 받은 아벨, 에녹, 노아, 아브라함과 사라, 모세, 기생 라합 등 많은 사람들이 나온다. 입으로만 믿음이라 하지 말고 그 믿음이 행함과 함께하여 살아있는 믿음이 되어야만 구원받고 성화되어 갈 수 있다. 이 행위는 율법적인 행위를 말하는 것이 아니라 은혜 안에서의 행위를 말하는 것이다. 우리가 성령으로 말미암는 은혜 안에 있으면 자동적으로 하나님의 사랑이 마음에 넘치게 되어 영혼을 사랑하며 행함 있는 믿음의 사람이 되는 것이다. 우리를 죄에서 건지시려고 십자가에 달리신 하나님의 아들 예수 그리스도를 진정으로 믿고 마음으로 영접했다면 성령이 임하셔서 하나님의 기뻐하시는 거룩한 삶을 살 수 있고 성령께서 계명을 지킬 수 있는 힘을 주신다.

진실로 진실로 너희에게 이르노니 사람이 내 말을 지키면 죽음을 영원히 보지 아니 하리라(요 8:51).
하나님을 사랑하는 것은 이것이니 우리가 그의 계명들을 지키는 것이라 그의 계명들은 무거운 것이 아니로다 대저 하나님께로서 난 자마다 세상을 이기느니라 세상을 이긴 이김은 이것이니 너희의 믿음이니라(요일5: 3-4).

모든 기독교인들은 믿음으로 구원받았다고 생각한다. 믿는 자들은 하나님의 사랑을 받고 또 하나님을 사랑하여 죽기까지 순종하고자 하지만 말씀을 지키기에 인간은 너무 약하다고 한다. 계명을 지키는 자라야 하나님을 사랑하는 것이 증명되며 믿음이 있으면 계명을 지킬 수 있다고 하였고, 하나님을 사랑하는 자라야 성부 하나님과 우리 구주 성자 예수님께도 사랑을 받고 그에게 함께하셔서 나타내 주시겠다고 하셨다. 계명을 지킴으로서 우리는 주 안에서 생명을 얻고 우리의 구원받는 믿음이 증명되는 것이다.

나의 계명을 가지고 지키는 자라야 나를 사랑하는 자니 나를 사랑하는 자는 내 아버지께 사랑을 받을 것이요 나도 그를 사랑하여 그에게 나를 나타내리라(요 14:21).
너희가 내 안에 거하고 내 말이 너희 안에 거하면 무엇이든지 원하는 대로 구하라 그리하면 이루리라(요 15:7).
내가 진실로 진실로 너희에게 이르노니 내 말을 듣고 또 나 보내신 이를 믿는 자는 영생을 얻었고 심판에 이르지 아니하나니 사망에서 생명으로 옮겼느니라(요 5:24).

그러므로 우리는 하나님이신 말씀과 더불어 늘 성령 충만한 삶을 살아갈 수 있다. 주님의 나라에 들어갈 때까지 우리는 어떠한 사단의 공격이 있을지라도 예수님께서 말씀으로 시험을 이기신 것처럼 말씀과 함께 승리할 수 있고, 그리스도의 모습에 이르도록 자라가며 성화되어 갈 수 있다. 그러나 사람들은 믿는다고 하면서도 말씀은 어렵고 안 외워진다고 한다. 하나님의 말씀이 내 안에 있으면 성령의 열매를 맺으며, 사랑과 말씀으로 흘러넘치게 되어 기쁨과 평강과 감사의 삶을 살게 된다. 이것이 성결한 성도의 삶이며 아름다운 성화의 모습이다.

내가 주는 물을 마시는 자는 영원히 목마르지 아니 하리니
내가 주는 물은 그 속에서 영생하도록 솟아나는 샘물이 되리라
(요 4:14).

명절 끝날 곧 큰 날에 예수께서 서서 외쳐 이르시되 누구든
지 목마르거든 내게로 와서 마시라 나를 믿는 자는 성경에 이
름과 같이 그 배에서 생수의 강이 흘러나오리라 하시니(요
7:37-38).

영생은 유일하신 참 하나님과 그의 보내신 자 예수 그리스도
를 아는 것이니이다(요 17:3).

새 포도주를 낡은 가죽 부대에 넣지 아니 하나니 그렇게 하
면 부대가 터져 포도주도 쏟아지고 부대도 버리게 됨이라 새
포도주는 새 부대에 넣어야 보전 되느니라(마 9:17).

삼가 말씀에 주의하는 자는 좋은 것을 얻나니 여호와를 의지
하는 자가 복이 있느니라(잠 16:20).

말씀을 멸시하는 자는 패망을 이루고 계명을 두려워하는 자
는 상을 얻느니라(잠 13:13).

말씀 안에서 하나님을 아는 지식에 충만한 데까지 자라가야 한다.

태초부터 있는 생명의 말씀에 관하여는 우리가 들은 바요 눈
으로 본 바요 주목하고 우리 손으로 만진 바라(요일 1:1).

이로써 그 보배롭고 큰 약속을 우리에게 주사 이 약속으로
말미암아 너희로 정욕을 인하여 세상에서 썩어질 것을 피하여

신의 성품에 참예하는 자가 되게 하려 하셨으니 이러므로 너희가 더욱 힘써 너희 믿음에 덕을 덕에 지식을 지식에 절제를 절제에 인내를 인내에 경건을 경건에 형제 우애를 형제 우애에 사랑을 공급하라 이런 것이 너희에게 있어 흡족한 즉 너희로 우리 주 예수 그리스도를 알기에 게으르지 않고 열매 없는 자가 되지 않게 되려니와 이런 것이 없는 자는 소경이라 원시치 못하고 그의 옛 죄를 깨끗케 하심을 잊었느니라 그러므로 형제들아 더욱 힘써 너희 부르심과 택하심을 굳게 하라 너희가 이것을 행한즉 언제든지 실족지 아니하리라 이같이 하면 우리 주 곧 구주 예수 그리스도의 영원한 나라에 들어감을 넉넉히 주시리라(벧후 1:4-11).

망령되고 허탄한 신화를 버리고 오직 경건에 이르기를 연습하라. 육체의 연습은 약간의 유익이 있으나 경건은 범사에 유익하니 금생과 내생에 약속이 있느니라(딤전 4:7-8).

자랑하는 자는 주 안에서 자랑할지니라 옳다 인정함을 받는 자는 자기를 칭찬하는 자가 아니요 오직 주께서 칭찬하시는 자니라(고후 10:17-18).

진리의 말씀을 옳게 분변하며 부끄러울 것이 없는 일군으로 인정된 자로 자신을 하나님 앞에 드리기를 힘쓰라(딤후 2:15).

여호와를 경외하며 그 도에 행하는 자마다 복이 있도다(시 128:1).

행위 완전하여 여호와의 법에 행하는 자가 복이 있음이여(시 119:1).

여호와의 인자하심은 자기를 경외하는 자에게 영원부터 영원
까지 이르며 그의 의는 자손의 자손에게 미치리니 곧 그 언약을
지키고 그 법도를 기억하여 행하는 자에게로다(시 103:17-18).

내 소유는 이것이니 곧 주의 법도를 지킨 것이니이다(시 119:56).

오직 위로부터 난 지혜는 첫째 성결하고 다음에 화평하고 관
용하고 양순하며 긍휼과 선한 열매가 가득하며 편벽과 거짓이
없나니 화평케 하는 자들은 화평으로 심어 의에 거하느니라(약
3:17-18).

평안을 너희에게 주노니 곧 나의 평안을 너희에게 주노라 내
가 너희에게 주는 것은 세상이 주는 것 같지 아니하니라 너희
는 마음에 근심하지 말고 두려워하지도 말라(요 14:27).

오직 성령의 열매는 사랑과 희락과 화평과 오래 참음과 자비
와 양선과 온유와 충성과 절제니 이 같은 것을 금지할 법이 없
느니라 그리스도 예수의 사람들은 육체와 함께 그 정과 욕심을
십자가에 못박았느니라(갈 5:22-24).

이제는 너희가 이 모든 것을 벗어버리라 곧 분과 악의와 훼
방과 너희 입의 부끄러운 말이라 너희가 서로 거짓말을 말라
옛사람과 그 행위를 벗어버리고 새사람을 입었으니 이는 자기
를 창조하신 자의 형상을 좇아 지식에까지 새롭게 하심을 받는
자니라(골 3:8-10).

항상 기뻐하라 쉬지 말고 기도하라 범사에 감사하라 이는 그
리스도 예수 안에서 너희를 향하신 하나님의 뜻이니라(살전
5:16-18).

이러므로 너희가 더욱 힘써 너희 믿음에 덕을, 덕에 지식을, 지식에 절제를, 절제에 인내를, 인내에 경건을, 경건에 형제 우애를, 형제 우애에 사랑을 공급하라(벧후 1:5-7).

그러므로 하늘에 계신 너희 아버지의 온전하심과 같이 너희도 온전하라(마 5:48).

말씀과 성령으로 잘 처리함을 받은 두 사람이 결혼한다면 서로 다름 때문에 오랫동안 불화하거나 쉽게 이혼하지 않아도 될 것이며, 교회 안에서도 당을 지어 수년 동안 반목하고 손가락질을 받으며 하나님 앞에 부끄러움을 당하는 오늘날의 교회가 생기지 않을 것이 아니겠는가?

4. 그리스도인의 완전(온전한 성화)

1) 하나님은 사랑이시다

하나님이 세상을 이처럼 사랑하여 독생자를 주셨으니 이는 저를 믿는 자마다 멸망치 않고 영생을 얻게 하려 하심이니라(요 3:16).

우리가 아직 연약할 때에 기약대로 그리스도께서 경건치 않은 자를 위하여 죽으셨도다 의인을 위하여 죽는 자가 쉽지 않고 선인을 위하여 죽는 자가 혹 있거니와 우리가 아직 죄인 되었을 때에 그리스도께서 우리를 위하여 죽으심으로 하나님께서 우리에게 대한 자기의 사랑을 확증하셨느니라(롬 5:6-8).

성경 안에는 사랑의 말들로 가득 차 있으며, 구약과 신약에서 하나님의 사랑을 빼고 나면 아무것도 남지 않는다. 많은 그리스도인들이 성경에서 나오는 하나님의 사랑을 한 가지로 생각하여 구분하지 못하여서 그리스도인들이 하나님의 사랑의 정확한 뜻을 모른다.

하나님이 우리를 사랑하시는 사랑을 알고 믿었노니 하나님은 사랑이시라 사랑 안에 거하는 자는 하나님 안에 거하고 하나님도 그 안에 거하시느니라(요일 4:16).

사랑이 많으신 하나님이라고 많이들 기도하지만 하나님은 사랑이 많은 분이 아니고 사랑 그 자체이시다. 인간이 생각하듯이 하나님이 사랑이 많으신 정도이시라면, 하나님을 믿노라 하면서 율법에 속하여 죄를 떠나지 아니하고, 하나님께 오히려 부끄러움을 돌리며 기대하셨던 그리스도인들로부터 배반당하고 내 죄 대신 죽으신 예수 그리스도를 다시 십자가에 못 박는 간악하고 불쌍한 인간들이 회개하고 돌아오기를 지금도 끝까지 기다리시지 않을 것이다. 자기 아들을 말할 수 없는 고통으로 내몰아 우리를 죄에서 완전히 건져주신 하나님은 사랑에 대하여, 또 거룩에 대하여 완전하신 분이시다. 그 자신이 완전한 사랑이신 하나님을 사랑이 많으신 하나님 정도로만 생각하면 안 된다.

사랑하는 자들아 우리가 서로 사랑하자 사랑은 하나님께 속한 것이니 사랑하는 자마다 하나님께로 나서 하나님을 알고 사랑하지 아니하는 자는 하나님을 알지 못하나니 이는 하나님은 사랑이심이라 하나님의 사랑이 이렇게 나타난바 되었으니 하나님이 자기의 독생자를 세상에 보내심은 저로 말미암아 우리를 살리려 하심이니라 사랑은 여기 있으니 우리가 하나님을 사랑한 것이 아니요 오직 하나님이 우리를 사랑하사 우리 죄를 인하여 화목제로 그 아들을 보내셨음이니라 사랑하는 자들아 하나님이 이같이 사랑하셨은즉 우리도 서로 사랑하는 것이 마땅하도다(요일 4:7-11).

사랑하는 자들아 만일 우리 마음이 우리를 책망할 것이 없으면 하나님 앞에서 담대함을 얻고 무엇이든지 구하는 바를 그에게 받나니 이는 우리가 그의 계명들을 지키고 그 앞에서 기뻐하시는 일을 행 함이라 그의 계명은 이것이니 곧 그 아들 예수 그리스도의 이름을 믿고 그가 우리에게 주신 계명대로 서로 사랑할 것이니라 그의 계명들을 지키는 자는 주 안에 거하고 주는 저 안에 거하시나니 우리에게 주신 성령으로 말미암아 그가 우리 안에 거하시는 줄을 우리가 아느니라(요일 3:21-24).

인자의 온 것은 섬김을 받으려 함이 아니라 도리어 섬기려 하고 자기 목숨을 많은 사람의 대속물로 주려 함이니라(막 10:45).

2) 그리스도의 마음(사랑)을 품으라

성결이란 하나님의 사랑의 마음 곧 그리스도의 마음을 품는 것이며 성화는 성령의 열매를 맺고, 그리스도 닮은 그리스도인이 되어 가는 것이다. 성령충만한 성결한 사람은 과연 어떠한 사람인가? 아담으로부터 온 옛사람이 말씀과 성령으로 자아가 완전히 죽고, 예수 그리스도로 말미암아 원죄가 사라진 성결한 새사람은 그 마음속에서 사랑과 희락과 화평과 자비와 양선과 온유와 인내와 충성과 절제의 열매를 맺으므로 성화 되어 간다. 성령충만의 사람은 단번에 깨어졌기 때문에 열매를 차츰 맺어가는 것이 아니라 단번에 맺기 시작하는 것이다. 그 과정은 이미 쓴 것처럼 성령세례를 통해서 초기의 성화가 이루어지고, 율법에서 벗어나 예수 그리스도의 완전한 속죄를 믿음으로 원죄가 깨끗하게 되어 성결을 체험하게 되면, 어린아이와 같은 순진한 영혼이 되어 하나님 나라에 도달할 때까지 성화하여 간다. 온전한 성화는 마음속의 깊은 원죄로부터의 석방인 것이다. 기독자의 완전은 완전한 자유, 완전한 성결, 완전한 성화, 완전한 사랑(요한 웨슬리)이다. 완전한 사랑은 성령 안에서 말씀으로 마음이 다스려져서 그리스도의 모습(성품)이 나타나는 것이다.

내가 사람의 방언과 천사의 말을 할지라도 사랑이 없으면 소리 나는 구리와 울리는 꽹과리가 되고 내가 예언하는 능이 있어 모든 비밀과 모든 지식을 알고 또 산을 옮길만한 믿음이 있을지라도 사랑이 없으면 내가 아무 것도 아니요 내가 내게 있는 모든 것으로 구제하고 또 내 몸을 불사르게 내어 줄지라도 사랑이 없으면 내게 아무 유익이 없느니라(고전 13:1-3).

대단한 신앙이 아니면 이런 일을 할 수도 없지만 세상 사람들이나 대부분의 그리스도인들은 이런 일을 하는 사람들은 대단한 사랑을 베푼 사람이라고 생각하고 칭송하고, 본인도 자랑스럽게 생각한다. 그러나 하나님께서 원하시는 진정한 사랑은 이런 것이 아니다.

사랑은 오래 참고 사랑은 온유하며 투기하는 자가 되지 아니하며 사랑은 자랑하지 아니하며 교만하지 아니하며 무례히 행치 아니하며 자기의 유익을 구치 아니하며 성내지 아니하며 악한 것을 생각지 아니하며 불의를 기뻐하지 아니하며 진리와 함께 기뻐하고 모든 것을 참으며 모든 것을 믿으며 모든 것을 바라며 모든 것을 견디느니라(고전 13:4-7).

이것이 하나님이 우리에게 원하시는 진정한 사랑이며, 그리스도의 사랑의 마음이다. 곧 이것은 다른 사람에게 베푸는 사랑이 아니고 원죄로 말미암는 악한 자기 마음이 성령으로 말미암아 다스려져서 예수님의 아름다운 마음(사랑)을 품는 것이다. 진정한 사랑은 남에게 주는 사랑보다 자기 마음이 성령으로 다스려서 악한 원죄의 갈등이 사라지고 성령으로 충만해진 상태이다. 또 이 마음이 속에서 이루어지면 어떠한 경우에라도 성령으로 말미암아 이미 이루어진 그리스도의 성품이 다시 옛사람으로 돌아가지 아니하며, 아담에게서 온 원죄의 쓴 뿌리가 다 씻어졌기 때문에 원죄가 다시 그를 주장하지 못한다. 그리스도 안에 있으면 죄를 지을 수 없다. 하나님 앞에 바로 서고 충성하는 하나님의 참 제자가 되려면 성령과 말씀으로 마음이 다스려지는 것이 반드시 필요하다. 노력하여 얻는 것이 아니라 말씀충만 하면 성령이 강권하여 하지 않을 수 없게 된다.

무릇 지킬만한 것보다 더욱 네 마음을 지키라 생명의 근원이 이에서 남이니라(잠 4:23).
노하기를 더디 하는 자는 용사보다 낫고 마음을 다스리는 자는 성을 빼앗는 자보다 나으니라(잠 16:32).

방심하면 성령충만이 소멸될 수 있다고 생각하는 것은 인간적 생각이고, 말씀충만으로 성령충만을 받아 성결하게 된 사람은 하나님께서 말씀의 깨어짐을 통하여 성령으로 계속 역사하시기 때문에 방심할 수 없고, 약속하신 대로 우리는 말씀 안에서 형제를 사랑하며, 충성함으로 하나님과 항상 함께 할 수 있다.

오직 마음에 숨은 사람을 온유하고 안정한 심령의 썩지 아니할 것으로 하라 이는 하나님 앞에서 값진 것이니라(벧전 3:4).
그러므로 형제들아 더욱 힘써 너희 부르심과 택하심을 굳게 하라 너희가 이것을 행한즉 언제든지 실족지 아니 하리라(벧후 1:10).

하나님께로서 난 자마다 죄를 짓지 아니하나니 이는 하나님의 씨가 그의 속에 거함이요 저도 범죄치 못하는 것은 하나님께로서 났음이라(요일 3:9).

너희는 주께 받은바 기름부음이 너희 안에 거하나니 아무도 너희를 가르칠 필요가 없고 오직 그의 기름 부음이 모든 것을 너희에게 가르치며 또 참되고 거짓이 없으니 너희를 가르치신 그대로 주 안에 거하라(요일 2:27).

어떻게 인간이 그것을 다 할 수 있느냐고 하지만 그것은 내가 하는 것이 아니라 성령께서 하시는 일이기 때문에 성령이 온전히 주장하시는 영적인 그리스도인은 할 수 있다. 또 할 수 있다는 것을 믿어야 한다. 성령의 강권하심으로 말씀에 씻김을 받으면 원죄가 사라지고 '의도의 순수성과 감정의 순결성'(요한 웨슬리)이 있는 성결한 그리스도인이 된다. 이것은 흠도 티도 없는 하나님의 성품인 것이다. 성결이 마음속에 이루어지면 악한 마음이 결코 다시 생길 수 없으며 복음을 말하려고 하면 성결을 말하지 않고는 견딜 수 없게 되는데, 이것은 성결을 체험하지 아니하고는 결코 알 수 없는 성령님의 일이다.

육에 속한 그리스도인으로서는 알 수도 없고 할 수도 없다. 하나님이 주시는 성령의 씻김으로 오는, 체험하지 않은 사람은 상상할 수 없는, 마치 바다 속과 같이 아주 잔잔한 마음의 평화와 신비한 깨끗함 곧 성결함인 것이다. 마음에 미움이 일어나지 않고, 과격한 분노도 일어나지 않고, 말도 안 되는 심한 말을 듣더라도 그의 깊은 상처가 이해되며, 어느 시간만큼은 생각나지만 오래 아픔으로 남아있거나 미워지지 않는다. 너무 말도 안 되게 심하게 대하는 사람은 그가 어리석고 그 정도밖에 되지 않는다고 생각하면, 자주 만나고 싶지는 않지만 불쌍히 생각되고 크게 미워지지는 않는다.

　육신이 있는 동안에는 성결한 그리스도인도 실수나 연약함, 무지 등으로 과오를 범할 수 있다. 그러나 이것은 아담에게서 온 원죄는 아니라는 것을 알아야 한다. 그때마다 요일 1:9절 말씀으로 나의 미련함과 무능함을 회개하여 깨끗함 받았음을 믿고, 계속해서 기도하고 하나님의 말씀을 의뢰하면 성화되어 갈 수 있다.

　사랑은 언제까지든지 떨어지지 아니하나 예언도 폐하고 방언도 그치고 지식도 폐하리라 우리가 부분적으로 알고 부분적으로 예언하니 온전한 것이 올 때에는 부분적으로 하던 것이 폐하리라 내가 어렸을 때에는 말하는 것이 어린 아이와 같고 깨닫는 것이 어린 아이와 같다가 장성한 사람이 되어서는 어린 아이의 일을 버렸노라 우리가 이제는 거울로 보는 것 같이 희미하나 그때에는 얼굴과 얼굴을 대하여 볼 것이요 이제는 내가 부분적으로 아나 그 때에는 주께서 나를 아신 것같이 내가 온전히 알리라 그런즉 믿음, 소망, 사랑 이 세 가지는 항상 있을 것인데 그 중에 제일은 사랑이라(고전 13:8-13).

하나님의 원하시는 완전한 사랑은 언제까지나 없어지지 아니하지만, 우리가 처음 대단한 것으로 생각하고 행했던 외적인 은사인 예언과 방언과 지식도 폐해지고, 온전한 하나님의 나라에서는 부분적으로 하던 모든 것이 폐해지고, 주님 앞에 설 때에는 장성하여 온전하여지며, 지금은 거울로 보는 것같이 희미하나 그때에는 얼굴과 얼굴을 대하여 직접 눈으로 보는 것같이 확실히 보며, 알게 된다. 그러므로 믿음과 소망으로 구원을 받지만 하늘나라에 갈 때까지 남아있는 것은 하나님의 완전한 사랑이며 하나님의 완전한 사랑 안에 거하는 자들인 것이다. 천국에는 사랑의 사람만 가는 곳이며 그곳에는 사랑의 사람만 사는 사랑이 가득한 곳이다. 하나님의 거룩과 경외심과 말씀의 진리에 대한 사랑이 충만한 낙원이 천국의 모습이 아니겠는가?

하나님께로서 난 자마다 죄를 짓지 아니하나니 이는 하나님의 씨가 그의 속에 거함이요 저도 범죄치 못하는 것은 하나님께로서 났음이라(요일 3: 9).

하나님의 말씀은 다 순전하며 하나님은 그를 의지하는 자의 방패시니라 너는 그 말씀에 더 하지 말라 그가 너를 책망하시겠고 너는 거짓말 하는 자가 될까 두려우니라(잠 30:5-6).

3) 네 이웃을 네 몸과 같이 사랑하라

인생이 이 땅에서 사는 것은 결코 쉬운 일이 아니다. 모든 사람에게는 원죄가 있고, 인간을 괴롭히고 쓰러뜨리려는 마귀의 도전이 항상 기회를 엿보고 있기 때문에 좋은 사람을 만나서 서로 사랑하며 아이들을 낳고, 성공하고 사는 것이 모든 사람들의 꿈이지만 그것은 모든 사람에게 쉽게 오는 것이 아니다. 더구나 하나님의 말씀과 같이 서로 사랑하며 살기는 더욱 쉽지 않다. 그러나 하나님의 은혜(말씀과 성령으로)로 깊이 용서를 체험한 사람들은 할 수 있게 된다. 예수 그리스도의 대속의 은혜를 깨닫는다는 것은 상상할 수 없는 빛과 진리와 생명의 황홀한 신비이다. 그리고 죽을 수밖에 없는 모든 죄(원죄와 자범죄)를 씻어주신 하늘의 신비한 하나님의 사랑을 체험하고 깨달은 자는 그에게 임한 하나님의 사랑으로 이웃을 사랑할 수 있게 된다.

예수께서 가라사대 네 마음을 다하고 목숨을 다하고 뜻을 다하여 주 너의 하나님을 사랑하라 하셨으니 이것이 크고 첫째 되는 계명이요 둘째는 그와 같으니 네 이웃을 네 몸과 같이 사랑하라 하셨으니 이 두 계명이 온 율법과 선지자의 강령이니라 (마 22:37-40).

내 계명은 곧 내가 너희를 사랑한 것 같이 너희도 서로 사랑하라 하는 이것이니라(요 5:12).

우리가 사랑함은 그가 먼저 우리를 사랑하셨음이라 누구든지 하나님을 사랑하노라 하고 그 형제를 미워하면 이는 거짓말하는 자니 보는 바 그 형제를 사랑치 아니하는 자가 보지 못하는 바 하나님을 사랑할 수가 없느니라 우리가 이 계명을 주께 받았나니 하나님을 사랑하는 자는 또한 그 형제를 사랑할지니라 (요일 4:19-21).

아무에게도 악으로 악을 갚지 말고 모든 사람 앞에서 선한 일을 도모하라 할 수 있거든 너희로서는 모든 사람으로 더불어 평화하라 내 사랑하는 자들아 너희가 친히 원수를 갚지 말고 진노하심에 맡기라 기록되었으되 원수 갚는 것이 내게 있으니 내가 갚으리라고 주께서 말씀하시니라 네 원수가 주리거든 먹이고 목마르거든 마시우라 그리함으로 네가 숯불을 그 머리에 쌓아 놓으리라 악에게 지지 말고 선으로 악을 이기라(롬 12:17-21).

하나님께서 원하시는 것은 선한 일을 하는 것이며, 모든 사람과 원한을 갖지 않고 평화 하는 것이며, 원수 갚는 것은 오히려 원수에게 필요한 것으로 선을 행하는 것이다. 하나님의 사랑을 알지 못하는 모든 인간은 원망과 미움과 이기심과 자존심과 용서하지 아니함 등 악한 원죄로 말미암아 용서와 사랑의 기쁨을 누리지 못하고 원망과 증오 속에서 고통하며 산다.

하나님께서는 "내가 너희를 사랑한 것같이 너희도 서로 사랑하라" 하시고 우리에게 선을 행할 수 있도록 성령과 말씀을 주셨다. 전능자께서 말씀하시기를 "친히 원수를 갚지 말고 내게 맡기라 원수 갚는 것은 내게 있으니 내가 갚아 주겠다" 하시고 오히려 원수가 주리거든 먹이고, 목마르거든 마시우라. 얼마나 아름다운 말씀인가! 이것은 천국에서나 할 수 있는 일이다. 그러나 천국에 가야 하는 하나님의 자녀들은 할 수 있어야 한다.

그리하면 "네가 숯불을 그 머리에 쌓아 놓으리라" 나는 처음에 이 말씀이 너무 재미있게 생각되었다. 하나님께서는 말씀도 참으로 재미있게 하신다. 원한을 가지고 사는 것은 자기를 괴롭히고 지옥을 향하여 가는 것이다. 하나님을 아버지라 부르는 사람들이 자기가 친히 원수 갚으려고 정신적, 육체적 고통과 시간을 낭비하며 지옥으로 가려고 애를 쓸 것이 아니다.

"선으로 악을 이기라" 악으로 악을 이기려 하면 반드시 악의 결과가 내게 돌아오지만, 선으로 악을 대하면 반드시 선한 결과가 돌아온다. 하나님께서 우리 원한을 대신 갚아 주시려고 십자가를 지셨다. 하나님의 약속을 믿지 못하는가?

새 계명을 너희에게 주노니 서로 사랑하라 내가 너희를 사랑한 것같이 너희도 서로 사랑하라 너희가 서로 사랑하면 이로써 모든 사람이 너희가 내 제자인 줄 알리라(요 13:34-35).

육에 속한 그리스도인은 노력은 하지만 그러한 사랑을 할 수 없는 것은 당연하다. 예수 그리스도 닮은 마음 곧 그 사랑의 마음을 알 수 없으니 행하고자 하는 진정한 그리스도인들을 이해하지 못하고 도리어 미워한다. 성령을 받았다고, 구원을 받았다고 하는 사람들이 하나님이 원하시는 진정한 회개를 통하여 원죄가 그 자아에서 다 씻겨 지지 아니하면 진정한 사랑을 할 수 없으며 결코 거룩해 질 수도 없다는 것을 알아야 한다. 더구나 차츰 거룩해져서 열매를 맺을 수 있다고 생각하는 것은 어리석은 생각이다. 성령과 말씀으로 완전히 깨끗해지지 않은 그리스도인은 그 속에서 옛사람과 새사람과의 싸움으로 진정한 사랑의 모습을 보이지 못하고 세상 사람들과 다름없는 언행으로 세상 사람들의 지탄을 받는 일이 허다하다. 평신도뿐만이 아니라 대형교회 교역자들 중에도 아름답지 못한 행동으로 언론에 오르내리고 주의 종으로 알려진 목회자들 중에서도 자주 우리를 부끄럽게 하는 사건들을 일으키는 것을 본다. 참 목자인 줄 알고 땅만 보고 따라가는 어리석은 양들은 어찌하라는 것인가?

많은 '안티 기독교인'들은 비웃으며 기뻐한다. '교회 다닌다고 다른 것이 무엇이냐?' 육신의 열매를 맺는 육에 속한 그리스도인이 하나님의 자녀의 영적인 삶을 살 수 없고, 세상 사람들과 다른 것을 보여줄 수 없는 것은 당연하다. 오늘날 교회들이 빛과 소금의 직분을 감당하지 못하고 또 그리스도의 향기를 나타내지 못한다. 오늘날 교회가 부끄러움을 끼치는 명목상의 교인(육에 속한 그리스도인)들로 가득 채워진 것을 부인할 수 없다.

너희는 세상의 소금이니 소금이 만일 그 맛을 잃으면 무엇으로 짜게 하리요 후에는 아무 쓸데없어 다만 밖에 버리워 사람에게 밟힐 뿐이니라(마 5:13).

소금은 소금의 역할을 감당하지 아니하면 아무 쓸데없다 하였다. 소금이 음식의 맛을 맞추기 위해서는 녹아야 하며 방부제로 쓰기 위해서도 녹아야 하며, 소금은 완전히 녹아야만 자기의 본분을 다하는 것이며, 그리스도인도 하나님의 일을 이루기 위하여 나를 위해서가 아니라 자기희생을 통해서 다른 사람들을 위하여 맛을 내며, 거룩한 삶으로 사회에 거짓과 부패된 것들을 깨끗하게 해야 한다.

거룩한 하나님의 자녀이며, 원죄에서 해방된 성결한 그리스도인은 시기, 질투, 원망, 불평, 미움, 용서하지 않음 등등의 원죄에서 해방되어 나를 괴롭히는 자들을 끝까지 이해하고, 불쌍히 여기며, 하나님께서 우리를 끝까지 용서하신 것 같이 또한 아들을 죽인 원수를 아들로 삼은 사랑의 사도 손양원 목사님과 같이 끝까지 용서하며, 사랑하여 이 땅에서도 천국을 이루어야 함이 마땅하다.

그때에 베드로가 나아와 가로되 주여 형제가 내게 죄를 범하면 몇 번이나 용서하여 주리이까 일곱 번까지 하오리이까 예수께서 이르시되 네게 이르노니 일흔 번의 일곱 번이라도 할지니라(마 18:21-22). (마18: 23-34 일만 달란트 탕감 받은 자가 일백 데나리온 빚진 자를 탕감해 주지 않은 사건의 비유)

너희가 각각 중심으로 형제를 용서하지 아니하면 내 천부께서도 너희에게 이같이 하시리라(마 18:35).

누가 누구에게 불만이 있거든 서로 용납하여 피차 용서하되 주께서 너희를 용서하신 것 같이 너희도 그리하고 이 모든 것 위에 사랑을 더하라 이는 온전하게 매는 띠니라(골 3:13-14).

예수님께서는 십자가 위의 고통스러운 순간에도 자기를 못 박은 병사들을 위하여 "아버지여 저들을 사하여 주옵소서 저들은 자기의 죄를 알지 못하나이다"라고 기도하셨다(눅 23:34).

너희가 사람의 과실을 용서하면 너희 천부께서도 너희 과실을 용서하시려니와 너희가 사람의 과실을 용서하지 아니하면 너희 아버지께서도 너희 과실을 용서하지 아니하시리라(마 6:14-15)

용서는 또한 상처로 고통당하며 사단에게 끌려 다니던 지옥에서 천국으로 나가는 문인 것이다.

용서할 수 있음은 하나님의 가장 큰 축복이며, 그 후에야 천국의 참 평화와 기쁨이 있는 것이다.

5. 영에 속한 그리스도인의 마음

1) 완전한 그리스도인(기독자의 완전)

그러므로 하늘에 계신 너의 아버지의 온전하심과 같이 너희도 온전하라(마 5:48).

영에 속한 성결한 그리스도인은 그리스도 예수 안에 있는 완전한 해방 곧 율법에서의 완전한 자유, 원죄에서의 완전한 성결(깨끗함), 하나님의 사랑으로 말미암은 완전한 사랑을 얻은 것을 의미한다. 곧 기독자의 완전은 원죄와 율법에서의 완전한 해방(롬 8:1-6)을 말한다. 많은 신학자들은 아직도 완전이란 없다고 한다.

기독자의 완전이란 하나님의 말씀과 성령으로 말미암아 아담에게 속한 옛사람의 자아가 깨끗이 씻어져서 원죄가 전혀 없는 성결한 상태, 그 자체를 말하며, 그것은 영원한 완전이 아니라 회개와 성령과 말씀과 기도로써 항상 성결을 유지하며 주안에서 충성하며, 더러운 원죄가 전혀 접근할 수 없는 '의도의 순수성'과 '감정의 순결성'(요한 웨슬리), 곧 어린 아이와 같은 성결한 심령의 상태 그 자체를 말하는 것이며, 성령세례를 받아 중생한 그리스도인은 누구나 하나님의 거룩하신 성령을 받을 때에 성결을 체험하여 초기 성화가 일어나게 된다. 그러므로 처음 성령세례를 받은 사람들도 인간이 세상에서 설명할 수 없는 기가 막힌 하나님의 신비를 맛보고 세상이 달라 보이고 지금까지 맛보지 못했던 하나님의 은혜로 울고, 간증하고 끝까지 그렇게 살 것처럼 기뻐한다. 그러나 완전히 자아가 다 깨어지지 못하고 성결하게 되지 아니한 육에 속한 그리스도인들은 그 성결한 상태를 계속해서 유지하지 못한다. 그 성결을 남아있는 원죄가 때때로 더럽게(롬 7:15-23)) 하기 때문이다.

지금까지 설명했던 것같이 성결이란 말씀으로 말미암는 성령 충만이 더러운 원죄를 깨끗이 씻어 쓴 뿌리가 조금도 남아있지 아니한 깨끗함인데, 하나님의 신적 깨끗함, 곧 인간이 생각하는 정도의 깨끗함이 아니라 흠도 티도 없는 눈보다도 더 흰 좀 더 거룩한 영적(신적) 깨끗함이다. 성결과 완전이 같은 상태를 말하는 것인데 기독교인들이 잘 모르기 때문에 그 마음의 상태를 비교하여 설명해보려고 하는 것이지만 말로는 표현이 잘 안 된다. 그것은 온전히 성령 안에 있지 아니하면 알 수 있는 것이 아니다. 그러므로 성결을 체험해야 한다고 한다.

성령의 인도를 받아 말씀으로 깨어져서 성결을 체험해 보고, 기독자의 완전이 무엇을 말하는지 하루속히 이해하고 성령의 인도를 받아 신학을 수정해야 한다. 인간은 죽기 전에는 완전히 죄에서 떠날 수 없기 때문에 회개하면서 살다가 죽기 직전에야 완전히 깨끗해진다고 하는 개혁교회의 성화교리는 오늘날까지 많은 기독교인들을 눈멀고 귀먹고 생각할 수 있는 영적 분별력도 다 빼앗아 무기력하고, 무능력한 죽을 때까지 죄인인 육에 속한 그리스도인들로 교회를 채우고 있다.

하나님을 오래 믿는다고 하면서도 하나님이 어떤 분이신지 확실하게 잘 알지 못하며, 자기가 하나님을 처음 만날 때에 체험한 작은 체험들만 가지고 영이신 하나님을 잘 알지 못하고도 교회일 열심히 하는 사람들도 많이 있다. 그러나 하나님의 뜻과 명령을 잘 알지 못하고, 진정한 회개를 하지 아니한 덜 깨어진 마음으로 한 봉사와 헌신은 주님 앞에 섰을 때 내가 너를 모른다 하시지 않을까 염려가 된다. 또한 그 정도로는 우리가 하나님이 원하시는 거룩한 삶을 살 수 없는 것이 당연하다. 그리고 하나님을 아는 지식에 무지한 많은 육에 속한 그리스도인들이 이단에 미혹되어 죽음의 길로 가고 있는 것을 안타까워만 할 때가 아니다. 교회들이 성령운동을 다시 일으켜서 중생하고, 말씀으로 성령충만 하게 하여 오늘일지 내일 일지 알 수 없는 다시 오실 예수님을 맞이할 수 있도록 거룩한 하나님의 자녀로 교회를 채워갈 수 있어야 하겠다. 이것은 참으로 시급한 일이다.

예수 그리스도로 말미암아 원죄는 씻어졌지만 어떻게 죄를 안 져요? 오래된 권사님들도 당연히 죄를 지면서 사는 그리스도인으로 자처하는데 부끄러움이 없다.

중생한 정도로는 아담에게 속한 옛사람의 자아가 다 깨어지지 아니하여 처음에는 성령 충만한 것 같으나 그 충만은 얼마 가지 않아 성령은 자아가 깨어진 만큼만 남아있고, 외적인 성령의 감격 상태가 사라지면 율법적인 육에 속한 그리스도인이 되어 다 할 수 있을 것 같던 행함이 어려워지고, 마음속에 남아있는 옛사람의 악으로 말미암아 율법에 속한 그리스도인이 되어 괴로워한다.

지금까지 강조하고 있지만 공식적으로 반드시 알아야 할 것은 성령세례로 중생하고, 말씀으로 옛사람의 자아가 완전히 깨어져 죽고 성령충만 하여 성결한 그리스도인이 되지 아니한 육에 속한 그리스도인들에게는 하나님의 진리가 아닌 이단에게 항상 그 문이 열려있음을 알아야 한다. 먼저 목회자들이 자기 자신으로부터 신자들의 믿음이 거룩하신 주님의 재림을 준비할 수 있도록 회개운동, 나아가서는 성결 운동을 일으켜야 한다.

시급히 기독교계가 해야 할 일은 성결운동이다. 오순절과 같은 강력한 성령의 역사가 다시 일어나지 아니하는 한 이 시대에 회개운동이란 기대하기 심히 어려운 일이다. 몇 년 전 잠실 운동장 평양 대 부흥 100주년 기념 대회에서 교계의 유명 목사님들이 통렬히 회개를 부르짖었지만 그 후에 기독교계에 무슨 변화가 있었는가? 그 때에도 그것은 구호에만 그치는 것 같아 안타깝게 생각하였다. 성령 충만한 성결한 그리스도인이 되면 성결을 말하지 않고는 견딜 수 없게 된다. 목회자들은 깊은 회개를 통하여 성결한 그리스도인이 되어 자기 교인들에게 성결운동을 일으켜야 한다.

그리스도인들도 목회자에게만 맡기지 말고 자신이 육에 속한 그리스도임을 돌아보고 세상의 썩어질 부와 영화에서 눈을 돌려 하나님의 거룩함에 들어갈 수 있도록 말씀으로 옛사람의 자아가 완전히 깨어지기를 힘써야 한다. 그러나 대부분의 그리스도인들이 '연약한 인간에게 죄가 있는 것은 당연한 것이지' 하고 죄와 더불어 살면서, '회개하면서 조금씩 나아지는 것이지' 생각하고 죄의 두려움이나 부끄러움을 잘 느끼지 못한다. 그러므로 비 기독교인들은 기독교인들에게서 진정한 예수님의 모습을 발견할 수 없는 것이다.

또 말하지만 오늘날의 그리스도인들이 죄를 완전히 버릴 수 없는 것은 어거스틴과 종교개혁자들이 주장하는바 옛 본성은 일생 동안 사람에게 남아있어서 평생 육과 영의 내적 싸움으로 갈등하며 죽을 때까지 고통 하다가 죽기 직전에야 성화한다고 하기 때문에, 또 목회자들까지 그렇게 알고 가르치기 때문에,

그리스도인들에게서 죄가 떠나지 않는 것이다. 예수 그리스도의 모습을 닮은 그리스도인이 되는 것은 예수님이 하신 것처럼 병을 고치고 능력을 행하는 것이 아니라 그리스도의 성품을 닮는 것이다. 원죄가 완전히 씻어지지 아니하면 결코 예수님의 성품을 닮을 수 없다.

육체의 일은 현저하니 곧 음행과 더러운 것과 호색과 우상숭배와 술수와 원수 맺는 것과 분쟁과 시기와 분냄과 당 짓는 것과 분리함과 이단과 투기와 술 취함과 방탕함과 또 그와 같은 것들이라 전에 너희에게 경계한 것같이 경계하노니 이런 일을 하는 자들은 하나님의 나라를 유업으로 받지 못할 것이요(갈 5:19-21).

인간은 자기 속에 더러운 원죄가 들어 있어서 사단이 기회만 있으면 그것을 격동하여 육체의 일을 행하게 한다는 것에 너무 무심하고 경계를 하지 않는 것 같다. 성령의 거룩하고 신비한 맛에 들어간 그리스도인이라도 그 악하고 더러운 원죄에서 말씀과 성령으로 깨끗함 받아 성결에 들어가지 아니하면 온전한 거룩한 삶을 살 수 없다. 그리스도인의 대부분이 성령으로 큰 은혜를 받고도 악에게 져서 '인간이기 때문에'라고 한다. 그것은 죄에서 벗어나지 못하고 안주하고 있는 육에 속한 그리스도인의 말이며, 그의 본심이지 결코 성결한 그리스도인이 할 말이 아니다.

성결한 그리스도인은 모든 원죄에서 해방되었기 때문에 자범죄를 질 수 없고, 내 노력으로 하는 것이 아니라 성령이 내게 말씀으로 충만하게 임재하셔서 사단이 연약한 나를 아무리 부추겨 미움에 빠지게 하려 하여도 "일흔 번의 일흔 번까지 용서하라", "원수 갚음이 내게 있으니"라고 하신 하나님의 말씀이 그 속에서 하나님의 평강 가운데 아무 파도가 일어나지 아니한다.

김영선 교수는 『존 웨슬리와 감리교 신학』에서 '웨슬리의 성화론은 성결을 강조한다. 그의 성화 개념은 죄의 세력에서 자유케 되며 죄의 성질로부터 씻김을 받는 것인데, 이것은 곧 원죄의 부패성에서 성결함을 받는 것을 의미한다. 성결함을 받는다는 것은 죄의 뿌리까지 뽑히는 것을 뜻하며, 행위적인 죄뿐 아니라 내적인 죄, 즉 죄의 부패성까지 씻김을 받는 것을 의미한다'라고 하였다.

또한 '웨슬리는 욕설과 핍박을 당하면서도 전국을 순회하면서 전도하였고, 폭도들에게 위협을 느껴도 그들을 대할 때 화를 내거나 당황하거나 두려워하지 않았다. 그는 겁내지 않았고 침착하고 담대하고 겸손하였다. 또한 얻어맞고도 기분 나쁜 표정을 짓지 아니하고, 그들에게 설교를 하며 축복하며 진정한 사랑으로 그들을 감동시켰다. 그는 원수를 사랑하고 악을 선으로 이기라고 하신 하나님의 말씀을 실천한 사랑의 사도이다. 웨슬리는 전도자로서 자기의 경험에 입각하여 말하였고, 죄의 확신과 순수한 참회로 인도하는데 가장 효율적인 설교를 하였다.'라고 하였다.

말씀충만, 성령충만하여 성화 되어야만 계속해서 성결하여 생이 다 할 때까지 성화를 유지할 수 있으며, 성령이 그를 장악하여 성령의 완전한 열매를 맺을 수 있는 것이다.

오직 성령의 열매는 사랑과 희락과 화평과 오래 참음과 자비와 양선과 충성과 온유와 절제니 이 같은 것을 금지할 법이 없느니라 그리스도 예수의 사람들은 육체와 함께 그 정과 욕심을 십자가에 못 박았느니라(갈 5:22-24).

하나님은 우리가 생각하는 것보다 훨씬 더 깨끗한 성결이시며, 상상할 수도 없는 위엄의 거룩이시다. 할렐루야!

존 웨슬리의 『기독자 완전에 대한 해설』에 보면 "완전한 자(고후 7:1)란 어떠한 사람을 두고 하는 말입니까." 그는 "그리스도의 마음을 품은 자요(빌 2:5). 그리스도께서 행하신 대로 행하는 자요(요일 2:6). 손이 깨끗하며 마음이 성결한 자이며(약 4:8). 육과 영의 온갖 더러운 것에서 깨끗해진 자입니다(고후 7:1). 좀 더 구체적으로 말하자면 성경에서 완전한 자라고 묘사한 자는 그의 안에서 하나님이 내가 너희 모든 더러운 것에서와 모든 우상에서 너를 정결케 할 것이며, 내가 너희를 모든 부정함에서 구원하리라(겔 36:25) 하신 미쁘신 말씀을 하나님이 성취하신 사람으로 이해합니다. 그러므로 완전한 사람이란 주께서 빛 가운데 계신 것처럼 빛 가운데 행하고 그 안에 어두움이 전혀 없는 사람입니다(요일 1:5, 7). 곧 하나님의 아들 예수 그리스도의 피가 그를 모든 죄에서 깨끗하게 하신 자입니다(갈 2:20)."라고 하였다.

그런즉 사랑하는 자들아 이 약속을 가진 우리가 하나님을 두려워하는 가운데서 거룩함을 온전히 이루어 육과 영의 온갖 더러운 것에서 자신을 깨끗케 하자(고후 7:1).

너희 안에 이 마음을 품으라 곧 그리스도 예수의 마음이니(빌 2:5).

저 안에 거한다 하는 자는 그의 행하시는 대로 자기도 행할지니라(요일 2:6)

하나님을 가까이 하라 그리하면 너희를 가까이 하시리라 죄인들아 손을 깨끗이 하라 두 마음을 품은 자들아 마음을 성결하게 하라(약 4:8).

맑은 물로 너희에게 뿌려서 너희로 정결케 하되 곧 너희 모든 더러운 것에서와 모든 우상을 섬김에서 너희를 정결케 할 것이며(겔 36:25).

우리가 저희에게서 듣고 너희에게 전하는 소식이 이것이니 곧 하나님은 빛이시라 그에게는 어두움이 조금도 없으시니라(요일 1:5).

저가 빛 가운데 계신 것같이 우리도 빛 가운데 행하면 우리가 서로 사귐이 있고 그 아들 예수의 피가 우리를 모든 죄에서 깨끗하게 하실 것이요(요일 1:7)

내가 그리스도와 함께 십자가에 못 박혔나니 그런즉 이제
는 내가 산 것이 아니요 내 안에 그리스도께서 사는 것이라
이제 내가 육체 가운데 사는 것은 나를 사랑하사 나를 위하
여 자기 몸을 버리신 하나님의 아들을 믿는 믿음 안에서 사
는 것이라(갈 2:20).

2) 성결한 그리스도인

성결한 그리스도인은 어떠한 사람이어야 하는가?

첫째, 중생하였으나 완전하지 못한 육에 속한 그리스도인이
하나님 자신이신 말씀과 성령으로 자아(혼)가 완전히 깨어져서
원죄가 깨끗하게 씻어지고 말씀충만, 성령충만하게 된다. 그 자
체가 성결의 상태이며, 완전의 상태이다.

둘째, 진정으로 회개하고, 그리스도의 십자가의 보혈로 말미
암은 완전한 대속을 믿음으로 원죄의 씻김을 받고, 또한 성령
으로 깨끗함 받았음을 믿는다.

셋째, 성령과 말씀으로 원죄가 깨끗함 받아 태초에 하나님께
서 당신의 형상대로 지으신 타락하기 전 아담과 같이 순결한
하나님의 자녀가 된다.

넷째, 성결한 그리스도인은 원죄는 사라졌지만 생명이 있는
동안에는 죄 있는 세상 가운데서 살다가 무지와 실수와 연약함
(원죄가 아님)으로 지은 잘못을 하나님께 고백하면 하나님께서
는 요일 1:9에서 약속하신 대로 모든 잘못을 용서하시고 모든

불의에서까지 깨끗하게 해주시므로 죄가 남아있을 수 없고, 순간순간 언제나 성결하고, 언제나 완전하다. 할렐루야!

다섯째, 말씀과 성령 안에서 하나님께 대한 사랑으로 날마다 주를 향하여 달려가며, 주를 기쁘시게 하기 위하여 순종하며, 다른 사람의 영혼을 뜨겁게 사랑한다. 하나님의 말씀이 심혼골수를 쪼개고 성령으로 마음속에 임재하고 계시므로 율법이 짐이 되지 않는다.

사랑은 이웃에게 악을 행치 아니 하나니 그러므로 사랑은 율법의 완성이니라(롬 13:10).

사랑은 먼저 이해하고, 양보하고, 용서하고, 불쌍히 여기며 미워하거나 비판하는 마음이 없고, 또 평안(요 14:27)과 감사와 진리로 인한 자유함(요 8:31-32)이 있다(의도의 순수성. 감정의 순결성).

사랑은 오래 참고 사랑은 온유하며 투기하는 자가 되지 아니하며 사랑은 자랑하지 아니하며 교만하지 아니하며 무례히 행치 아니하며 자기의 유익을 구치 아니하며 성내지 아니하며 악한 것을 생각지 아니하며 불의를 기뻐하지 하며 진리와 함께 기뻐하고 모든 것을 참으며 모든 것을 믿으며 바라며 모든 것을 견디느니라(고전 13:4-7).

여섯째, 인간의 노력이 아니라 성령으로 말미암아 마음이 다스려져서 하나님이 원하시는 사랑이 마음속에서 이루어진 사람이다. 즉 성령의 열매를 맺고 믿음에 덕을, 덕에 지식을, 지식에 절제를, 절제에 인내를, 인내에 경건을, 경건에 형제 우애를, 형제 우애에 사랑을 공급하라 (벧후 1:5-6)하신 말씀대로 성령 안에서 더욱 성화되어 신의 성품(그리스도의 마음)에 참여하여 행함 있는 믿음의 사람이다.

오직 성령의 열매는 사랑과 희락과 화평과 오래 참음과 자비와 양선과 충성과 온유와 절제니 이 같은 억을 금지할 법이 없느니라(갈 5:22-23).

예수께서 가라사대 네 마음을 다하고 목숨을 다하고 뜻을 다하여 주 너희 하나님을 사랑하라 하셨으니 이것이 크고 첫째 되는 계명이요 둘째는 그와 같으니 네 이웃을 네 몸과 같이 사랑하라 하셨으니 이 두 계명이 온 율법과 선지자의 강령이니라(마 22:37-40).

죄 속에 사는 인간이 어떻게 항상 깨끗하고 항상 완전하냐? 하지만 성결한 그리스도인에게는 하나님이 하신다. 내가 하는 것이 아니고 전능하신 하나님께서 하신다. 하나님의 거룩에 참여하지 못하는 많은 그리스도인들이 '성령이 하셔야 해' 강하게 말하면서도 하나님께서 원하시고, 하나님께서 하신다는 것을 체험하지 못했기 때문에 자기는 안 되니까 모르고 말하는 것 같다. 영에 속한 그리스도인은 말씀으로 이미 깨끗함 받았음을 믿는 것이다.

너희는 내가 일러 준 말로 이미 깨끗하였으니 내 안에 거하라 나도 너희 안에 거하리라 가지가 포도나무에 붙어 있지 아니하면 절로 과실을 맺을 수 없음 같이 너희도 내 안에 있지 아니하면 그러하리라(요 15:3-4).

그러므로 깨끗(성결)하지 아니하면 하나님 안에 거할 수 없고, 하늘나라에 들어갈 수 없다. 성결하지 아니하고 어떻게 거룩하신 하나님 앞에 나아갈 수 있겠는가?

그러므로 너희는 하나님의 거룩하고 사랑하신 자처럼 긍휼과 자비와 겸손과 온유와 오래 참음을 옷 입고 누가 뉘게 혐의가 있거든 피차 용서하되 주께서 너희를 용서하신 것과 같이 너희도 그리하고 이 모든 것 위에 사랑을 더하라 이는 온전하게 매는 띠니라(골 3:12-14).
너희가 전에는 어두움이더니 이제는 주 안에서 빛이라 빛의 자녀들처럼 행하라 빛의 열매는 모든 착함과 의로움과 진실함에 있느니라(엡 5:8-9).
그러나 사데에 그 옷을 더럽히지 아니한 자 몇 명이 네게 있어 흰옷을 입고 나와 함께 다니리니 그들은 합당한 자인 연고라 이기는 자는 이와 같이 흰옷을 입을 것이요 내가 그 이름을 생명책에서 반드시 흐리지 아니하고 그 이름을 내 아버지 앞과 그 천사들 앞에서 시인하리라 귀 있는 자는 성령이 교회들에게 하시는 말씀을 들을지어다(계 3:4-6).

교회에서는 믿기만 하면 구원받고 생명책에 그 이름이 올라간다고 하는데, 사데에 그 옷을 더럽히지 아니하고, 하나님께 합당하게 행하여 흰옷을 입고 하나님과 함께 다니는 자가 있는 것같이 이기는 자는 흰옷(회개한 자)을 입을 것이요 그 이름을 흐리지 않고 하나님 앞과 천사들 앞에서 시인할 것이라고 하신 말씀을 성령으로 들을 수 있어야 한다.

이기는 그에게는 내가 내 보좌에 함께 앉게 하여 주기를 내가 이기고 아버지 보좌에 함께 앉은 것과 같이 하리라 귀 있는 자는 성령이 교회들에게 하시는 말씀을 들을지어다(계 3:21-22).
그러므로 함께 하늘의 부르심을 입은 거룩한 형제들아 우리의 믿는 도리의 사도시며 대제사장이신 예수를 깊이 생각하라(히 3:1).
너희 순종함이 모든 사람에게 들리는 지라 그러므로 내가 너희를 인하여 기뻐하노니 너희가 선한데 지혜롭고 악한데 미련하기를 원하노라 평강의 하나님께서 속히 사단을 너희 발아래서 상하게 하시리라 우리 주 예수의 은혜가 너희에게 있을지어다(롬 16:19-20).
내가 주는 물을 먹는 자는 영원히 목마르지 아니하리니 나의 주는 물은 그 속에서 영생하도록 솟아나는 샘물이 되리라(요 4:14).

명절 끝날 곧 큰 날에 예수께서 서서 외쳐 가라사대 누구든지 목마르거든 내게로 와서 마시라 나를 믿는 자는 성경에 이름과 같이 그 배에서 생수의 강이 흘러나리라 하시니(요 7:37-38).

말씀과 성령이 배에서 흘러 나와서 본인도 살고 이웃도 살리는 아름답고 풍요로운 사람이 될 수 있다. 사람들은 이것을 열정이라고 말하지만 이것은 하나님께 받은 사랑으로 말미암는 하나님 사랑과 이웃 사랑이 성령으로 말미암아 주님만을 위해서 열정적으로 용솟음치는 것이다. 그리스도인이라면 성결의 은혜를 반드시 체험해야 성결한 그리스도인이 될 수 있으며 성결은 하나님께서 인간에게 주시는 최대의 축복인 하나님의 거룩 안에 들어가 교제할 수 있는 하나님의 신비이다. 그 성결을 소유한 영에 속한 그리스도인의 마음은 어떠해야 할까?

영에 속한 그리스도인은 그리스도 예수 안에 있는 완전한 해방 곧 율법에서의 완전한 자유, 완전한 성결(깨끗함), 완전한 사랑을 의미한다. 곧 기독자의 완전은 원죄에서의 완전한 해방(롬 8:1-4)을 말한다. 많은 신학자들은 완전이란 없다고 한다. 완전이란 성령으로 말미암아 죄가 전혀 없는 성결한 상태, 그 자체를 말하며, 그것은 영원한 완전이 아니라 회개와 성령과 말씀과 기도로써 주안에서 충성하며, 더러운 원죄가 전혀 접근할 수 없는 '의도의 순수성'과 '감정의 순결성'(요한 웨슬리) 곧 성결한 심령의 상태가 계속되는 것을 말하는 것이다.

성결이란 더러운 원죄의 쓴 뿌리가 조금도 없는 깨끗함인데, 하나님의 신적 깨끗함, 곧 인간이 생각하는 정도의 깨끗함이 아니라 흠도 티도 없는 눈보다도 더 흰 좀 더 거룩한 영적 깨끗함이다. 성결과 완전이 같은 상태를 말하는 것인데 기독교인들이 잘 모르기 때문에 그 마음의 상태를 비교하여 설명해보려고 하는 것이지만 말로는 표현이 잘 안 된다. 그것은 성령 안에 있지 아니하면 알 수 있는 것이 아니다.

17세기의 칼뱅신학 보다 18세기의 웨슬리 신학이 더 깊이 영이시고 거룩하신 하나님을 이해하고, 하나님의 뜻에 더 합당하게 이해된 것임을 모든 그리스도인들은 알아야 한다. 감리교 신학자들은 웨슬리 신학의 완성을 위해서 사명감을 가지고 도전해야 할 것이다.

종말로 너희가 주 안에서와 그 힘의 능력으로 강건하여지고 마귀에 궤계를 능히 대적하기 위하여 하나님의 전신갑주를 입으라 우리의 씨름은 혈과 육에 대한 것이 아니요 정사와 권세와 이 어두움의 세상 주관자들과 하늘에 있는 악의 영들에게 대함이라 그러므로 하나님의 전신 갑주를 취하라 이는 악한 날에 너희가 능히 대적하고 모든 일을 행한 후에 서기 위함이라 그런즉 서서 진리로 너희 허리띠를 띠고 의의 흉배를 붙이고 평안의 예비한 것으로 신을 신고 모든 것 위에 믿음의 방패를 가지고 이로써 능히 악한 자의 불화살을 소멸하고 구원의 투구와 성령의 검 곧 하나님의 말씀을 가지라 모든 기도와 간구로 하되 무시로 성령 안에서 기도하고 이를 위하여 깨어 구하기를 항상 힘쓰며 여러 성도를 위하여 구하라(엡 6:10-18).

진리의 허리띠, 의의 흉배, 성령의 검 곧 하나님의 말씀, 항상 깨어 무시로 성령 안에서 기도하고, 이 중에 한 가지라도 소홀히 하면 장수가 무장이 되어 있지 않은 곳에 화살을 맞으면 죽을 수밖에 없는 것같이 마귀의 공격을 받아 마귀에게 끌려다닐 수밖에 없으나 하나님의 전신갑주로 완전 무장하고, 아무리 강한 적이라도 함부로 공격하지 못한다는 것을 명심하고, 열심을 품어 잠시 잠 간 후면 없어질 세상을 바라보지 말고, 영원한 영광인 하나님의 나라만 바라보고 나아갈 수 있도록 성령충만, 말씀충만한 하나님의 영적인 참 그리스도인이 되어야 할 것이다.

이기는 그에게는 내가 내 보좌에 함께 앉게 하여 주기를 내가 이기고 아버지 보좌에 함께 앉은 것과 같이 하리라 귀 있는 자는 성령이 교회들에게 하시는 말씀을 들을지어다(계 3:21-22).
그러므로 함께 하늘의 부르심을 입은 거룩한 형제들아 우리의 믿는 도리의 사도시며 대제사장이신 예수를 깊이 생각하라(히 3:1).
너희 순종함이 모든 사람에게 들리는지라 그러므로 내가 너희를 인하여 기뻐하노니 너희가 선한데 지혜롭고 악한데 미련

하기를 원하노라 평강의 하나님께서 속히 사단을 너희 발아래
서 상하게 하시리라 우리 주 예수의 은혜가 너희에게 있을지어
다(롬 16:19-20).

나는 너희에게 이르노니 악한 자를 대적치 말라 누구든지 네
오른편 뺨을 치거든 왼편도 돌려대며 또 너를 송사하여 속옷을
가지고자 하는 자에게 겉옷까지도 가지게 하며 또 누구든지 너
로 억지로 오리를 가게 하거든 그 사람과 십리를 동행하고 네
게 구하는 자에게 주며 네게 꾸고자 하는 자에게 거절하지 말
라 또 네 이웃을 사랑하고 네 원수를 미워하라 하였다는 것을
너희가 들었으나 나는 너희에게 이르노니 너희 원수를 사랑하
며 너희를 핍박하는 자를 위하여 기도하라 이같이 한즉 하늘에
계신 너희 아버지의 아들이 되리니 이는 하나님이 그 해를 악
인과 선인에게 비취게 하시며 비를 의로운 자와 불의한 자에게
내리우심이니라 너희가 너희를 사랑하는 자를 사랑하면 무슨
상이 있으리요 세리도 이같이 아니 하느냐 또 너희가 너희 형
제에게만 문안하면 남보다 더하는 것이 무엇이냐 이방인들도
이같이 아니 하느냐 그러므로 하늘에 계신 너희 아버지의 온전
하심과 너희도 온전하라(마 5:39-48).

아무에게도 악을 악으로 갚지 말고 모든 사람 앞에서 선한
일을 도모하라(롬 12:17).

네 원수가 주리거든 먹이고 목마르거든 마시우라 그리함으로
네가 숯불을 그 머리에 쌓아 놓으리라 악에게 지지 말고 선으
로 악을 이기라(롬 12:20-21).

누구든지 등불을 켜서 움 속에나 말 아래 두지 아니하고 등
경 위에 두나니 이는 들어가는 자로 그 빛을 보게 하려 함이니
라(눅 11:33).

그리스도인의 빛을 드러내라. 내게서 그리스도의 모습을 발견
하게 하라. 자아란 인간의 혼적인 부분을 말하며 각 사람의 자
아는 각 사람이 부모나 환경에 따라 조성되기 때문에 색깔이
다 다르다. 서로 다른 환경에서 조성된 자아를 가지고 있는 사
람들이 주 안에서 하나님의 말씀으로 마음이 변화되어 무색투
명한 하나님의 성령과 말씀으로 깨어져서 처리 받으면 모든 사
람이 성령으로 무색투명한 성결한 그리스도인들이 되어 주 안
에서 하나가 될 수 있다.

말씀으로 자아가 완전히 깨어져서 성결함과 성령충만을 받게
되면 성령이 흘러넘치게 되어 하나님이 주시는 기쁨과 평안을
누리며, 성령의 열매를 맺으며 영적 전쟁에서 승리한다. 세상의
잡다한 어려움 가운데 사는 우리에게 하나님의 평안은 이
세상의 어떠한 것과도 비교할 수 없는 기쁨이다.

평안을 너희에게 끼치노니 내가 너희에게 주는 것은 세상
이 주는 것 같지 아니하니라 너희는 마음에 근심하지 말고
두려워하지도 말라(요 14:27).

오직 위로부터 난 지혜는 첫째 성결하고 다음에 화평하고 관
용하고 양순하며 긍휼과 선한 열매가 가득하며 편벽과 거짓이

없나니 화평케 하는 자들은 화평으로 심어 의의 열매를 거두느니라(약 3:17-18).

　'그렇다고 죄가 없어지는 것이 아니지 않느냐?' '어떻게 죄가 없어지느냐?' 온전한 회개를 통하여 원죄의 용서를 경험하지 못한 사람들은 이렇게 말한다. 이것이야말로 완전히 깨어지지 못한 모든 기독교인들의 고민이다. 또 말하지만 성령을 받고 하나님의 아들 예수 그리스도의 보혈의 죄 씻음을 믿음으로 원죄가 사라졌으며, 율법에서 벗어났으며, 거룩한 하나님의 자녀 되었음을 진정으로 믿으면 이 모든 고민은 사라진다. 그것을 믿지 못하는 그런 믿음으로는 40년-50년을 교회에 다녔지만 결코 하나님의 나라에 들어갈 수 없다.

　성결을 체험하고 계속해서 하나님의 말씀으로 성결의 삶을 사는 사람도 육신이 있는 동안에는 육에 속한 사람(자연인)들과 함께 살고 있고 육신의 연약함과 실수와 무지와 습관(요한 웨슬리)이 남아 있기 때문에 환경의 지배와 유혹을 받아 때로 잘못을 할 수 있으나 그것은 자범죄이지 회개하기 전의 더러운 원죄는 아니다. 세상에 사는 동안 성령을 받은 우리들도 여러 모양으로 공격을 받아 실수할 때도 많이 있다.

　피조물이 다 이제까지 함께 탄식하며 함께 고통 하는 것을 우리가 아나니 이뿐 아니라 또한 성령의 처음 익은 열매를 받은 우리 까지도 속으로 탄식하여 양자될 것 곧 우리 몸의 구속을 기다리느니라(롬 8:22-23).

바울도 몸이 하나님께 구속받을 때까지 우리가 연약함에서 자유로울 수 없다는 것을 고백하였다. 바울의 이러한 상태는 영적으로 완전히 해방을 받은 후에도 육신이 있을 동안에는 연약함으로 실수나 잘못을 저지를 수 있기 때문에 온전함을 지키지 못하는 괴로움을 영에 속한 사람에게도 있음을 말한 것이다. 성령충만한 그리스도인들도 몸의 구속을 받을 때까지는 탄식할 만큼 괴로워하며 삶을 통하여, 인간을 통하여 끊임없이 우리는 도전을 받으나 하나님의 말씀을 붙잡고 승리해야 한다. 그러나 모든 것을 합력하여 선을 이루시는 하나님과 말할 수 없는 성령님의 간구하심으로 우리를 도우시는 기가 막힌 하나님의 계획을 모두가 믿음으로 미리 확실히 볼 수 있다면 얼마나 좋으랴.

우리가 소망으로 구원을 얻었으매 보이는 소망이 소망이 아니니 보는 것을 누가 바라리요 만일 우리가 보지 못하는 것을 바라면 참음으로 기다릴지니라 이와 같이 성령도 우리 연약함을 도우시나니 우리가 마땅히 빌 바를 알지 못하나 오직 성령이 말할 수 없는 탄식으로 우리를 위하여 친히 간구 하시느니라 마음을 감찰하시는 이가 성령의 생각을 아시나니 이는 성령이 하나님의 뜻대로 성도를 위하여 간구 하심이니라 우리가 알거니와 하나님을 사랑하는 자 곧 그 뜻대로 부르심을 입은 자들에게는 모든 것이 합력하여 선을 이루느니라(롬 8:24-28).

우리가 하나님이 항상 합력하여 선을 이루시는 것을 믿고, 의지하고, 기쁘고 감사함으로 기도하면서 참고, 또 참아 가장 좋은 때에 주시는 하나님의 선을 누리며 살아갈 수 있으리라.

항상 기뻐하라 쉬지 말고 기도하라 범사에 감사하라 이는 그리스도 예수 안에서 너희를 향하신 하나님의 뜻이니라(살전 5:16-18).

우리에게 회개의 열쇠를 주셨기 때문에 성결한 그리스도인도 연약함과 무지와 습관과 실수로 인한 잘못들을 하나님께 진심으로 회개하면 그때마다 용서해 주시고 모든 불의에서까지 깨끗하게 해 주셔서 우리는 하나님의 자녀로서의 성결을 항상 유지할 수 있다.

만일 우리가 우리 죄를 자백하면 저는 미쁘시고 의로우사 우리 죄를 사하시며 모든 불의에서 우리를 깨끗케 하실 것이요(요일1: 9).

이 말씀이 하나님께서 우리의 추악한 원죄를 씻어주시기 위하여 오신 예수 그리스도의 십자가의 보혈이 나의 속에 남아있는 더러운 원죄를 완전히 씻으신 것을 믿고, 실수와 습관으로 잘못을 했을 때도 진심으로 회개하면 용서받아 깨끗해져서 언제나 성결을 유지할 수 있다는 것을 믿어야 한다. 문제는 믿어야 하는 것이다. 대부분의 교인들이 자기 죄가 깨끗해졌다는 것을 믿지 않는다. 죄를 깨끗이 씻지 않았기 때문에 그들은 깨끗(성결)함의 기가 막힌 의미와 경지를 알지 못하고 또 자기가 깨끗하지 않기 때문에 깨끗함을 꺼리며, 깨끗한 사람이 어디 있느냐? 오히려 비난한다. 그러나 모두가 깨끗해질 수 있다. 하나님께서는 아담에게서 온 원죄가 그리스도의 피로 깨끗함 받았다는 것을 믿는 모든 자의 원죄를 깨끗하게 하실 수 있다. 현재의 기독교가 '십자가의 보혈의 복음'을 말하고 있지만 그 복음의 진정한 의미를 알지 못하고, 또한 말하지 않는 것이 심히 안타깝다.

믿음으로 구원받는다고 하면서 무엇을 믿는 것일까? 누가 믿음으로 구원받는 다는 것을 모르겠는가? 그런데 그리스도의 보혈로 죄 씻음 받았음을 믿는다고 하면서, 죄 씻음을 믿는 믿음이 있는 그리스도인이 극히 드물다. 육에 속한 그리스도인들은 원죄가 남아있는 자들이며, 원죄가 남아있는 모든 자들은 주 앞에 가기 전에 순간에라도 진정으로 회개하지 아니하면 성결해질 수 없고, 성결해 질 수 없다면 구원받지 못한다. 무시로 자기의 무지와 연약함과 완전히 다스려지지 못한 자아를 위하여 회개하고, 간절히 기도하며, 자기를 돌아보아야 한다. 그리하면 우리는 언제나 성결하며, 언제나 성령충만한 그리스도인이다.

내가 내 몸을 쳐서 복종하게 함은 내가 남에게 전파한 후에 자기가 도리어 버림이 될까 두려워함이로라(고전 9: 27).

성부 성자 성령의 거룩하신 하나님의 자녀인 우리는 반드시 거룩해야 한다.

내 양은 내 음성을 들으며 나는 저희를 알며 저희는 나를 따르느니라 내가 저희에게 영생을 주노니 영원히 멸망치 아니할 터이요 또 저희를 내 손에서 빼앗을 자가 없느니라(요 10:27-28).
내가 문이니 누구든지 나로 말미암아 들어가면 구원을 얻고 또는 들어가며 나오며 꼴을 얻으리라(요 10:9).
하나님의 나라는 먹는 것과 마시는 것이 아니요 오직 성령 안에서 의와 평강과 희락이라(롬 14:17).

성결한 영적인 그리스도인은 하나님의 거룩하신 성령이 말씀으로 말미암아 옛사람의 자아를 완전히 깨트려서 원죄까지 깨끗하게 씻어내고, 그의 영에 거하시어 그의 전 인격을 지배하는 그리스도 닮은 그리스도인이다. 성결한 영에 속한 그리스도인은 예수 그리스도의 십자가의 보혈로 원죄까지 깨끗함 받고 하나님의 성결함이 말씀충만, 성령충만으로 마음속에 가득하고, 아담으로부터 온 악한 마음이 조금도 머무를 수 없는 신비한 하나님의 평강과 거룩한 깨끗함(성결)과 주님을 향한 폭포수 같은 열정이 넘쳐나는 그리스도인이다.

피차 사랑의 빚 외에는 아무에게든지 아무 빚도 지지 말라 남을 사랑하는 자는 율법을 다 이루었느니라 간음하지 말라 살인하지 말라 도적질하지 말라 탐내지 말라 한 것과 그 외에 다른 계명이 있을지라도 네 이웃을 네 자신과 같이 사랑하라 하신 그 말씀 가운데 다 들었느니라 사랑은 이웃에게 악을 행치 아니하나니 그러므로 사랑은 율법의 완성이니라(롬 13:8-10).

네 원수가 넘어질 때에 즐거워하지 말며 그가 엎드러질 때에 마음에 기뻐하지 말라 여호와께서 이것을 보시고 기뻐 아니 하사 그 진노를 그에게서 옮기실까 두려우니라 너는 행악자의 득의함을 인하여 분을 품지 말며 악인의 형통을 부러워하지 말라(잠 24:17-19).

허물을 덮어 주는 자는 사랑을 구하는 자요 그것을 거듭 말하는 자는 친한 벗을 이간하는 자니라(잠 17:9).

술 취하지 말라 이는 방탕한 것이니 성령의 충만을 받으라 시와 찬미와 신령한 노래들로 서로 화답하며 너희의 마음으로 주께 노래하며 찬송하며 범사에 우리 주 예수 그리스도의 이름으로 항상 아버지 하나님께 감사하며 그리스도를 경외함으로 피차 복종하라(엡 5:18-21).

너희는 세상의 빛이라 산 위에 있는 동네가 숨기우지 못할 것이요 사람이 등불을 켜서 말 아래 두지 아니하고 등경 위에 두나니 이러므로 집안 모든 사람에게 비취느니라 이같이 너희 빛을 사람 앞에 비취게 하여 저희로 너희 착한 행실을 보고 하늘에 계신 너희 아버지께 영광을 돌리게 하라(마 5:13-16).

어두움을 밝혀 주는 빛을 비추기 위해서는 초가 녹아내리는 고통을 당하며, 세상에 빛을 비추어 길을 밝히려면 자기 자신의 본래의 모습은 사라지고 촛농이 옆으로 흘러보기 흉하게 될지라도 모든 사람을 위하여 끝까지 참아 자기희생을 통하여 빛을 발한다.

너희가 전에는 어두움이더니 지금은 주 안에서 빛이라 빛의 열매는 모든 착함과 의로움과 진실함에 있느니라(엡 5:8-9).
너희는 우리로 말미암아 나타난 그리스도의 편지니 이는 먹으로 쓴 것이 아니요 오직 살아계신 하나님의 영으로 한 것이며 또 돌비에 쓴 것이 아니요 오직 육의 심비에 한 것이라(고후 3:3).
한 알의 밀알이 땅에 떨어져 죽지 아니하면 한 알 그대로 있고 죽으면 많은 열매를 맺느니라(요 12:24).

한 알의 밀알이 땅에 떨어져 죽으므로 많은 열매를 맺으면 그 열매는 칭송을 받지만 죽은 밀알의 공로를 누가 알리요 마는 뜻대로 순종한 것을 그 주인이 알아주시지 않겠는가?

성령충만 · 말씀충만한 성결한 그리스도인
그리스도 닮은 그리스도인

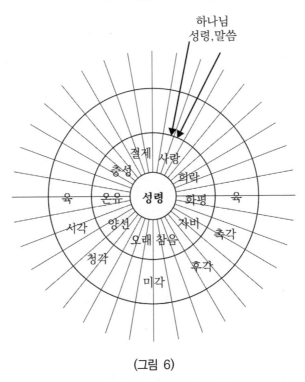

(그림 6)

*하나님께 대한 사랑으로 충만하여 충성하며 순복 한다.
*성령이 말씀으로 흘러넘치는 사람.
*하나님께 받은 사랑으로 이웃을 섬기고 그 영혼을 사랑한다.
*항상 기쁘고 감사한다.
*믿고 기도하면 응답 받고 능력도 행한다.
*항상 전도하며 하나님 나라 확장을 위하여 일한다.
*재림의 주님을 사모하며 기다린다.
*하나님과 성령으로 말씀 안에서 교제한다.
*때로 고난을 받으나 하나님의 평안을 누리며, 용서하며, 사랑하며 행복하다.

무엇보다도 열심으로 서로 사랑할지니 사랑은 허다한 죄를 덮느니라(벧전 4:8).

평안을 너희에게 주노니 곧 나의 평안을 너희에게 주노라 내가 너희에게 주는 것은 세상이 주는 것 같지 아니하니라 너희는 마음에 근심하지 말고 두려워하지도 말라(요 14:27).

성결은 이해하고 용서하고 사랑함으로 오는 성령으로 말미암은 말할 수 없는 평강이다. 그 마음에 조금의 비난도, 섭섭함도, 원망도 남아 있지 아니한 하나님께서. 주시는 평안이다. 그리스도인들이 이와 같이 하나님의 평강을 누리며, 서로 사랑하며 산다면 그것이 곧 천국인 것이다.

의의 공효는 화평이요 의의 결과는 영원한 평안과 안전이라(사 32:17).

6. 영에 속한 그리스도인의 근본 요소

1) 성령과 말씀으로 자아(혼)가 완전히 깨어져야 한다

인간이 하나님을 만나려면 성령으로 옛 사람의 자아가 깨어져야 하는데 첫 번째는 회개하고 성령 세례를 받는 것이고, 두 번째는 말씀으로 성령충만을 받아 성결해 지는 것이다. 참 그리스도인 곧 성결한 그리스도인은 성령세례를 받아 여러 가지 환상과 방언, 병 고치는 은사 등 여러 가지 은사를 받았으나,

성령이 하나님의 말씀으로 옛사람의 남아있는 자아를 성령과 말씀으로 완전히 다 깨트리셔서 원죄가 남아있는 옛사람은 완전히 죽고, 그리스도 안의 새사람으로 바뀌어 생수가 그 배에서 흘러나오는 온전한 성령의 사람이다. 영적인 그리스도인이 되지 아니하면 하나님이 기뻐하시는 성결한 삶을 살 수 없다. 생수가 흘러나오는 것은 외적인 성령의 능력뿐 아니라 내적인 성령의 충만함으로만 나타나는 성령의 열매이며, 말씀이며, 사랑인 것이다. 하나님은 모든 인간에게 오직 성령과 말씀으로 그 인간의 자아를 깨트리시고 하나님이 원하시는 영의 사람이되어 자기 백성 삼으시려는 단 한 가지 목적으로 일하신다. 자아(옛사람)가 깨어지지 아니하면 하나님의 영이 그의 영에 들어오셔서 에덴동산에서 처음 만드신 아담과 같이 회복될 수 없다.

너희 안에서 행하시는 이는 하나님이시니 자기의 기쁘신 뜻을 위하여 너희로 소원을 두고 행하게 하시나니 모든 일을 원망과 시비가 없이하라(빌 2:13-14).

하나님께서 오순절에 내려주셨던 것처럼 성령세례와 성령충만을 함께 내려주시면 자아가 완전히 깨어지고 말씀과 성령이 우리 안에 임재하셔서 원죄가 완전히 씻어지고 거룩한 하나님의 자녀가 된다. 그러나 자아가 완전히 깨어지지 아니하고 부분적으로 깨어지면, 처음에는 교회에도 잘 다니고 봉사도 잘 하지만 어느 땐가는 옛사람의 나쁜 냄새가 나타나서 육에 속한 그리스도인으로서, 그리스도를 닮은 모습을 나타내지 못한다. 이것은 많은 그리스도인들의 고민이다. 은혜를 받아 중생한 그리스도인들이 마음속에서 아직도 완전히 씻어지지 아니한 원죄의 쓴 뿌리로 인하여 남모르게 죄와 싸우며 괴로워하지만, 인간이 사는 동안에는 죄를 떠날 수 없는 것은 당연하다고 생각한다. 예수 그리스도의 십자가의 대속이 완전하다는 것을 그들은 알지 못하는 것이다.

하나님께서는 우리의 깨어짐을 위하여 두 가지 방법을 사용하신다. 어떤 사람들에게는 질병이나 사업의 실패 등 어려움을 통하여 큰 타격을 받아 지금까지 의지하던 자아가 단번에 깨어짐을 경험하고, 중생의 체험을 한 후 차츰 훈련을 받게 하시거나 또 어떤 사람들에게는 매일 매일의 시련을 주시다가 갑자기 대규모의 파쇄를 가하시는 경우이다.

방언과 기적을 동반하는 돌연적인 파쇄는 성령세례인데, 성령세례를 받은 사람은 초기 성화가 일어나고, 하나님을 만난 기쁨과 평강으로 점차적인 훈련을 받을 때에도 잘 감당할 수 있다. 그러나 점차 시련을 받으면서도 하나님의 목적과, 그 시련을 통하여 행하시는 하나님의 손을 보지 못하면 그 사람은 10년 혹은 20년 동안 하나님의 처리를 받을 수밖에 없다. 교만과 아집으로 눈이 가리어져서 하나님의 뜻을 알지 못하므로 고통과 불안으로 기쁨이 없는 삶을 살게 된다. 쓰러지기 직전까지 자기 힘으로 버티려고 하다가 더 많은 실패를 거치고 나서야 하나님을 찾게 되거나 세상을 절망하고 자살을 하는 사람들도 많이 있다. 자살은 자연인뿐 아니라 육에 속한 그리스도인들 중에도 많이 있다. 자기 스스로 고통의 시간을 연장하며 하나님께 나아가는 것을 두려워하는 자들은 모든 것을 내려놓고 하루속히 하나님께로 돌아서서 성령세례(부분 파쇄)와 말씀충만(완전 파쇄)을 받고 죄와 율법에서 완전히 벗어나야 한다.

그러나 이 시대는 성령의 강력한 역사가 일어나지도 않고, 대부분의 인간의 마음이 강퍅하여 그것을 깨닫는 것이 심히 어려운 것 같다. 그러므로 교회 안에는 육에 속한 그리스도인이 많다. 육에 속한 그리스도인들은 자기 생각과 잔꾀와 두려움 때문에 여러 번 시련을 당하면서도 쉽게 자아를 내려놓지 못한다.

우리가 알거니와 하나님을 사랑하는 자 곧 그 뜻대로 부르심을 입은 자들에게는 모든 것이 협력하여 선을 이루시느니라(롬 8:28).

모든 것을 합력하여 선을 이루시는 하나님의 의도와 손을 볼 수 있도록 항상 성령 안에서 모든 사고와 오감을 열어 놓아야 한다. 마치 전구에 불이 들어오려면 전선을 전기코드에 연결시켜야 하는 것처럼 말씀으로, 성령으로 항상 하나님께 연결되어 있어야 은혜를 받고, 항상 은혜 안에 살 수 있다. 항상 성령 안에서 기뻐하고, 감사하고, 고백하고, 간구하고, 또 사랑해야 한다.

2) 자아(혼)가 깨어지지 않는 이유

(1) 자연인의 자아가 깨어지지 않는 이유

자연인은 첫째 하나님의 빛 가운데 있지 못하고 세상의 어두움 가운데 있어서 하나님이 하시는 것을 보지 못하고, 알지 못하기 때문이다. 하나님께서 파괴 작업을 하실 때에도 빛이 없으므로 보지 못하고 남을 원망하거나 환경만 탓하며 어두움과 절망 가운데서 살고 있다. 다른 사람들도 다 그렇게 사는데... 하는 안도와 또 그리스도인들도 빛이신 예수 그리스도의 빛을 증거 하지 못하고 있기 때문이다.

의인의 길은 돋는 햇볕 같아서 점점 원만한 광명에 이르거니와 악인의 길은 어둠 같아서 그가 거쳐 넘어져도 그것이 무엇인지 깨닫지 못하느니라(잠 4:18-19).

둘째는 이기주의 때문이다. 그들은 자기만을 사랑하고 다른 사람들의 영혼을 사랑하는 비밀의 보화를 전혀 알지 못하기 때문에 자기보다 못한 다른 사람들을 무시하고 그들의 십자가를 함께 지려하지 않는다. 또한 자기의 사고, 가치관, 계획. 의지, 감정 등이 깨어지면 죽을 것 같고, 자기가 없어지는 것 같고, 상처받을 것 같아 두려워서 자기를 내어놓지 못하고, 깨트리지 못한다.

셋째는 구원의 길이 있다는 것을 알지 못하기 때문이다. 원죄로 죄 가운데서 고통하며 살고 있는 인간들이 구원자 예수 그리스도를 믿음으로 하나님의 손에 붙들려서 자아가 완전히 깨어지고 성령으로 씻어지면, 죄에서 해방되고, 빛이시며 생명이신 하나님의 사랑 안에서 새 삶을 살게 된다.

수고하고 무거운 짐 진 자들아 다 내게로 나오라 내가 너희를 쉬게 하리라(마 11:28).

모든 인간은 아담으로부터 온 원죄로 인하여서 참 평안이 없고 시기, 질투, 원망, 미움, 분노 등 끊임없는 갈등으로 고통당하고 있으나, 하나님께서는 구원자 예수 그리스도를 통한 구원(해방)을 약속하셨지만 무거운 짐을 지고도 전능자이신 하나님을 찾지 않는다.

(2) 육에 속한 그리스도인들의 자아가 완전히 깨어지지 않는 이유

첫째는 예수 그리스도께서 십자가의 죽으심으로, 단번에 우리의 이전과 이후의 모든 죄를 씻으셨다는 것을 믿지 않기 때문이다.

자아가 완전히 깨어지지 아니하면 죄가 그들을 떠나지 아니한다. 덜 깨어진 육에 속한 그리스도인도 그것으로 구원이 다 된 것으로 착각하지 말고, 원죄의 쓴 뿌리가 아직도 남아있어서 성령이 온전히 주장하실 수 없는 자아를 말씀과 성령의 깨끗하게 씻김으로 죄와 정죄에서 해방되었음을 믿어야 한다.

그러므로 그리스도 안에 있는 자에게는 결코 정죄함이 없나니 이는 그리스도 예수 안에 있는 생명의 성령의 법이 죄와 사망의 법에서 너를 해방하였음이라 율법이 육신으로 말미암아 연약하여 할 수 없는 그것을 하나님은 하시나니 곧 죄를 인하여 자기 아들을 죄 있는 육신의 모양으로 보내어 육신에 죄를 정하사 육신을 좇지 않고 그 영을 좇아 행하는 우리에게 율법의 요구를 이루어지게 하려 하심이니라(롬 8:1-4).

그리스도께서 우리 죄를 위하여 죽으심으로 우리가 이미 깨끗함 받았다는 것을 믿어야 한다.

둘째는 인간은 완전히 깨끗해질 수 없고, 죄를 떠날 수 없다는 생각 때문이다.

현재의 신학의 주류를 이루고 있는 어거스틴으로부터 칼뱅에 이르는 개신교의 교리로 말미암아 완전한 성화는 죽을 때에나 일어나며, 믿고 세례를 받은 그리스도인이라도 회개하면서 사는 것이지 죄가 완전히 깨끗함 받을 수는 없다고 하기 때문에 죄와 함께 살면서, 죄를 두려워하지도 아니하고, 떠나려고 하지도 아니한다. 이것은 하나님의 뜻과 예수 그리스도의 십자가의 완전한 대속을 부인하는 엄청난 죄인 것이다.

예수 그리스도께서 십자가의 죽으심으로, 단번에 우리의 이전과 이후의 모든 죄를 씻으셨다는 것을 믿지 않음으로, 자아가 완전히 깨어지지 아니하며, 죄가 그들을 떠나지 아니한다. 덜 깨어진 육에 속한 그리스도인도 그것으로 구원이 다 된 것으로 착각하지 말고, 원죄의 쓴 뿌리가 남아있어 성령이 온전히 주장하실 수 없는 옛사람의 자아가 말씀과 성령으로 깨어져 깨끗하게 씻김으로 성결하게 되지 아니하고는 완전한 구원에 이를 수 없다는 것을 알아야 한다.

셋째는 좁은 문으로 들어가지 않기 때문이다.

많은 그리스도인들이 넓은 문으로 들어가기 때문에 그 길은 멸망의 길이라고 하신 것을 무시하고 좁은 문으로 들어가려고 하지 않는다.

좁은 문으로 들어가라 멸망으로 인도하는 문은 크고 그 길이 넓어 그리로 들어가는 자가 많고 생명으로 인도하는 문은 좁고 길이 협착하여 찾는 이가 적음이니라(마 7:13-14).

그리스도인들은 하나님의 말씀을 순종하고 살기를 바란다. 그러나 인간이 원죄가 있고 연약하기 때문에 그것은 매우 하기 힘든 하나님의 주문이라고 생각한다. 하나님의 거룩하신 생명의 말씀은 죄를 떠나지 못하고 넓은 길로 가는 사람들에게는 대단히 어려운 일이다. 하나님의 말씀을 지키는 것은 좁은 문으로 들어가는 것이다.

모든 자연인의 옛사람이 예수 그리스도의 십자가의 보혈로 씻김을 받아 아담에게 속해있던 자아가 말씀과 성령의 주장하심으로 완전히 깨어지고, 좁은 문으로 들어가서 하나님께 순종하는 성결한 그리스도인이 되어 예수 그리스도의 모습을 닮아가는 것이 복음이며, 하나님의 섭리이다. 온전한 성령의 사람은 하나님의 말씀을 지키며, 하나님의 나라에 들어갈 때까지 성결한 삶을 살아가는 사람이다.

넷째는 옛사람의 자아를 십자가에 완전히 못 박지 않기 때문이다.

무릇 그리스도 예수와 합하여 세례를 받은 우리는 그의 죽으심과 합하여 세례 받은 줄을 알지 못하느뇨 그러므로 우리가 그의 죽으심과 합하여 세례를 받음으로 그와 함께 장사되었나니 이는 아버지의 영광으로 말미암아 그리스도를 죽은 자 가운데서 살리심과 같이 우리로 또한 새 생명 가운데 행하게 하려 함이니라(롬 6:3).

우리의 옛사람의 자아를 십자가에 못 박고 죄에 대하여는 죽고 의에 대하여는 살게 하시려고 예수 그리스도께서 십자가에 달리셨다.

우리가 알거니와 우리 옛사람이 예수와 함께 십자가에 못 박힌 것은 죄의 몸이 멸하여 다시는 죄에게 종노릇하지 아니하려 함이니 이는 죽은 자가 죄에서 벗어나 의롭다 하심을 얻었음이 니라(롬 6:6-7).

내가 그리스도와 함께 십자가에 못 박혔나니 그런즉 이제는 내가 산 것이 아니요 오직 내 안에 그리스도께서 사신 것이라 이제 내가 육체 가운데 사는 것은 나를 사랑하사 나를 위하여 자기 몸을 버리신 하나님의 아들을 믿는 믿음 안에서 사는 것 이라(갈 2:20).

항상 인간은 죄가 있다고 생각하고, 좁은 문으로 들어가지 아니하고, 또 옛사람의 자아를 십자가에 못 박아 그리스도 안 에서 완전히 새롭게 되지 못한 육에 속한 그리스도인들은 항상 성령충만 할 수 없기 때문에 어느 때는 뜨거운 것 같으나, 어 느 때는 낙심하여 기분이 뚝 떨어져서 전혀 신앙이 없는 사람 인 것같이 보인다. 곧 변덕이 심하여 그를 완전히 신뢰하기도 어렵고, 언제 어떻게 나올지 무섭고 불안하기까지 하다. 그들의 깨어지지 않은 자아는 사단이 주장하며, 성령의 더 큰 체험을 한 사람의 완전히 깨어지지 않은 자아는 오히려 사단이 강하게 사로잡고 있기 때문에 더 악한 냄새가 난다. 본인은 자기의 상 태를 알지 못하기 때문에 부끄럽게 생각하지도, 회개하지도 아 니한다.

과연 비 그리스도인들의 눈에는 그들이 어떻게 보여 질 것인 가! 사단의 영의 더 큰 놀랍고 신비한 은사를 받은 사람은 성 령의 은사를 넘어 악한 사단의 강력한 능력을 받고 이단의 교주가 된다. 길이요, 진리요, 생명이신 예수님의 진리에 머무르지 않고, 그 길에서 벗어나 지나치게 좌로나 우로 치우쳐 있기 때문에 그들은 생명을 잃었음을 깨닫지 못하고, 성경을 잘못 해석하거나 성경에 없는 인간의 머리로 생각할 수 있는 정도의 유치한 이론으로 이단이 되어 마귀의 간계에 놀아나고, 말씀으로 그리스도를 만나지 못한 기독교인들을 지옥으로 몰아가고 있다. 잠언에 보면 지혜로운 자는 의인이며, 미련한 자는 악한 자라고 하였다. 참으로 미련하고 불쌍하다. 오늘날에 하나님을 찾던 얼마나 많은 사람들이 성경의 진리를 제대로 발견하지 못하고, 인간의 미련한 지혜로 하나님의 손에서 빠져나가 이단으로 끌려가고 있는지 자각하고, 나는 어디에 서 있는지 알아야 한다. 또한 목회자들은 자기의 양들을 반드시 잘 가르쳐 이단의 교리에 넘어가지 아니하게 해야 한다. 성경을 알고 성령 안에 있다면 어떻게 자기가 예수니, 성령이니, 하나님이라고 하던 남편이 죽으니 여자가 하나님이라고 하는 곳에 사람들이 그렇게 많고, 외국의 많은 영혼들까지 미혹하여 지옥으로 끌고 가고 있는지를 알지 못하는가?

다섯째는 진정한 회개를 하지 않기 때문이다.

자기 속에 있는 무서운 원죄를 자각하고 통회하고 자복해야 한다. 하나님께서는 그 일을 인간에게만 맡기시지 않으시고 모든 사람에게 기회를 주시고 성령과 말씀으로 강권적으로 역사하시어서, 옛사람의 자아가 완전히 깨어지고 진정한 회개를 통하여 원죄와 율법에서 해방되기를 바라신다.

말씀과 성령으로 혼(자아)이 완전히 깨어지면 원죄의 추함을 자각하게 되어 진정한 회개로 자아가 성령으로 깨끗하게 씻어지고 우리의 영이 하나님의 영과 하나가 되며, 깨어진 다른 사람의 영과도 하나가 될 수 있다. 하나님의 영은 무색투명하며 깨어진 그리스도인의 영도 무색투명해 진다. 옛사람의 냄새가 조금도 없는 깨어진 사람은 깨어지지 않은 다른 사람을 도울 수 있고, 또 깨어지지 않은 다른 사람들을 분별할 수 있다.

누가 주의 마음을 알아서 주를 가르치겠느냐 그러나 우리가 그리스도의 마음을 가졌느니라(고전 2:16).

성령을 받고 성령 안에 있는 자는 성령의 계시를 통하여 하나님의 마음을 안다고 하였다. 아담에게 속한 옛사람의 혼이 거룩한 하나님의 영으로 완전히 깨어지지 아니하면 성령으로 인한 순수한 영(성결)이 흘러나오지 못한다. 성결은 성령이 말씀으로 우리에게 역사하심으로만 이루어진다(히 4:12-13, 벧전 1:23-25).

많은 사람들이 게으름을 피우며 때가 되어야 한다고 한다. 물론 하나님의 때가 있겠지만 그 때는 항상 지금이다. 아직도 완전히 깨어져 성결한 사람이 되지 못했다면 지금 당장 하나님의 말씀에 의지하여 어린아이처럼 값없이 부어주시는 하나님의 은혜를 사모하고 목숨을 걸고 구하여야 한다.

구하라 그러면 너희에게 주실 것이요 찾으라 그러면 찾을 것이요 문을 두드리라 그러면 너희에게 열릴 것이니 구하는 이마다 얻을 것이요 찾는 이마다 찾을 것이요 두드리는 이에게 열릴 것이니라(마 7: 8-9).

성결은 체험하지 아니하면 상상으로는 결코 알 수 없는 것이지만, 중생하였으나 때로 옛사람의 모습이 나타나서 하나님께 죄스럽고 자책감으로 괴로울 때 성결을 이론적으로 배워서라도 사모하고, 은혜의 말씀을 붙잡고 간절히 구하고 또 구해보라.

내가 은혜 받을 때에 너를 듣고 구원의 날에 너를 도왔다 하셨으니 보라 지금은 은혜 받을만한 때요 보라 지금은 구원의 날이로다(고후 6:2).

은혜 받을 때는 오늘이며 바로 지금이다. 항상 지금이 중요하다. 오늘 밤 주님이 오시면 나는 어떻게 할 것인가? 오늘 밤이라도 예수님이 오시면 모든 주를 부르는 그리스도인들이 다 함께 주님 앞에서 춤을 추며 기뻐할 수 있었으면 좋겠다.

현재 미국에서 가장 영향력 있는 교회 중 하나인 윌로우크릭 커뮤니티 교회 담임 목사인 빌 하이벨스 목사는 그의 저서 『나는 크리스천입니다』에서 기독교 신앙이란 살아계시며, 역동적으로 역사하시며 친히 말씀하시며, 인격적이신 하나님과 초자연적으로 동행하는 신앙을 말한다. 그렇다면 어째서 수많은 기독교인들이 모순적이고 무기력한 삶을 사는 것일까?

예수 그리스도와의 관계는 하루에도 열두 번씩 널뛰기한다. 꼭대기까지 치솟았다가 바닥으로 곤두박질치기 일쑤다. 생생하고 역동적인 단계에서 지극히 파상적인 수준까지, 삶을 변화시키는 상호작용에서 의미가 실종된 종교의식까지 최고점과 최저점을 오간다. 참다운 영성에서 거짓 영성으로 미끄러지는 데는 스물네 시간도 길다.

빌 하이벨스 목사는 영적인 전략을 거듭하다가 마침내 탈진하고 만 적이 있었다. 특단의 조치를 취해서 되풀이되는 영적 추락의 순환 고리를 끊어버리든지, 아니면 목회를 포기하든지 양단간에 결정을 내려야겠다는 생각이 들었다. 그렇지 않아도 기독교 사회에 가짜들이 그득한데, 나까지 한몫 거들 이유가 없다는 것이다. 그가 목회자가 되었지만 육에 속한 그리스도인으로서 고통당하던 모습을 고백하였다. 이것은 모든 육에 속한 그리스도인들의 고통이요 모습인 것이다. 그러던 중 빌 하이벨스 목사는 계속적인 영성을 유지하기 위한 여러 가지 훈련을 받고 매일매일 하나님과 친밀한 관계를 유지할 수 있는 3가지 훈련 방법을 찾아낼 수 있었다고 한다.

그것은 '1단계 일기쓰기: 하나님 앞에 나아가는 훈련, 2단계 기도: 하나님께 내려놓는 훈련- 찬양, 고백, 감사, 간구, 3단

계 경청: 새롭게 채우는 훈련이다. 빌 하이벨스 목사는 지금 당장 훈련을 시작하라고, 영성 훈련을 통하여 성령충만을 항상 유지하라고 하였다.

그러나 영성 훈련도 필요하겠지만 육에 속한 그리스도인들이 영성 훈련을 하는 동안에 성령의 체험을 통하여 자아가 깨어지되 말씀으로 온전히 깨어지지 아니하면 온전한 성령의 충만함을 유지할 수 없다. 그것은 가톨릭의 수도사들이 금욕과 금식 등 육체를 학대하는 방법으로 거룩과 영성을 유지하려고 했던 것과 같은 의도적 훈련이지만, 절대적이고 무궁무진하며 하나님 자신이신 성경말씀이 성령으로 우리의 심혼 골수와 관절을 찔러 쪼개고 우리 안에 들어와 거하시면, 우리가 성령충만 하지 않으려고 하여도 안 할 수가 없다는 것을 깨닫는 것이, 오랜 시간을 거쳐 훈련을 받는 것보다 훨씬 더 좋은 방법이라고 나는 생각한다. 훈련받다가 깨어질 수도 있겠지만 지금까지 그런 방법으로도 변화된 그리스도인은 많지 않다. 결코 규칙적인 훈련으로 성령이 충만해질 수는 없다.

우리는 그리스도의 보혈로 씻김 받은 자로서 반드시 성결해야 할 의무가 있다. 성결한 그리스도인이 되어 이 땅에서도 천국 백성으로 살기를 원하지만 믿음이 있노라 하면서 아직 마음속에 욕심과 미움과 원망과 용서 못한 것들이 남아있는 그리스도인들이 있다면 자아가 완전히 깨어진다 함이 무슨 뜻인지 생각해보고, 자기의 내면을 자세히 들여다보아 아직도 남아있는 원죄의 추한 마음들을 회개하고, 성령세례 받았을 때의 그 기뽐과 환희(초기의 성화)를 회복하여, 완전한 회개를 통한 원죄가 깨끗하게 씻긴 자신의 성결한 모습을 드려다 보라.

성령으로 씻어진 흠도 티도 없는 깨끗함이 성결이다. 성결은 거룩한 깨끗함이다. 웨슬리는 성결한 그리스도인의 마음은 "의도의 순수성"과 "감정의 순결성"이라고 하였다. 의도자체가 항상 순수하고, 그의 감정이 원죄의 더러움이 없는 어린 아이와 같이 순결함은 얼마나 아름답고 흠모할 만한 것인지 모든 그리스도인이 알고, 변화하고, 변화의 성결운동이 일어나야 한다.

우리에게 성령과 말씀을 주신 하나님께서 직접적으로 순종하는 순전한 그리스도인들에게 말씀으로 들어오셔서 항상 함께하시며 성령으로 교제하시기를 기뻐하신다. 그러한 그리스도인들은 성결하고 그리스도를 닮은 삶을 살려고 노력한다. 또한 그 마음에 하나님께서 주신 평강이 있고, 긍휼과 자비가 넘치게 된다. 또한 봉사와 헌신을 의무적으로 하는 것이 아니고, 영혼을 사랑함이 하나님께서 우리를 사랑하신 그 사랑으로 날마다 넘치게 된다.

제4장

성결과
구원

제4장
성결과 구원

I. 성결

성결이란 무엇인가에 대하여 정의하기 위해서는 무엇보다도 성결에 대하여 주장한 요한 웨슬리와 오늘날까지 기독교의 대세를 이루고 있는 칼빈의 장로교의 성화론을 고찰할 필요가 있다.

1. 장로교, 감리교, 성결교회의 성화론

1) 장로교(칼뱅)의 성화론

면죄부 판매를 비롯한 가톨릭의 부패, 마리아 숭상과 인본주의적인 교리의 변조로 인하여 1517년 종교 개혁(마틴 루터)이 일어났다. 당시 신부였던 마틴 루터는 신학을 세움에 있어 가톨릭의 전통을 많이 따랐으므로 존 칼빈은 기독교의 완전 개혁을 원하여 기독교 5대 강요를 주축으로 하는 장로교를 세우고 오늘날 장로교의 원조가 되었다.

예정론은 장로교의 핵심 교리 가운데 하나이다. 모든 인간은 구원받을 자와 구원받지 못할 자가 하나님의 예정하심으로 결정된다는 하나님의 절대 권위와 전적 은혜를 주장하며, 한번 선택된 사람은 천국의 생명록에 그 이름이 올라가며, 어떠한 일이 있어도 구원받는다는 것이다. 이러한 예정론 부끄러운 구원이나, 상급설로 인하여 온전한 구원관과 바른 신앙의 삶을 신자들에게 전수하지 못하고 있다. 확고하지 못한 다른 교파의 목회자들 중에도 상급설이 많이 강조되고 있는 것이 사실이다.

장로교의 성화론은 '태초부터 예정되어 하나님의 은혜로 물세례를 받고 구원받은 자는 중생하여 천국에 갈 때까지 짓는 죄를 회개하며, 성화되어 가다가 죽기 직전에 강력한 성령의 씻김을 받아 완전히 성화되고, 영화되어 견인 된다'고 한다.

신학적으로 예수 그리스도의 십자가의 보혈로 원죄가 씻김 받았지만 연약한 인간으로서는 일생 동안 죄를 짓지 않고 살 수 없기 때문에 죄를 짓고 회개하면서 성화되어 간다고 한다. 현재 우리나라에는 장로교소속 교회가 가장 많고, 교파도 가장 많다(350개 교파). 장로교 성화론의 교리로 인하여 대부분의 기독교인들이 물세례 받을 때 중생하고, 구원받았다고 생각하고 안이한 신앙생활을 하고 있다. 그러므로 기독교인들이 비 그리스도인들과 똑같이 죄를 짓고 회개를 한다고 하지만 진정한 회개를 하지 못하고 형식적인 회개를 하며, 다시 죄를 짓는 위선적인 그리스도인들이 되어 비 그리스도인들에게 비난과 비웃음을 받는다.

2) 감리교(웨슬리)의 성화론

웨슬리는 만인 구원설을 주장한다.

하나님은 모든 사람이 구원을 받으며 진리를 아는데 이르기를 원하시느니라(딤전 2:4).

웨슬리는 하나님의 절대권위를 주장하였지만, 또한 하나님의 선행은총과 인간의 자유의지를 주장하였다. 요한 웨슬리는 성화의 단계를 초기의 성화와 온전한 성화의 두 가지로 설명했다. '초기의 성화는 칭의와 중생의 단계이며, 온전한 성화는 신자가 다시 자기의 무능과 자기 안에 아직도 남아있는 죄를 깨닫고 회개하는 축복, '두 번째 변화', '온전한 구원', '기독자의 완전'이라고 했다. 그리고 그 본질을 '온전한 사랑' 혹은 '순수한 사랑'이라고 불렀다.'

한영태 교수의 『그리스도인의 성결』(20)에 보면 '성결하라는 명령문은 현재형이다. 만약에 하나님께서 미래형으로 명령하셨다면 성결은 사후에 천국에 가서야 이루어질 것이다. 그러나 현세에서 명령하셨기 때문에 우리는 현세에서 살아있는 동안에, 성결해야 한다. 성경에 나타나는 모든 명령문은 현재 살아있는 자에게 명령한다. 사후에 천국에서 시행하라는 명령문은 하나도 없다. 현재 명령문은 또한 성결의 긴급성을 나타낸다. 하나님은 당신의 자녀들이 지금, 여기에서 성결할 것을 명령하신다. 명령을 듣는 순간 즉시 성결할 것을 요구하신다. 그러므로 이 명령을 받은 신자는 지체하지 말고 "믿음의 주요 온전케 하시는 이인 예수"(히 12:2)께 나아가서 "하나님을 두려워하는 가운데서 거룩함을 온전히 이루어야"(고후 7:1)한다. "내가 은혜 베풀 때에 너를 듣고 구원의 날에 너를 도왔다 하셨으니, 보라 지금은 은혜받을 만한 때요 보라 지금은 구원의 날이로다"(고후 6:2). 성결은 하나님이 우리를 부르신 목적이요 하나님의 약속이다'라고 했다.

첫 번째 은혜인 성령세례로 중생하였으면 그것으로 그치지 말고, 반드시 더 강력한 성령의 능력이 말씀(히 4:12-13)으로 옛사람의 자아를 완전히 깨트려서 두 번째 은혜인 성결의 은혜(성령충만, 말씀충만)를 체험해야 한다.

김영선 교수는 『존 웨슬리와 감리교신학』에서 '웨슬리의 성화론은 성결을 강조한다. 그의 성화 개념은 죄의 세력에서 자유케 되며 죄의 성질로부터 씻김을 받는 것인데, 이것은 곧 원죄의 부패성에서 성결함을 받는 것을 의미한다. 성결함을 받는다는 것은 죄의 뿌리까지 뽑히는 것을 뜻하며, 행위적인 죄뿐 아니라 내적인 죄, 즉 죄의 부패성까지 씻김을 받는 것을 의미한다. 감리교의 신학이 다른 개신교와 비교되는 가장 두드러진 특징은 만인 구원론을 통한 구원의 보편성과 그리스도인의 완전론을 통한 하나님의 은총 앞에서의 인간의 응답과 반응으로서의 성화의 삶에 대한 것이다. 감리교회는 하나님의 보편적 구원의 은총의 선포를 중시하면서 동시에 인간의 자유의지를 부여받은 책임의 존재로서 성화의 삶을 살아야 한다는 당위성을 강조한다.'라고 하였다.

또한 '웨슬리의 완전의 교리는 성서에 기초를 두고 있다. 마 5:48의 "하늘에 계신 너희 아버지의 온전하심과 같이 너희도 온전하라"는 말씀을 중심으로 갈 2:20절의 "오직 내 안에 그리스도께서 사신 것이라," 마 22:37-39의 "네 마음을 다하고 뜻을 다하여 주 너희 하나님을 사랑하라는 말씀과 네 이웃을 네 몸과 같이 사랑하라"는 말씀, 빌 2:5의 그리스도의 마음을 품는 일, 요한일서 2:6의 우리의 마음, 생각, 혼과 힘, 모든 것으로 하나님을 사랑하라는 말씀 등은 모두 그리스도인의 완전의 교리에 근거가 된다. 그리스도인의 거룩한 삶에 대한 성서적 근거는 성서 전체라고 하여도 과언이 아니다'라고 하였다.

레오 조지 칵스는 『존 웨슬리의 완전론』에서 '믿음으로 말미암은 구원에 대하여 지나치게 강조한 나머지 인간은 자기의 죄 가운데서 전적으로 무력한 것으로 버려져 있기 때문에 현세에서는 완전이란 기대 불가능한 것으로 생각되어 왔다. 사실상 완전이라는 용어 자체는 거의 어느 때에도 비난의 대상이 되어 왔다. 웨슬리에게 있어서 완전이란 바울이 가르쳤다고 생각하는 것처럼, 이 세상에서 도달할 수 있는 것이기 때문에 완전에 대한 그의 정의를 이 개념에 맞추었던 것이다. 크리스천의 완전이란 무지, 과오, 연약함, 유혹으로부터 피하는 것은 아니다. 그리고 천사들의 완전이나 아담의 완전도 아니다. 크리스천의 완전은 "하나님과 사람에 대한 사랑," "그리스도께서 품으셨던 마음," "성령의 열매," "하나님의 형상"이다. 그것은 보편적인 성결, 자기 자신을 온전히 하나님께 드리는 일, 죄로부터의 자유인 것이다'라고 하였다.

성결은 곧 기독자 완전이며, 완전한 사랑이며, 성결한 그리스도인의 마음의 상태는 '의도의 순수성'과 '감정의 순결성'이라고 요한 웨슬리가 말한 것처럼 영원한 구원을 바라보는 모든 그리스도인의 마음은 예수 그리스도의 성결한 마음으로 바뀌어져야 한다. 웨슬리는 온전한 성화를 '죄로부터의 온전한 구원, 하나님 형상의 온전한 회복, 우리의 마음과 영혼을 힘을 다해 하나님을 사랑하는 것'으로 보았으며, 성결을 직접적으로 성령세례라고 표현하는 것은 꺼려하였는데, 와인 쿠프는 '그리스도의 뜻을 추구하며, 성령의 열매를 강조하는 대신 지나치게 은사를 강조할 위험성(신비주의, 열광주의에 빠질)이 있기 때문이라'고 하였다.

성령세례 받을 때에 나타나는 열매는 하나님이 계시고, 살아 계시다는 증거가 강하게 나타나서 환상과 꿈, 방언, 병 고치는 은사 등 여러 가지 지금까지 체험하지 못했던 신비한 은사를 체험하게 되어 세상에서 하나님께로 돌아서서 뜨겁게 교회 생활을 시작하게 된다.

처음 강권적인 성령을 접하게 되는 성령세례는 와인 쿠프의 말처럼 그리스도의 뜻과 성령의 열매를 추구하는 대신 처음 경험하는 신비한 외적인 은사에 치중하여 신비주의에 빠지거나, 그리스도의 모습을 닮는 데는 소홀할 수 있기 때문에 웨슬리는 성결을 성령세례라고 할 수 없었다고 하지만, 그가 조금 더 오래 살고 성경을 연구할 시간이 있었다면 중생이 은사가 나타나는 성령세례(그림 4)이고, 그가 그렇게 부르짖고 추구하던 성결이 성령충만이며, 말씀충만(그림 5)인 것을 분명히 알고 오늘날에 천국에 소망을 둔 그리스도인들에게 분명한 '성결신학'을 완성하여 남겼으리라고 생각한다.

웨슬리가 첫 번째 중생(성령세례)으로는 그리스도의 모습을 닮기 어렵기 때문이라고 분명히 생각했던 것처럼 두 번째 말씀충만으로만 그리스도의 성품으로 그리스도의 모습을 닮아 갈 수 있는 것이다.

김영선 박사는 『존 웨슬리와 감리교 신학』에서 '그리스도인의 완전의 신학적 의미'에 대해 다음과 같이 언급하였다.

첫째, 그리스도와 일치된 삶으로서의 완전－예수 그리스도의 희생과 사랑을 실천하여 날마다 자기를 부인하고 하나님의 뜻에 전적으로 충성하며 그리스도를 따르되 죽기까지 따르는 것이다.

둘째, 자유와 해방으로서의 완전－죄의 정욕으로부터의 자유, 죄로부터의 해방을 통해 사랑으로 충만해지고 무욕의 삶을 실천하면서 기쁨과 평화를 누리는 삶을 지향한다.

셋째, 사랑의 완전－웨슬리에게 있어서 하나님 사랑과 이웃사랑의 관계는 물과 물고기의 관계와 같다. 하나님을 사랑하는 자체가 그리스도인의 완전의 목적이며 기쁨이다.

넷째, 지상의 체험적 사건으로서의 완전－웨슬리에게 있어서의 완전은 이 세상에서의 완전이다. 이 세상 안에서 떠나지 않으면서 평화를 누리는 것을 말한다. 웨슬리는 회심 전에는 구원을 자신의 힘으로 이루려는 율법적인 구원관을 가졌으나 회심 후에는 하나님의 절대적인 은총에 의하여 순간적으로 주어진다고 믿었다.

다섯째, 최후의 의인으로서의 완전-죽은 후에 하나님의 심판을 받고 나서 의롭다 인정을 받는 것을 말한다. 웨슬리는 사후에 악한 사람이 정결케 되어서 구원을 받게 된다는 설을 부정한다. 생명이 끝난 후에는 자기의 구원의 완성을 위하여 아무것도 할 수 없다.

가톨릭의 수도원의 제도는 교회의 오랜 역사 속에서 기독교가 완전에 도달하려는 가장 대담한 시도였다. 성 안토니는 다른 사람에게서 볼 수 있었던 모든 덕행을 지니려고 추구했다. 그는 악을 이기고 싶었기 때문에 뛰쳐나가 홀로 있었다. 처음 동기는 그리스도의 완전을 추구하려는 점에 있었다는 사실은 명백하다. 그것은 율법에 속하여 하나님의 성령의 하시는 일을 알지 못했기 때문에 인간의 노력과 힘으로 이루어 보려고 했던 가톨릭의 율법적 몸부림이었다.

무한하신 하나님의 비밀(신학)을 21세기의 발전된 신학으로 성장시키지 못하는 것은 신학자들의 문제인 것으로 생각한다. 하나님의 성령으로 나름대로 체험하여 부르심을 받고, 잘 믿어 보려고 하는 그리스도인들이 목회자가 인도하는 것 외에 어찌 더 알며, 어찌 더 잘 믿을 수 있겠는가.

웨슬리의 중생 및 성결체험

4대째 목회자 가정에서 태어난 요한 웨슬리는 하나님께 그의 생애를 바치기로 결심하고 동생 찰스와 함께 노력하였으나, 율법에서 벗어나지 못하고 괴로워하다가 1738년 5월 24일 수요일 밤 8시 45분 경 올더스게이트가에 있는 교회의 집회에 참석하여 로마서 1장 강해를 들을 때 성령의 역사하심을 받아 마음이 뜨거워져서 확실한 구원의 믿음(중생의 체험)을 갖게 되었다.

'한국성결교회의 성결론 고찰'(강경자, 2008, 논문)에 보면 올더스게이트 체험과 함께 그의 영적인 삶의 여정에서 빼놓을 수 없는 것이 1739년 1월 1일 페터레인의 성령체험 사건이다. 웨슬리는 올더스게이트의 성령체험 후 더 강력한 성령의 은혜를 갈망하게 되었는데 다음해 1월 1일에 그는 동생 찰스를 비롯한 미스터 홀, 킨친, 잉함, 휫필드 등의 60여명과 함께 애찬식을 나누고 끊임없이 새벽 3시까지 기도하기를 쉬지 않던 중 하나님의 능력이 강하게 임하는 것을 체험하게 된다. 많은 사람들이 놀라운 기쁨으로 소리치며, 땅에 쓰러지고, 찬양하며, 전능하신 하나님의 현존을 경외와 놀라움으로 사로잡혀 "오 하나님, 우리는 당신을 찬양합니다. 우리는 당신이 주님이 되심을 깨달았습니다."고 고백하는 체험을 하게 된 것이다. 올더스게이트의 체험은 성령세례의 중생의 체험이고, 페터레인의 체험은 다른 사람들의 성령체험을 함께 경험하는 장면이었던 것이고, 그 후에도 웨슬리는 여러 번 좌절하였다는 기록이 있는 것으로 보아 그것은 성결의 체험은 아니었던 것 같다.

웨슬리가 계속 전도여행을 다니며 많은 사람들에게 설교를 하는 동안에 여러 집회에서 여러 사람에게 나타나는 성령충만의 모습을 보고 성결에 대해서 깊이 알게 되었던 것 같다. 그의 일기나 설교에서도 웨슬리가 두 번째 성령의 체험인 성결의 은혜에 대한 체험의 기록은 특별히 발견되지 않는 것 같다.

감리교회와 성결교회가 웨슬리의 올더스게이트에서의 단 한 번의 체험만을 강조하여 그 후에 그의 신앙이 변화되어 오늘날과 같은 위대한 신학자가 된 것같이 전해 왔으므로, 내 속으로는 단 한 번의 은혜로 그의 성결의 신앙을 증명하기에 부족하였으며, 그가 두 번째 성령의 역사를 주장하였지만, 두 번째 성결에 체험에 대한 정확한 기록이 없어서 성결에 대한 설명이 미흡하였는데 그것은 언제였는지 말하는 신학자가 없었고, 기록을 찾아보아도 그가 두 번째 은혜를 주장했지만 본인의 두 번째 체험의 순간에 대해서 기록한 것은 없는 것 같다. 확실하게 그의 두 번째 성결의 은혜 체험에 대해서 누구도 설명하고 있지 않지만 웨슬리가 오래 동안 은혜의 복음을 계속 전파하는 동안에 여러 사람들을 통하여 성령세례로 중생하고, 두 번째 성결을 반드시 받아야 한다는 성결의 교리를 설명할 수 있게 되었던 것 같다.

인간이 하나님께서 원하시는 거룩한 그리스도인이 되려면 먼저 성령의 강권하심을 받아 그 사람의 영적 상태에 따라 자아가 깨어져 성령세례로서 중생(거듭남)하고, 두 번째 말씀과 성령으로 남은 자아가 완전히 다 깨어져서 말씀충만과 성령 충만함으로 원죄가 깨끗하게 씻어짐으로서만 하나님의 뜻인 거룩(성결)의 경지에 들어가게 된다. 요한 웨슬리는 '먼저 중생하고 두 번째 강력한 성령의 능력으로 성결하게 되어 성화되어 간다'라고 하였으며 '누구든지 거룩함이 없으면 결코 하나님의 나라를 볼 수 없다'라고 하였다.

우리나라에도 1960년대 오순절 순복음 교회의 창립과 더불어 성령세례의 바람이 강하게 불어 기도원과 산기도, 부흥회로 성령의 시대를 열었고, 그 후 많은 사람들이 성령세례로 은사를 체험하고 많은 사람들이 외적 은사에 치중하게 되었으나, 60여 년이 지난 오늘날 교회가 많아지고 그리스도인들이 많아졌지만 자아가 말씀과 성령으로 다 깨어지지 않은 중생한 그리스도인 만으로서는 "내가 거룩하니 너희도 거룩하라" 하신대로 거룩한 그리스도인들로 교회가 채워지지는 않았다는 것이 참으로 안타깝다.

오늘날 교회마다 성령세례로 중생하여 초기 성화(웨슬리)를 체험한 그리스도인들은 많이 있다. 그러나 그리스도의 모습으로 마음이 다스려진 성결한 그리스도인들은 찾아보기 힘들다. 그러므로 그리스도인으로서 예수님의 명령대로 빛과 소금의 역할은 감당하지 못할 뿐 아니라 교회의 문제를 만들고, 때로 목회자들이 문제를 일으켜 기독교인들을 부끄럽게 한다. 성령세례 후에 반드시 두 번째 말씀으로 원죄가 남아있는 자아가 완전히 깨어져 깨끗하게 씻어져서 성결(성령충만)의 은혜를 체험해야 하며, 자범죄를 짓게 하는 원죄가 예수 그리스도의 대속의 보혈로 완전히 깨끗하게 씻어졌기 때문에 자범죄를 다시 짓지 아니한다는 것을 구원받은 참 그리스도인들은 반드시 알아야 한다.

예수 그리스도의 보혈로 씻김 받은 우리는 다시 죄질 수 없다. 3세기 청교도 신학자 존 오웬은 『죄 죽이기』에서 덜 깨어진 그리스도인은 수시로 나타나는 죄를 죽이기 위해서 '자기들의 죄책감의 세력을 여러 가지 방법으로 억제해 보려고 하지만 저희는 승리 없는 전투를 벌이나 평강을 얻지 못하며, 평생 죄의 노예로 사는 것입니다'라고 하였는데 성결한 그리스도인이 되면 죄를 죽이기 위하여 헛된 노력을 기울일 필요가 없다. 죄는 인간이 죽이려고 해서 죽일 수 있는 것이 아니다. 존 오웬도 예수 그리스도의 십자가의 보혈로 성령 안에서의 자유함을 얻지 못하고, 율법에서 벗어나 보려고 몸부림쳤으나 불행하게도 죄의 노예로 살았음을 고백한 것이다.

은혜를 더하게 하려고 죄에 거하겠느뇨 그럴 수 없느니라 죄에 대하여 죽은 우리가 어찌 그 가운데 더 살리요 무릇 그리스도 예수와 합하여 세례를 받은 우리는 그의 죽으심과 합하여 세례 받은 줄을 알지 못하느냐 그러므로 우리가 그의 죽으심과 합하여 세례를 받음으로 그와 함께 장사 되었나니 이는 아버지의 영광으로 말미암아 그리스도를 죽은 자 가운데서 살리심과 같이 우리로 새 생명 가운데 행하게 하려 함이라 만일 우리가 그의 죽으심과 합하여 연합한 자가 되었으면 또한 그의 부활을 본 받아 연합한 자가 되리라(롬 6:1-5).

우리가 그리스도의 죽으심과 합하여 세례를 받아 함께 죽음으로 그의 부활에 함께 동참할 수 있는 것이 당연하다.

우리가 알거니와 우리 옛사람이 예수와 함께 십자가에 못 박힌 것은 죄의 몸이 멸하여 다시는 죄에게 종노릇 하지 아니하려 함이니 이는 죽은 자가 죄에서 벗어나 의롭다하심을 얻었음이니라(롬 6:6-7).

세상에 대하여, 곧 죄에 대하여 하나님의 아들 예수 그리스도와 함께 십자가에 못 박혀 죽음으로 의롭다 하심을 받은 자가 죄로 인하여 에덴동산에서 땅으로 쫓겨나게 된 아담의 원죄를 어찌 다시 지면서 살 수 있겠는가?

죄가 너희를 주관치 못하리니 이는 너희가 법아래 있지 아니하고 은혜 아래 있음이니라(롬 6:14).

성령으로 말미암아 율법의 법아래 있지 아니하고, 성결의 은혜 아래 있는 자는 하나님의 씨가 그 속에 있음으로 다시 죄를 질수 없는 것이다.

하나님께로서 난자마다 죄를 짓지 아니 하나니 이는 하나님의 씨가 그의 속에 거함이요 저도 범죄치 못하는 것은 하나님께로서 났음이라(요일 3:9).

하나님께로서 난자마다 범죄치 아니하는 줄을 우리가 아노라 하나님께로서 나신 자가 저를 지키시매 악한 자가 저를 만지지도 못하느니라(요일 5: 18).

죄는 반드시 마귀가 주인인 것을 기억해야 한다. 그리스도와 함께 죄에 대하여 죽고 거룩한 하나님의 자녀가 되었는데, 어찌 다시 더러운 마귀와 짝하며 지옥으로 가는 죄를 지으리요 그럴 수 없느니라. 그리고 어찌 성화되어 간다고 할 수 있는가. 원죄(시기, 질투, 원망. 불평, 원한, 용서하지 않음 등)의 악한 마음이 없음으로 세상 사람들과 같은 원죄로 말미암는 자범죄를 짓지 않는다. 그러나 성결한 그리스도인은 원죄는 없어졌으나 악한 세상 가운데서 사는 동안에 연약함, 실수, 무지, 습관(요한 웨슬리) 등으로 잘못(원죄가 아님)을 범할 수 있으며, 잘못을 범하면 진정으로 회개하여 깨끗함 받고 항상 성결을 유지하기를 힘쓴다.

만일 우리가 우리 죄를 자백하면 저는 미쁘시고 의로 우사 우리 죄를 사하시며 우리를 모든 불의에서 깨끗케 하실 것이요(요일 1:9).

3) 한국성결교회의 성화론

강경자의 '한국성결교회의 성결론 고찰'에 보면 우리나라 성결교회의 성결론은 미국의 웨슬레안의 성결론을 따라서 중생 후 성령세례가 성결이라고 한다고 한다. 또한 박명수 교수

(2014)는 '성결운동의 역사와 성결교회의 목회구조'에서 '한국성
결교회는 한국의 여러 교파들 가운데서 중요한 사명이 있다'고
하였다. 또한 그는 '장로교회에 대해서는 중생이 전부가 아니고
한 걸음 더 나아가서 영과 육의 갈등을 이기는 온전한 신자 곧
성결의 단계로 나아가야 한다는 것을 알려 주어야 하고, 감리
교에 대해서는 성결은 인간의 노력으로 이루어지는 것이 아니
라 성령세례로 이루어지는 하나님의 은혜라는 것을 강조해야
하며, 오순절 운동에 대해서는 방언을 부정하는 것은 아니지만
오히려 성령의 가장 중요한 역사는 은사보다는 곧 성결이라는
것을 강조해야한다'고 하였다.

   그러나 첫 번째 성령의 강권적인 역사는 성령세례로서 중생
하여 먼저 외적인 은사가 나타나는 것이고, 다음에 자아가 성
령과 말씀으로 다 깨어져서 성령충만, 말씀충만하여 원죄가 완
전히 씻김 받아 성결(그림 5)하게 되어 완전한 사랑에 도달한
다는 결론을 설명해야 하는데 지금의 그 신학으로는 성결신학
을 제대로 전달할 수는 없을 것으로 생각된다. 중생이 성령의
강한 역사가 없이 어찌 일어나서 육에 속한 사람이 세상에서
하나님께로 돌아 설 수 있으며, 성령세례가 은사가 나타나서
하나님의 살아 계심을 증거 하는 것인데 중생하고 성령세례가
성결이라고 하는 것은 성결의 경지를 모르고 하는 말이다. 웨
슬리안 성결교파의 신학자들이 중생하고, 두 번째 성결이 성령
세례라고 하고 그친 것을 우리나라 성결교회가 밝히고, 발전시
키지 못하고 있는 것에 대해서 매우 안타깝게 생각한다.

성결신학의 역사신학자 박명수 교수의 설명으로는 웨슬레안 성결교회의 중생 다음에 성결이 성령세례라고 하는 것은 사도행전에서 처음 역사하신 성령의 역사를 단 한번의 성령의 세례로 설명함으로서 성결을 성령세례라고 하는데 사도행전의 성령의 역사는 성령세례와 성령충만을 함께 주신 것이었다고 생각한다(박명수 교수도 인정함). 사도행전 2장에서 성령이 모인 중에 역사하시니 거기 모인 자들이 각 지방의 방언으로 말하고 여러 가지 은사가 나타나서 중생의 체험을 하게 되었다. 그러나 중생하여 예수님을 쫓았으나 위험의 순간에 세 번씩이나 부인한 베드로와 12제자들에게는 성령의 충만함을 주시어서 요엘서의 말씀을 인용하여 긴 설교를 함으로서 예수 그리스도가 하나님의 아들이심을 증거 하여 이르되 "베드로가 이르되 너희가 회개하여 각각 예수 그리스도의 이름으로 세례를 받고 죄사함을 받으라 그리하면 성령을 선물로 받으리니," 이날에 신도의 수가 삼천이나 더하더라고 하였으니 그날의 역사는 은사가 나타나는 성령세례만으로 끝난 것이 아니라 예수님을 세 번이나 부인했던 베드로도 말씀과 성령으로 충만하여 성결한 그리스도인이 되었기에 그 후에 복음을 전하다가 거꾸로 십자가에 달리는 충성된 종이 되었고, 다른 열한 제자들도 여러 곳에서 복음을 전하다가 순교하였던 것이라고 생각한다.

성령세례로 중생을 경험하게 될 때에는 반드시 증거로 방언, 방언 통역, 병 고치는 은사 등 하나님의 살아 계심을 나타내는 외적 은사가 먼저 나타나고, 다음에 말씀의 은혜가 속사람을 깨트려 원죄가 깨끗해지고, 그리스도 닮은 그리스도인이 되어가는 것이 정상적인 변화이다. 그런데 그것을 단 한 번의 성령의 역사로 나타내어 성결을 성령세례라고 한다면 결단코 거룩한 삶을 살 수 있는 성결은 설명할 수 없게 되고, 성결교회의 발전은 현실적으로 크게 기대하기는 어려울 것이라고 생각한다. 요한 웨슬리는 '중생은 현관이요 성결은 거실이다'라고 하였다.

그러므로 자연인이 성령세례로 중생하여 현관에 들어가야 하며, 두 번째 말씀충만, 성령충만인 성결한 삶으로서 이 땅(거실)에서 거룩함을 누리며 하나님께 충성된 삶을 살아야 하는 것이다. 중생이 예수님을 만나 새롭게 되는 거듭남의 변화인데, 아담에게 속하여 죄 가운데 살던 자연인이 성령의 강력한 역사 없이는 결코 거듭남의 체험이 일어날 수 없는 것이다.

그런즉 누구든지 그리스도 안에 있으면 새로운 피조물이라 이전 것은 지나갔으니 보라 새것이 되었도다(고후 5:17).

성령의 체험에 의한 변화는 체험하지 아니하고는 아무리 명석한 사람이라도 결코 헤아려 설명할 수 없다.

2. 성령 안에서는 모든 사람이 하나가 될 수 있다

모든 인간은 그 나름대로 각 자의 자아의 색깔이 있고, 그 색깔이 다르므로 각각 다른 환경과 가정에서 자란 부부 두 사람도 쉽게 한 마음이 되기가 쉽지 않다. 그러나 거룩하신 하나님의 영이신 성령은 색으로 보면 무색투명하다고 할 수 있다. 자아란 인간의 영과 혼과 육에서 혼적인 부분을 말하며, 각 사람의 자아는 각 사람의 부모나 형제나 환경에 따라 또는 경험과 교육을 통하여 조성되는 마음의 생각과 세상의 지식과 감정과 의지이기 때문에 붉은색, 파란색, 노란색 등으로 색깔이 다 다르다고 할 수 있다. 그러므로 서로 다른 사고를 가지고 서로 용서하지 못하고, 화합하지 못하는 것이 인간 세상인 것이다.

주 안에서 하나님의 무색투명한 성령으로 자아가 깨어지면, 깨어진 만큼 무색투명한 그리스도의 마음으로 변화되고, 완전히 다 깨어지면 모든 사람이 성령 안에서 무색투명한 성결한 그리스도인이 되어 주 안에서 하나가 될 수 있는 것이다. 이것은 참으로 말로 할 수 없는 황홀한 주 안에서의 평화, 빛깔 그리고 그것이 곧 하나님께서 원하시는 이 땅에서의 천국이라고 할 수 있을 것이다.

성령으로 잘 처리함을 받은 두 사람이 결혼한다면 서로 다름 때문에 오랫동안 불화하거나 쉽게 이혼하지 않아도 될 것이며, 교회 안에서도 당을 지어 수년 동안 반목하고 손가락질을 받으며 하나님 앞에 부끄러움을 당하는 오늘날의 교회가 생기지 않을 것이다.

성결이란 그 신비하고 신적인 깨끗함을 원죄가 있는 인간으로서는 도저히 알 수도 없고, 이해할 수도 없는 단어이다. 그러므로 첫 번째 성령세례로 중생한 그리스인들은 누구든지 두 번째 은혜인 말씀충만, 성령충만을 사모하여 말씀으로 들어가서, 원죄의 쓴 뿌리가 남아있는 옛사람의 자아가 완전히 깨어짐으로 깨끗하게 씻어져서 성결의 경지에 들어가는 체험을 해야 한다.

성결(거룩)하지 아니하면 그리스도를 닮을 수도 없고, 거룩하신 하나님의 나라에 결코 들어갈 수 없다. 그러므로 성결은 천국 백성의 자격이며(조종남-『성결의 도리』), 성결은 천국문의 열쇠이다(한영태-『그리스도인의 성결』).

3. 성결한 그리스도인의 삶의 속성

1) 말씀이 그 배에서 성령으로 흘러넘친다

나를 믿는 자는 성경에 이름과 같이 그 배에서 생수의 강이 흘러나리라 하시니(요 7: 38).

2) 평강의 생활을 하게 된다

내가 너희에게 평안을 주노니 내가 주는 것은 세상이 주는 것 같지 아니 하니라 너희는 마음에 근심하지 말고 두려워하지도 말라(요 14:27).

항상 기뻐하라 쉬지 말고 기도하라 범사에 감사하라 이는 그리스도 예수 안에서 너희를 향하신 하나님의 뜻이니라(살전 5:16-18).

3) 성령의 열매가 속에서 차고 넘친다

오직 성령의 열매는 사랑과 희락과 화평과 오래 참음과 자비와 양선과 충성과 인내와 절제니 이 같은 것을 금지할 법이 없느니라(갈 5:22).

4) 의도의 순수성과 감정의 순결성이 있다

사랑은 오래 참고 사랑은 온유하며 투기하는 자가 되지 아니하며 사랑은 자랑하지 아니하며 교만하지 아니하며 무례히 행치 아니하며 자기의 유익을 구치 아니하며 성내지 아니하며 악한 것을 생각지 아니하며 불의를 기뻐하지 아니하며 진리와 함께 기뻐하고 모든 것을 참으며 모든 것을 믿으며 모든 것을 바라며 모든 것을 견디느니라(고전 13:4-7).

5) 용서, 사랑, 감사하게 된다

그러므로 너희는 하나님이 택하사 거룩하고 사랑받는 자처럼 긍휼과 자비와 겸손과 온유와 오래 참음을 옷 입고 누가 누구에게 불만이 있거든 서로 용납하여 피차 용서하되 주께서 너희를 용서하신 것 같이 너희도 그리하고 이 모든 것 위에 사랑을 더하라 이는 온전하게 매는 띠니라 그리스도의 평강이 너희 마음을 주장하게 하라 너희는 평강을 위하여 한 몸으로 부르심을 받았나니 너희는 또한 감사하는 자가 되라(골 3:12-15).

6) 계명을 지킨다

내 계명은 내가 너희를 사랑한 것 같이 너희도 서로 사랑하라 하는 이것이니라(요 15:12).

서로 용서하며 사랑하며, 불쌍히 여기며, 감사하며, 기뻐하며 사는 것이 얼마나 아름다운가.

7) 항상 거룩을 유지한다

연약함, 무지, 습관 등으로 잘못했을 때 요1:9절 말씀으로 간절히 회개하여 항상 깨끗함을 유지한다.

만일 우리가 우리 죄를 자백하면 저는 미쁘시고 의로우사 우리 죄를 사하시며 모든 불의에서 우리를 깨끗케 하실 것이요 (요일 1:9).

이 모든 것들은 성결함으로만 이루어질 수 있는 것이다.

4. 성령세례와 성결의 체험, 그 아름다운 순간

1975년 6월 23일 소낙비와 벼락같은 성령의 부어주심으로 내 삶에 성령의 씻김과 위로를 받고, 그리스도 안에서 새사람으로 거듭나는 체험을 통하여 날마다 눈물을 흘리며 서울 각지에 있는 큰 교회의 부흥회와 등록한 교회 예배에 참석하고, 성경말씀(신약)을 읽기 시작한 나로서는 듣도 보도 못한 은혜의 시간들을 보내게 되었다. 부흥회에서는 구약부터 신약까지 한 번에 꿰뚫게 되고, 지금껏 어렵기만 했던 성경 말씀이 구절마다 내 마음을 깨트려서 울고 감격하며, 얼마 사이에 말씀을 많이 외우고 신약도 20번을 읽게 되었다.

수줍어해서 남 앞에 잘 나서지 못했던 내가 만나는 사람마다 하나님의 은혜를 전하여 100여 명이나 전도를 하게 되었고, 교회의 여러 교인들 앞에서 '그리스도의 모습을 닮아가겠다'고 간증도 하였으나 그것은 쉽지 않았고, 알지 못하는 불안과 염려와 갈등으로 내 마음은 더 괴로워지고 있었다. 성령세례를 받은 지 1년 되는 1976년 6월 23일 집에서 성령세례를 기념하는 예배를 드리게 되었는데 예배를 인도하시는 전도사님이 "그동안 어떻게 지나셨어요?"하고 물어서 "너무 괴로웠어요"라고 대답하였더니 "요한1서 1:9에 이름을 넣고 읽어 보세요."라고 말씀하셨다.

"만일 김동선이 김동선의 죄를 자백하면 저는 미쁘시고 의로우사 김동선의 죄를 사하시고 모든 불의에서 김동선을 깨끗케 하실 것이요"라고 나는 어린 아이 같이 순전한 마음으로 읽었을 뿐이었지만 그 순간부터 내 속에 신비로운 평강이 임하여서 오늘 밤에 나를 부르셔도 "아멘 할렐루야"하며 언제든지 주님께 갈 수 있을 것 같은 희한한 기쁨과 힘이 생겨나게 되었다. 그것은 그날만이 아니라 그 후부터 언제나 내 마음에 자리하였으며, 말씀을 많이 외웠는데 말씀이 성령으로 넘쳐나서 복음을 전하고, 생수가 샘솟는 것처럼 10년을 일주일에 1회 집에서 사람들을 모아 놓고 하나님의 말씀을 가르치는 강사가 되었다.

명절 끝날 큰 날에 예수께서 서서 외쳐 가라사대 누구든지 목마르거든 내게 와서 마시라 나를 믿는 자는 그 배에서 생수의 강이 흘러나리라 하시니(요 7:37-38).

그때는 그것이 성결임을 말해 주는 사람이 없어서 잘 몰랐지만, 12년이 지난 후 조종남 목사님의 『요한 웨슬레의 신학』을 접하게 되면서 성결이 내가 체험한 그 평강과 성령의 강권하심으로 지금까지 내게 역사하신 기가 막힌 은혜의 사건들이었음을 설명해 주고, 그 후에 여러 성결 신학자들의 서적을 접함으로서 자동적으로 웨슬리가 주장한 성결을 알게 되었고, 연구하기 시작하게 되었다.

강남으로 이사하여 소망교회에 다니게 되었는데 성령께서 날마다 성령충만함으로 갈급함을 견딜 수 없게 하심으로, 다시 소망교회 교인을 위시하여 15-6명의 교인들에게 1개월의 1회씩 성경공부 모임을 시작하였는데 "예수 그리스도를 닮은 그리스도인이 되자"라는 제목으로 7회에 걸쳐 모임을 하게 되었으며, 새벽 3시까지 원고를 손으로 써서 아침에 인쇄소에서 복사하여 모임을 인도하였고, 그것은 내 속에서 힘주시고 끓어오르게 하시는 성령님의 강권적인 역사였음을 나는 지금도 생생하게 기억하고 있다.

그 당시 했던 성경 공부에 대한 7가지 제목은 1. 예수 그리스도, 2. 육에 속한 그리스도인(1), 3. 육에 속한 그리스도인(2), 4. 영에 속한 그리스도인이 되려면, 5. 영에 속한 그리스도인(1), 6. 영에 속한 그리스도인(2). 7. 성화였다. 이 말씀들은 오늘날의 '성결과 구원'의 기본이 되었던 것 같다. 그러므로 성결을 설명함에 있어 나의 체험이 큰 도움이 되었으며, 말씀을 많이 외우게 되어 하나님께서 지혜와 명철을 주셔서 지금까지 아무도 하지 않은 인간의 영과 혼과 육을 그림으로 그려서 말씀과 성령으로 자아의 깨어짐을 설명함이 인간이 하나님의 말씀과 성령으로 쪼개져서(히 4:12-13) 내 안에 거하심으로 생명이 다할 때까지 깨끗함을 받고 말씀충만과 성령충만함에 거하면서, 충성하며 부르심을 받을 때까지 그리스도 닮아가는 삶을 살아갈 수 있다고 주장하게 되었다.

그러나 성결신학에 가장 중요한 중생, 성결의 관계에 아직도 정확한 방향설정이 미흡하며, 신학자들은 더 이상 연구하여 완전한 성결신학을 밝히려 하지 않고 있다. 나로서는 내게 주신 이 진리의 말씀들을 전하지 않을 수도 없고, 갈급한 마음으로 여러 신학자들을 만나 보았으나 더 이상 발전된 신학으로 이 시대의 방황하는 그리스도인들에게 바른 신학을 제시하여 하나님 나라를 예비할 수 있도록 밝혀줄 수 있는 신학자가 없음을 안타깝게 생각한다.

하나님은 명령하신다.

내가 거룩하니 너희도 거룩할지어다(벧전 1:16).

그리스도의 온전하심과 같이 너희도 온전하라(마 5:48).

오늘도 오직 내가 아닌 '말씀충만', '성령충만'으로 주의 날을 기다린다. 그리고 그것은 사랑이었다. 성결은 '완전한 사랑'이라고 한 웨슬리의 주장처럼 내가 '해뜨는 마을'의 청소년들을 8년간 매주 서울에서 한탄강 건너까지 달려가서 그들에게 생일잔치를 해주고, 소풍을 데려가고, 겨울이면 눈썰매장에, 여름이면 한탄강에 가서 점심을 먹이고, 사진을 찍어 주고, 크리스마스 때는 성극, 성가 경연대회 등 그것은 내 젊은 날의 한없는 하나님의 축복이었다. 남편의 암 투병으로 쉬게 될 때까지 주로 결손 가정의 자녀들의 범죄와 탈선으로 방황하는 비행청소년들을 돌보는 일이었다.

남편 소천 후 신학을 하고, 공주 치료감호소, 여주 교도소 등에 13년 동안 생일잔치, 교도소 재소자들과 소망 정신병원, 음성소망병원 환우들을 합하여 2천여 명의 크리스마스 선물을 위해 방에 높이 쌓아 놓았던 사탕 봉지와 과자 봉지들, 성령의 강권하심이 없었다면 내가 천국으로 가는 길을 과연 이런 아름다운 추억으로 남길 수 있었을까? 하나님께 감사드리고 또 감사드린다.

『존 웨슬리와 감리교 신학』을 읽고 저자이신 김영선 목사님을 만남으로, 목사님이 이끄시는 '웨슬리신학연구소'에서 감리교 목사님들과 남은 생애를 웨슬리의 '성화론의 완성'과 모든 그리스도인들의 현세에서의 '성결'을 통하여 서로 사랑하며, 이 땅에서도 천국을 이루며, 하나님 나라에서의 영생에 길을 요한 웨슬리처럼 외치고 또 외치고 싶다.

현세에서 성결하지 아니하고는, 결코 거룩하신 하나님나라 천국백성으로서의 구원과 영생은 없는 것이다.

Ⅱ. 구원

구원은 성결하여 천국의 백성이 되어 영원한 생명을 얻는 것을 의미한다. 천국의 백성이 되기 위해서는 말씀으로 말미암는 믿음으로 자아가 말씀과 성령으로 완전히 깨어져서 성령충만하여, 원죄가 깨끗하게 씻어진 성결한 그리스도인이 되어야 하는 것이다. 구원이 말로만 되는 그렇게 쉬운 것이 결코 아니다.

내가 만일 내 입으로 예수를 주로 시인하며 또 하나님께서 그를 죽은 자 가운데서 살리신 것을 믿으면 구원을 얻으리니 마음으로 믿어 의에 이르고 입으로 시인하여 구원에 이르느니라(롬 10:9-10).

세례문답에서 이 구절을 묻고 그것을 시인하면 구원받은 것으로 물세례를 받는다. 그러나 마음으로 믿는다고 입으로 시인하지만 그것은 이론이지 그 마음에 진정으로 믿고 있는 것은 아닐 수도 있다. 물세례를 받고 중생한 것으로 생각하지만 성령이 강권적으로 역사(성령세례)하시어서 회개하고, 자아가 반절쯤 쪼개어져서 세상에서 하나님께로 돌아설 강력한 힘을 얻는 것이 중생이다.

예수께서 대답하시되 진실로 진실로 네게 이르노니 사람이 물과 성령으로 나지 아니하면 하나님 나라를 볼 수 없느니라 (요 3:5).

반드시 잊지 말아야 할 것은 회개로 지금까지의 죄를 씻고 성령으로 거듭나지 아니하면 중생할 수 없고, 또 중생만으로는 완전히 깨끗해질 수 없고, 원죄가 남아있으므로 진정한 하나님의 의에 이를 수는 없다.

진정한 구원에 이르는 믿음이란 예수 그리스도의 보혈로 말미암아 원죄에서 완전히 깨끗함 받았다는 것, 율법에서 완전히 해방되었다는 것, 그리고 거룩하신 하나님의 거룩한 자녀가 되었다는 것을 믿고, 체험하고 성결 안에서 거하게 되는 것이라고 생각한다. 그런데 대부분의 그리스도인들은 이런 믿음을 가지고 있다고 생각하지만 실제로 이런 믿음을 가진 사람들은 많지 않다. 결국 하나님의 말씀이 성령으로 그를 친히 깨트리고 사로잡아 그 안에서 성령으로 충만하게 되지 아니하면 이루어지는 것이 아니다.

성령세례로 중생할 때 받는 성령충만은 은사가 나타나고, 초기성화(웨슬리)라 하여 오랫동안 유지되지는 않는다. 성령충만이 계속해서 유지되려면 반드시 두 번째 주시는 말씀충만으로 말미암는 성령충만이어야 하며, 그때에야 성령충만을 항상 유지하며 성결한 그리스도인으로서 살아갈 수 있는 것이다.

바울은 로마서 6장에서 자신을 그리스도와 함께 십자가에 못 박으므로 그와 함께 죽고 죄에서 떠나서 그리스도와 함께 영원한 생명 얻음을 고백하였다.

그러나 이제는 너희가 죄에게서 해방되고 하나님께 종이 되어 거룩함에 이르는 열매를 얻었으니 그 마지막은 영생이라(롬 6:23).

그리고 7장에서 자아가 성령과 말씀으로 깨어져 완전히 깨끗하게 되지 아니하면, 깨끗하게 되지 않은 자아에 남아있는 원죄가 율법으로 말미암아 원치 않는 죄 가운데로 끌고 가는 육에 속한 그리스도인의 모습을 한탄하였으나(로마서 7:9-11의 율법으로 말미암는 죄로 인하여 7:15-24의 원치 않는 죄를 짓게 됨), 육에 속한 그리스도인의 괴로움에서 롬 7:25-8:6의 예수 그리스도 안에 있는 하나님의 성령으로 말미암는 성화를 체험하였다.

바울은 로마서 7장의 율법으로 말미암는 죄의 괴로움에서 8장 1-4절의 예수 그리스도의 대속으로 인한 성령의 강력한 역사로 말미암아 율법의 죄와 사망에서의 해방을 말하였으며,

8:5-39절까지 해방된 성결한 그리스도인이 성령과 예수 그리스도(말씀)로 인하여 변화된 모습을 잘 설명 하였다. 9-15장까지는 성결한 그리스도인의 믿음으로 말미암는 의와 성결한 그리스도인의 삶에 대해서 잘 말하고 있다.

우리 주 예수 그리스도로 말미암아 하나님께 감사하리로다 그런즉 내 자신이 마음으로는 하나님의 법을 즐거워하되 육신으로는 죄의 법을 섬기노라 그러므로 이제 그리스도 예수 안에 있는 자에게는 결코 정죄함이 없나니 이는 그리스도 예수 안에 있는 생명의 성령으로 말미암아 죄와 사망의 법에서 너를 해방하였음이라 율법이 육신으로 말미암아 연약하여 할 수 없는 그것을 하나님은 하시나니 곧 죄를 인하여 자기 아들을 죄 있는 인간의 모양으로 보내어 육신을 좇지 않고 영을 좇아 행하는 우리에게 율법의 요구를 이루어지게 하려 하셨느니라 율법을 좇는 자는 율법의 일을 영을 좇는 자는 영의 일을 생각하나니 율법의 생각은 사망이요 영의 생각은 생명과 평안이니라(롬 7:25-8:1-6).

무릇 지킬만한 것보다 더욱 네 마음을 지키라 생명의 근원이 이에서 남이니라(잠 4:23).
만일 너희 속에 하나님의 영이 거하시면 너희가 육신에 있지 않고 영에 있나니 누구든지 그리스도의 영이 없으면 그리스도의 사람이 아니라(롬 8:9).

성령의 역사는 믿을 때에 말씀으로 깨어짐으로 성령의 생수가 흘러넘쳐서 원죄를 완전히 깨끗이 씻고 충만하게 되어 성령의 열매를 맺으며 그리스도 닮은 성결한 그리스도인이 되는 것이다. 오늘날의 그리스도인들이 성결한 삶을 살지 못하고, 예수님의 명령대로 세상의 빛과 소금의 역할을 감당하지 못하기 때문에 세상 사람들에게 비난을 받고 전도가 되지 않는다.

1. 그리스도 안의 완전한 새 사람(성결한 그리스도인)

성결한 그리스도인이 되면 이기주의적이었던 자신이 예수 그리스도를 만나서 하나님의 사랑을 깨닫게 되고, 그리스도의 마음을 가지고 다른 사람의 영혼을 사랑하게 된다. 내가 어두움 가운데서 빛 되신 예수님께로 나온 것처럼 저들을 불쌍히 여기며, 그들을 어두움에서 건져내고자 복음을 전하지 않고는 견딜 수 없게 된다.

오직 성령이 너희에게 임하시면 너희가 권능을 받고 예루살렘과 온 유대와 사마리아와 땅 끝까지 이르러 내 증인이 되리라 하시니라(행 1:8).

하나님 자신(요1: 1)이시고 예수님 자신(요 1:14)이신 성경말씀이 성령으로 말미암아 인간의 심혼골수를 쪼개시고(히4: 12-13) 내게 들어오시면 옛사람의 모든 죄악은 깨끗이 씻김 받고 성령충만, 말씀충만한 그리스도 안의 완전한 새사람이 된다.

태초에 말씀이 계시니라 이 말씀이 하나님과 함께 계셨으니 이 말씀은 곧 하나님이시니라(요 1:1).

말씀이 육신이 되어 우리 가운데 거하시매 우리가 그 영광을 보니 아버지의 독생자의 영광이요 은혜와 진리가 충만하더라(요 1:14).

모든 성경은 하나님의 감동으로 된 것으로 책망과 교훈과 바르게 함과 의로 교육하기에 유익하니 이는 하나님의 사람으로 온전케 하며 모든 선한 일을 행하기에 온전케 하려 함이니라 (딤후 3:16-17).

하나님의 말씀은 살았고 운동력이 있어 좌우에 날선 어떤 보다도 예리하여 혼과 영과 및 관절과 골수를 찔러 쪼개기까지 하며 또 마음의 생각과 뜻을 감찰하나니 지으신 것이 하나라도 그 앞에 나타나지 않음이 없고 오직 만물이 우리를 상관하시는 자의 눈앞에 벌거벗은 것같이 드러나느니라(히 4:12-13).

그런즉 누구든지 그리스도 안에 있으면 새로운 피조물이라 이전 것은 지나갔으니 보라 새 것이 되었도다(고후 5:17).

그러므로 그리스도 예수 안에 있는 자에게는 결코 정죄함이 없나니 이는 그리스도 예수 안에 있는 생명의 성령의 법이 죄와 사망의 법에서 너를 해방하였음이라(롬 8:1-2).

성령의 사람이 되면 성령의 열매를 맺게 된다.

오직 성령의 열매는 사랑과 희락과 화평과 오래 참음과 자비와 양선과 충성과 온유와 절제니 이 같은 것을 금지할 법이 없느니라 그리스도 예수의 사람들은 육체와 함께 그 정과 욕심을 십자가에 못 박았느니라(갈 5:22-24).

자아가 말씀과 성령으로 완전히 깨어지고, 원죄의 쓴 뿌리가 완전히 씻어지지 아니하면 사단의 궤계를 막을 수 없다. 모든 상처는 마귀의 과녁이 되어 그 마음에 의심과 좌절과 원망, 분노, 시기, 질투, 곡해, 살의 등 육신에 속한 열매를 맺게 한다. 하나님께서는 상처를 치유해 주시고, 용서와 평안과 위로와 소망과 사랑을 주시며, 예정된 자만이 아니라 모든 사람이 구원받기를 원하신다.

하나님은 모든 사람이 구원을 받으며 진리를 아는 데 이르기를 원하시느니라(딤전 2:4).

또 하나님께서는 자기의 형상대로 지으신 사랑하는 사람들이 서로 사랑하며 행복하기를 원하신다. 하나님만이 영으로, 육으로 고통당하는 인간을 에덴동산의 타락하기 전 하나님 형상의 아름다운 새 사람으로 완전히 고치실 수 있다.

너희가 거듭난 것이 썩어질 씨로 된 것이 아니요 썩지 아니할 씨로 된 것이니 하나님의 살아있고 항상 있는 말씀으로 되었느니라 그러므로 모든 육체는 풀과 같고 그 모든 영광이 풀의 꽃과 같으니 풀은 마르고 꽃은 떨어지되 오직 주의 말씀은 세세토록 있도다 하였으니 너희에게 전한 복음이 곧 이 말씀이니라(벧전 1:23-25).

사단에게 묶여있던 우리의 자아가 하나님의 성령과 말씀으로 완전히 깨어져서 씻김을 받아 빛과 생명과 성령의 열매로 (그림 6)와 같이 흘러넘치게 되면 얼마나 아름답겠는가? 그것이 곧 천국이요 하나님께서 주관하시는 성결한 그리스도인 곧 예수 그리스도를 닮은 그리스도인이 되는 것이다. 성결한 그리스도인의 마음은 '의도의 순수성, 감정의 순결성'이라고 요한 웨슬리가 표현하였다. 성결을 체험하지 못한 그리스도인은 그 상태가 어떤 상태인지 이해할 수 없을 것이다.

너희가 하나님의 성전인 것과 하나님의 성령이 너희 안에 거하시는 것을 알지 못하느냐(고전 3:16).

예수 그리스도 앞에 나와서 성령으로 말미암아 하나님의 말씀으로 완전히 깨어져 그 속에서 성결의 영이 흘러넘치게만 되면 모든 정신 질환자들이 치유 받을 수 있다, 모든 정신과 의사들이 말씀으로 성령충만을 받고, 심리학과 병행치료를 한다면 이보다 더 좋은 치료가 어디 있겠는가? 그들은 구원받고, 기쁨과 감사함으로 자기 일에 자신을 얻고, 하나님이 주시는 평강의 삶을 살 수 있고, 많은 정신 질환자들을 치료할 수 있을 것이다. 그것을 안타깝게도 프로이드 가짜 신에게 묶여있는 정신과 의사들에게 알려 주고 싶은 마음이 간절하다.

2. 완전한 구원(성령충만. 말씀충만한 성결한 그리스도인)

성령충만, 말씀충만한 성결한 그리스도인은 하나님과 성령으로 말씀 안에서 교통한다. 때로 고난을 받으나 하나님의 평안을 누리며 항상 감사하며 행복하다.

평안을 너희에게 끼치노니 곧 나의 평안을 너희에게 주노라 내가 주는 것은 세상이 주는 것 같지 아니 하니라 너희는 마음에 근심도 말고 두려워하지도 말라(요 14:27).

성령의 열매를 맺는다.

오직 성령의 열매는 사랑과 희락과 화평과 자비와 양선과 오래 참음과 충성과 온유와 절제니 이 같은 것을 금지할 법이 없느니라 그리스도 예수의 사람들은 육체와 함께 그 정과 욕심을 십자가에 못 박았느니라(갈 5:22-24).

항상 기뻐하며 감사하며 행복하다.

항상 기뻐하라 쉬지 말고 기도하라 범사에 감사하라 이는 그리스도 예수 안에서 너희를 향하신 하나님의 뜻이니라(살전 5:16-18).

너희는 유혹의 욕심을 따라 썩어져 가는 구습을 쫓는 옛사람을 벗어버리고 오직 너희의 심령이 새롭게 되어 하나님을 따라 의와 진리의 거룩함으로 지으심을 받은 새사람을 입으라(엡 4:22-24).

오직 너희를 부르신 거룩한 자처럼 모든 행실에 거룩한 자가 되라 기록하였으되 내가 거룩하였으니 너희도 거룩할지어다 하셨느니라 외모로 보시지 않고 각 사람의 행위대로 판단하시는 자를 너희가 아버지라 부른즉 너희의 나그네로 있을 때를 두려움으로 지내라(벧전 1:15-17).

예수님은 상담자이시고 인간의 모든 문제들을 해결하실 수 있는 분이다. 그 방법을 성경의 모든 말씀으로 우리에게 보여주시고 우리가 깨닫기를 간절히 원하신다. 그러나 인간은 자아가 성숙하지 못하여, 또는 사단이 막는 등 여러 가지 이유로 깨닫지 못하므로 같은 말씀을 여러 번 인용해야 되는 것을 참으로 민망하게 생각하지만 무한하신 하나님의 말씀으로 깨어지는 은혜를 체험하고 남은 생애 동안 평안과 성령의 충만함을 누리며, 그리스도의 빛이 되며 세상에 소금이 되어 부르심을 받는 날 "아멘, 할렐루야"로 주의 품에 안길 수 있기를 소원해 본다.

영혼 없는 몸이 죽은 것 같이 행함이 없는 믿음은 죽은 것이니라(약 2:26).

이렇게 된 사람은 정신질환으로 마귀에게 괴롭힘을 받을 수 없다. 어떤 종교가 그 종교의 진리를 믿고 깨달아서 이렇게 될 수 있다고 약속했는가? 성결한 그리스도인은 기쁨과 감사와 말씀과 성령의 충만함으로 그리스도께 충성하며, 이웃을 사랑하며 하나님의 종으로 열정적인 삶을 살아갈 수 있는 것이다.

내가 주는 물을 먹는 자는 영원히 목마르지 아니하리니 나의 주는 물은 그 속에서 영생하도록 솟아나는 샘물이 되리라(요 4:14).

명절 끝날 큰 날에 예수께서 서서 외쳐 가라사대 누구든지 목마르거든 내게 와서 마시라 나를 믿는 자는 성경에 이름과 같이 그 배에서 생수의 강이 흘러나리라 하시니(요 7:37-38).

정신과 의사는 말한다. 인간의 성격은 절대 변하지 않는다고 하다. 사람의 본성은 여러 가지 굴곡을 겪으면서 나이를 먹으면 젊은 날의 팔팔했을 때보다는 어느 정도 유순하게 바뀔 수는 있지만 원죄의 본성은 아주 없어지는 것은 아니다. 그러나 성령으로 거듭나서 하나님의 사람이 되었으나 완전히 성결하게 되지 아니하면 여전히 옛사람의 모습이 때로 나타나서 완전한 변화를 보일 수 없는 육에 속한 그리스도인이지만, 옛사람의 자아가 성령과 말씀으로 완전히 깨어져서 성결한 영에 속한 그리스도인이 되면 거룩하신 성령으로 우리는 성령이 거하시는 전이 되어 그 속에 사랑과 희락과 화평과 겸손과 온유가 있으며, 오래 참고 무례히 행하지 아니하며, 악한 것을 생각하지 아니하고, 불의를 기뻐하지 아니하고, 진리와 함께 기뻐하며, 예전과 전혀 다른 성격으로 바뀔 수 있으며, 그 성품으로 살 수 있게 된다.

그리스도인들은 하나님께서 원하시는 사랑으로 말미암아 모두 성격이 그리스도 닮은 그리스도인으로 바뀌어야 한다. 하지만 오늘날 너무나도 변화하지 못한 육에 속한 그리스도인들이 많이 있다. 성결한 그리스도인은 원죄가 깨끗함 받았기 때문에 마귀가 더 이상 원죄를 공격할 수 없고, 더 이상 괴롭힐 수 없다. 예수 그리스도의 보혈로 원죄가 이미 깨끗함 받았으므로 마귀가 공격하여 자범죄를 다시 질수 없다.

우리가 알거니와 우리의 옛사람이 예수와 함께 십자가에 못박힌 것은 죄의 몸이 멸하여 다시는 죄에게 종노릇 하지 아니하려 함이니 이는 죽은 자가 죄에서 벗어나 의롭다 하심을 얻었음이니라(롬 6-7).

죄가 너희를 주관치 못하리니 이는 너희가 법아래 있지 아니하고 은혜 아래 있음이니라(롬 6:14).

하나님께로서 난자마다 죄를 짓지 아니하나니 이는 하나님의 씨가 그의 속에 거함이요 저도 범죄치 못하는 것은 하나님께로서 났음이라(요일 3:9).

하나님께로서 난자마다 범죄치 아니하는 줄을 우리가 아노라 하나님께로서 나신 자가 저를 지키시매 악한 자가 저를 만지지도 못하느니라(요일 5: 18).

성결한 참 그리스도인은 더 이상 마귀의 공격으로 불안증,
우울증, 신경증, 각종 중독으로 시달릴 수 없고, 오직 하나님의
말씀 안에서 평강과 기쁨과 감사를 누리며, 하나님께 충성하며
이 땅에서도 천국 백성으로 살고, 언제 부르심을 받을지라도
하나님의 약속대로 천국 백성이 될 수 있다고 생각한다.

내가 진실로 진실로 너희에게 이르노니 내 말을 듣고 또 나
보내신 자를 믿는 자는 영생을 얻었고 사망에 이르지 아니하나
니 사망에서 생명으로 옮겼느니라(요 5:24).

3. 원죄가 없으면 자범죄도 없다

그 후에 말씀 하시기를 내가 하나님의 뜻을 행하러 왔나이다
하셨으니 그 첫 것을 폐하심은 둘째 것을 세우려 하심이니라
이 뜻을 좇아 예수 그리스도의 몸을 단번에 드리심으로 말미암
아 우리가 거룩함을 얻었노라(히 10:9-10).

오늘날의 대부분의 신학은 예수 그리스도의 보혈은 우리의
원죄와 자범죄를 완전히 씻어 주시고, 율법에서 완전히 자유케
하신 것을 밝혀주지 못하고 있다. 또한 우리의 구세주로 오신
하나님의 아들 예수 그리스도의 십자가의 대속으로 구원받았다
고 하면서, 자범죄의 근원인 원죄가 사라지면 자범죄를 다시

짓지 아니한다는 것을 알지 못한다. 만일 모든 그리스도인들이 구주되신 예수 그리스도로 말미암아 자기가 죄와 율법에서 완전 자유이며, 다시는 죄를 짓지 아니하는 하나님의 거룩한 자녀 되었음을 깨닫게 된다면, 막 나은 송아지와 같이 길거리에 나가서 뛰며 춤추며 기뻐하리라.

내 이름을 경외하는 너희에게는 의로운 해가 떠올라서 치료하는 광선을 발하리니 너희가 나가서 외양간에서 나온 송아지같이 뛰리라(말 4:2).

먼저 신학적으로 원죄의 신학이 확고하게 정립되어야 한다. 오직 예수! 성령으로 말미암아 성부 하나님이시고, 성자 예수님이신 성경 말씀으로 깨어져 내 안의 옛사람을 깨트리시고 충만해 있으면 죄가 깨끗이 씻어지고 성령으로 항상 충만하여 주님과 동행하며, 그리스도 닮은 그리스도인으로 항상 기뻐하고, 쉬지 않고 기도하며, 범사에 감사하며, 모든 것을 용서하며, 사랑하며 살면 그 삶이 이미 천국의 삶인 것이며, 하나님께서 우리에게 원하셔서 자기 목숨을 내어주신 위대한 뜻인 것이다. 그리고 그것은 현세에서 하나님께서 우리에게 바라시는 것이고, 또 우리가 현세에서 해야 하는 것이며, 또한 율법에서 벗어나서 말씀으로 깨어져 성령충만을 받으면 현세에서 할 수 있는 것이다.

하나님의 말씀은 살았고 운동력이 있어 좌우에 날선 어떤 검보다도 예리하여 혼과 영과 및 관절과 골수를 찔러 쪼개기까지 하며 또 마음의 생각과 뜻을 감찰하나니 지으신 것이 하나라도 그 앞에 나타나지 않음이 없고 오직 만물이 우리를 상관하시는 자의 눈앞에 벌거벗은 것 같이 드러나느니라(히 4:12-13).

모든 그리스도인들이 성령으로 씻김 받아 마음에서 시기, 질투, 원망, 불평, 분노, 미움 등이 완전히 사라지고 원죄에서 벗어나 서로 도우며, 용서하며, 사랑하며 살게 된다면 우리는 내세에서도 자동적으로 천국 백성이 되는 것이다.

이현갑의 『사중복음 해설』(146)에 보면 '기독교인들이 사는 동안 원죄에서 자유함을 얻을 수 있느냐는 문제는 크게 두 가지로 구분됩니다. 하나는 칼빈주의자들로 대표되는 의견으로 원죄로부터 자유함은 불가능하다고 보는 의견이며, 다른 하나는 웨슬리주의자들로 대표되는 의견으로 원죄로부터 자유함이 가능하다고 보는 견해입니다.

웨슬리주의자들은 중생 후에 점진적인 성화가 시작되며, 이 점진적인 성화의 과정 중에 또 한 번의 성령의 역사로 말미암아 성령의 순간적인 체험을 하게 된다고 주장합니다. 이것을 가리켜 제2의 은혜(제1의 은혜는 중생) 또는 "온전한 성화"라고 합니다'라고 하였다.

장로교의 구원론은 예수 그리스도의 보혈의 공로가 인간의 죽은 후에 나타난다는 것인가? 그것은 자기 아들을 인간의 죄를 위해서 고난의 십자가로 이 땅에 보내신 하나님의 뜻이 아니다.

장로교의 성화론은 믿으면 중생하고 구원을 받고, 죽을 때까지 죄를 가지고 회개하면서 성화하다가 죽을 때 단번에 성령으로 깨끗해져서 영화하여 견인된다고 한다.

서로 신학적으로 주장하는 바가 있지만 예수 그리스도께서 오신 것은 아담으로부터 온 모든 인간의 원죄와 원죄로 말미암는 자범죄를 깨끗하게 씻어 주셔서 거룩한 하나님의 자녀로 삼으시기 위함이다. 첫 번째 성령의 역사로 중생할 때에는 자아가 덜 깨어져서 자범죄만 씻어지고, 두 번째 말씀과 함께한 성령의 역사로 원죄가 남아있는 옛사람의 자아가 완전히 깨어져 성결하게 되면, 원죄까지 다 씻어져서 현세에서도 완전한 성결에 이르러 성도라 부를 수 있는 그리스도인이 되게 하시는 것이 예수 그리스도를 속죄의 제물로 땅에 보내신 하나님의 뜻이다.

오직 너희를 부르신 거룩한 자처럼 너희도 모든 행실에 거룩한 자가 되라 기록하였으되 내가 거룩하니 너희도 거룩할지어다 하셨느니라(벧전 1:15-16).

속죄의 양으로 오신 예수님의 보혈의 능력이 어찌하여 믿는 자에게 약속하신 아담의 원죄를 다 깨끗하게 하지 못하시겠는가? 이것은 얼마나 큰 죄인가? 그것은 성결을 체험하지 못한 육에 속한 그리스도인들의 생각인 것이다.

모세의 법을 폐한 자도 두 세 증인을 인하여 불쌍히 여김을 받지 못하고 죽었거든 하물며 하나님 아들을 밟고 자기를 거룩하게 한 언약의 피를 부정한 것으로 여기고 은혜의 성령을 욕되게 하는 자의 당연히 받을 형벌이 얼마나 더 중하겠느냐 너희는 생각하라(히 10:28-29).

얼마나 무서운 경고인가? 예수 그리스도의 고난과 보혈로도 원죄에서의 자유함은 불가능하다는 신학은 하루속히 시정되어야만 기독교가 하나님의 뜻을 이 땅에 이루어드리며 많은 영혼을 죄에서 천국으로 인도하는 진정한 복음이 될 것이다. 원죄를 가지고는 계속 자범죄를 지으며 이 땅에서 결코 예수님의 모습을 닮아갈 수 없으며, 그런 거룩하지 못한 그리스도인들을 성도라 부를 수 없으며, 원죄를 가지고 죄를 지면서 완전한 회개를 하지 못하는 그들의 삶을 성화라 부를 수 없다. 온전한 회개를 통하여 원죄가 완전히 깨끗해지지 아니하면 천국 백성의 자격을 얻을 수 없는 것이다.

하나님의 모든 말씀은 이 세상 곧 현세에서 하나님의 자녀답게, 하나님의 백성답게 거룩(성결)을 이루어 서로 사랑하며 살라 하신 것이요 이 땅에서는 죄를 지으며 살다가 죽기 직전에 깨끗하게 하시려고 독생자를 대속자로 땅에 보내신 것이 아니다. 예수 그리스도의 보혈을 믿는 모든 사람에게 생명을 주심을 진정으로 믿는 자는 이 땅에서 거룩한 삶 곧 그리스도 닮은 삶을 살아야 한다. 자기 아들을 아끼지 아니하시고 우리를 위하여 내어주신 사랑의 하나님께서 인간을 원죄를 가지고 죄를 지으며 고통 속에서 일생을 살다가 죽을 때에야 깨끗하게 해주신다는 신학은 정말 하나님의 뜻이 아니다.

오늘날의 기독교의 혼돈의 이유는 예수 그리스도의 십자가의 보혈로 원죄가 완전히 해결되었다는 것을 믿지 않기 때문이다. 다시 말하지만 현재 그리스도인들이 그리스도 안에서 완전 해방을 누리며 예수님 닮은 그리스도인의 모습으로 살지 못하는 것은 첫째로 원죄의 교리에 대한 불확실성 때문이다. 예수 그리스도의 십자가의 대속으로 죄 씻음 받은 것을 머리로는 믿으나 종교개혁 이후 가톨릭과 루터 교회에서의 완전 개혁을 모색한 칼빈의 신학으로 말미암아 원죄가 완전히 깨끗해졌음을 마음으로 믿지 못하고 성결의 신비를 체험하지 못했기 때문이며, 옛사람의 자아가 하나님 자신이신 말씀과 성령으로 완전히 씻어지지 않았기 때문이다.

내가 원하는 바 선은 행하지 아니하고 도리어 원치 아니 하는 바 악은 행하는도다 만일 내가 원치 아니하는 그것을 하면 이를 행하는 자가 내가 아니요 내 속에 거하는 죄니라(롬 7:19-20).

자아가 덜 씻어진 육에 속한 그리스도인들은 항상 여기에 속하여 죄를 짓고 괴로워하지만, 그리스도 안에서 성령과 말씀으로 옛사람의 자아가 다 깨어져 율법에서 해방된 성결한 그리스도인은 주 안에서 평안과 안식을 얻을 수 있다.

그러므로 이제 그리스도 예수 안에 있는 자에게는 결코 정죄함이 없나니 이는 그리스도 예수 안에 있는 생명의 성령의 법이 죄와 사망의 법에서 너를 해방하였음이라(롬 8:1-2).

이보다 더한 원죄의 굴레에서 성령으로 말미암은 자유와 해방의 선포가 어디 있겠는가? 왜 이것을 믿지 않고 깨닫지 못하는지 모르겠다. 어찌하여 성령으로 중생한 많은 그리스도인들도 하나님의 말씀으로 완전히 깨어져서 원죄에서 해방된 기쁨을 함께 누리지 못하는가? 우리는 예수 그리스도로 말미암아 원죄에서 씻김 받고 율법의 묶임에서 해방된 것이다. 해방이다. 얼마나 좋은 복된 소식인가?

율법이 육신으로 말미암아 연약하여 할 수 없는 그것을 하나님은 하시나니 곧 죄를 인하여 자기 아들을 죄 있는 육신의 모양으로 보내어 육신에 죄를 정하사 육신을 좇지 않고 영을 좇아 행하는 우리에게 율법의 요구를 이루어지게 하려 하심이니라(롬 8:3-4).

수많은 우리 조상들은 자유를 얻기 위하여 일본에 대항하다 목숨을 잃었다. 그러나 우리는 값없이 거저 영원히 지옥으로 갈 수밖에 없는 죄에서 하나님의 아들 예수 그리스도의 대속으로 말미암아 해방을 받은 것이다. 아멘 할렐루야! 그러므로 자아가 성령(말씀)으로 완전히 다 깨어져서 원죄가 깨끗하게 씻어지지 아니하고 부분적으로 씻어진 중생한 정도로는 완전한 해방을 알지 못하고 누리지도 못한다.

우리 구주 예수 그리스도의 대속의 은혜로 "율법과 죄에서의 완전한 해방"만이 우리가 성결함을 누리고 하나님의 나라를 예비할 수 있는 것이다. 이것이 아니면 복음이 아니다. 율법으로 말미암는 죄 때문에 하나님이 아들을 보내시어 죄를 정하시고 대신 지셨다고 분명히 성경에 수없이 말씀하고 계시다.

그리스도께서 우리로 자유케 하시려고 자유를 주셨으니 그러므로 굳세게 서서 다시는 종의 멍에를 메지 말라(갈 5:1).

종의 멍에는 율법이다. 자아가 말씀으로 다 깨어지지 아니하면 남아있는 원죄가 율법으로 매어 다시 죄를 짓고, 인간의 노력으로는 절대 벗어나지 못하고 자책으로 고통당하게 된다. 사단의 궤계에서 승리할 수 있도록 말씀충만으로 말미암는 성령충만을 통하여서 육신에 속한 자아가 다 깨어져 성결을 체험하고, 아담에게 속한 옛사람의 남은 자아의 원죄(쓴 뿌리)가 깨끗이 씻어져야 한다. 그때에야 이 세상에서 나의 모습은 간 곳 없고 거룩하신 예수님만 보이는 것이다.

내가 율법으로 말미암아 율법을 향하여 죽었나니 이는 하나님을 향하여 살려 함이니라 내가 그리스도와 함께 십자가에 못 박혔나니 그런즉 이제는 내가 산 것이 아니요 오직 내 안에 그리스도께서 사신 것이라 이제 내가 육체 가운데 사는 것은 나를 사랑하사 나를 위하여 자기 몸을 버리신 하나님의 아들을 믿는 믿음 안에서 사는 것이라(갈 2:20).

피차 사랑의 빚 외에는 아무 빚도 지지 말라 남을 사랑하는 자는 율법을 다 이루었느니라 간음하지 말라 도적질 하지 말라 탐내지 말라 한 것과 그 외에 다른 계명이 있을지라도 네 이웃을 네 자신과 같이 사랑하라 하신 그 말씀 가운데 다 들었느니라 사랑은 이웃에게 악을 행치 아니하나니 그러므로 사랑은 율법의 완성이니라(롬 13:8-10).

목회자들이 알지 못하기 때문에 죄를 원죄와 자범죄로 나누어 설명하지 아니하고, 죄를 회개하라고만 하기 때문에 성령을 받고 감격함으로 죄를 회개하였는데, 자범죄만 회개하게 되어 완전히 깨끗해지지 않은 원죄의 쓴뿌리로 인해서 다시 원치 아니하는 죄를 짓고 회개하고 또 회개하여도 완전한 회개가 되지 못하여 깨끗하게 되기를 원하는 그리스도인들의 마음에 심한 죄책감과 고통(롬 7:15-24)을 느끼게 한다. 그것은 옛사람의 자아가 성령과 말씀으로 완전히 깨어져서 깨끗하게 되지 아니하면 결코 할 수 없는 것이다. 그러므로 그리스도인도 그 속에 남아있는 원죄로 말미암아 원하지 아니하는 악이 자꾸 나타나서 거룩한 삶을 살지 못하게 하고 회개한 죄를 다시 지으며 나쁜 냄새를 나타내게 되는 것이다.

우리가 알거니와 우리 옛사람이 예수와 함께 십자가에 못 박힌 것은 죄의 몸이 멸하여 다시는 죄에게 종노릇 하지 아니하려 함이니 이는 죽은 자가 죄에서 벗어나 의롭다하심을 받았음이니라(롬 6:6-7).

교회에서도 강력하게 원죄와 자범죄를 분리하여 설교하지 않는다. 원죄가 있는 아담으로부터 온 인간에게 원죄와 그 원죄로 말미암아 모든 인간에게서 떠나지 아니하는 원죄의 유혹으로 죄를 범하게 되는 자범죄와 어떻게 같은가? 그리스도의 대속으로 원죄가 깨끗함 받았으면 자범죄도 깨끗함 받은 것이다. 아멘! 이것은 신학이 해명해 주어야 한다. 그것이 되지 않기 때문에 목회자들도 잘 알지 못하며 그리스도인들도 은혜 받고 회개했는데 원죄가 씻어지지 아니하면 항상 또 죄를 짓게 되는 것을 당연한 것으로 생각하고 율법에서 벗어나지 못한다. 그러나 그들은 원죄는 씻어졌다고 생각하지만 자범죄는 죽을 때까지 짓고 회개하면서 살 수밖에 없다고 생각한다.

그러나 그리스도의 십자가의 보혈은 원죄와 원죄로 말미암아 짓게 되는 자범죄를 믿는 모든 자에게 함께 다 씻어 주신 것이다.

원죄까지 다 깨끗해진 성결한 그리스도인은 연약함과 실수와 무지(요한 웨슬리)로 범한 잘못을 그때마다 회개하면 무슨 굉장한 거룩한 일을 해서가 아니고 하나님께서는 요일 1:9절에서 약속하신 용서를 해주시고 죄를 범하기 쉬운 모든 불의에서까지 깨끗하게 해주심으로 항상 성결한 그리스도인으로 살 수 있게 하시는 것이다. 할렐루야!

이 세상사는 짧은 80년, 90년에 서로 용서하고 사랑하면서 살면 그보다 더한 행복이 없으리라. 그러나 원죄가 있는 한 사람들은 서로 미워하며, 시기하며, 질투하며, 불안해하며, 고통하며, 용서하지 못함으로 그 인생이 불행해지고 헛된 곳에서 행복을 찾는다.

임창복의 '한국교회노인대학의 현황 및 미래과제'에서 칼빈은 다음과 같이 말한다. '우리는 우리의 구원의 내용을 그리스도의 죽음과 부활로 나누어서, 그리스도의 죽음에 의해서 죄가 말소되고, 죽음이 말살되었으며 그리스도의 부활에 의해서 의가 회복되며, 생명이 소생했다. 그래서 그리스도의 부활의 덕택으로 그리스도의 죽음은 우리 안에서 그 권능과 효력을 나타냈다고 생각한다'. 그리스도의 죽음으로 죄가 말소되었다고 하면 이 세상에서 사는 동안 다시 죄를 질 수 없다는 것인데 죽을 때까지 죄를 지면서 회개한다는 말은 무슨 말인가?

하나님께로서 난 자마다 죄를 짓지 아니하나니 이는 하나님의 씨가 그의 속에 거함이요 저도 범죄치 못하는 것은 하나님께로서 났음이라(요일 3:9).

하나님께로서 난자마다 범죄치 아니하는 줄을 우리가 아노라
하나님께로서 나신 자가 저를 지키시매 악한 자가 저를 만지지
도 못 하느니라(요일 5:18).

다시 말하지만 인류의 조상 아담에게서 온 죄의 근원인 원죄
가 없어졌으면 자범죄를 다시 짓지 아니하게 되며, 우리는
구원 받은 자로서 주 안에서 성결하고, 온전한 자유인인 것
이다.

제5장
다시 오실 예수 그리스도

✝

제5장
다시 오실 예수 그리스도

Ⅰ. 때를 알라

저희가 물어 가로되 선생님이여 그러면 어느 때에 이런 일이 있겠사오며 이런 일이 이루려 할 때에 무슨 징조가 있사오리까 가라사대 미혹을 받지 않도록 주의하라 많은 사람이 내 이름으로 와서 내가 그로라 하며 때가 가까이 왔다 하겠으나 저희를 좇지 말라 난리와 소란의 소문을 들을 때에 두려워 말라 이 일이 먼저 있어야 하되 끝은 곧 되지 아니하리라 또 이르시되 민족이 민족을 나라가 나라를 대적하여 일어나겠고 또 무서운 일과 하늘로서 큰 징조들이 있으리라(눅 21:7-11).

네가 이것을 알라 말세에 고통 하는 때가 이르리니 사람들은 자기를 사랑하며 돈을 사랑하며 자긍하며 교만하며 훼방하며 부모를 거역하며 감사치 아니하며 거룩하지 아니하며 무정하며 원통함을 풀지 아니하며 참소하며 절제하지 못하며 사나우며 선한 것을 좋아하지 아니하며 배반하며 팔며 조급하며 자고하며 쾌락을 사랑하기를 하나님 사랑하는 것보다 더하며 경건의 모양은 있으나 경건의 능력은 부인하는 자니 이 같은 자들에게서 네가 돌아서라(딤후 3:1-5).

많은 사람들이 기독교인이든 아니든 요즘의 성폭력, 가족까지 포함한 끔찍한 살인, 정치인이나 재벌들의 비리, 심지어는 군 비리까지 불법이 자행되는 세태를 보고 '말세야' 하고 혀를 차며 개탄한다. 그러나 말세의 종말이 왔을 때 자기는 어찌할 것인가 생각하는 것 같지는 않다. 온난화 등 우주의 종말도 곧 이를 것 같지만 개인의 종말은 누구에게나 언제 닥칠지 모르는 것이다. 아직 때가 안 된 것이 아니라 누구나 오늘이라도 그날이 이르면 구원받지 못한 자들은 어찌할 것이며, 그들의 피 값을 누구에게서 찾으시겠는가?

먼저 자기의 영혼의 성결함이 시급함을 깨달아야 한다. 기독교인들은 더욱더 하다. 죄를 떠나지 못하고 '편안하다, 편안하다' 할 그때 예수께서 도적같이 다시 오신다고 말씀하셨다. 아직도 형제를 미워하며 상처와 시기 질투로 마음이 편치 않아 매일 회개 기도를 하면서도 순간의 화를 다스리지 못하고 분노를 폭발하는 그리스도인들이 얼마나 많은가? 하나님께서는 우리를 이 시대의 파수꾼으로 세우셨다. 말씀으로 성령 충만하여 원죄의 깨끗함을 받고 성결한 그리스도인이 되어서 다른 사람들도 죄의 길에서 건져내야 한다.

인자야 내가 너를 이스라엘 족속의 파수꾼으로 세웠으니 너는 내 입의 말을 듣고 나를 대신하여 그들을 깨우치라 가령 내가 악인에게 말하기를 너는 꼭 죽으리라 할 때에 네가 깨우치지 아니하거나 말로 악인에게 일러서 그 악한 길을 떠나 생명을 구원케 하지 아니하면 그 악인은 그 죄악 중에서 죽으려니와 내가 그 피 값을 네 손에서 찾을 것이고 네가 악인을 깨우치되 그가 그 악한 마음과 악한 행위에서 돌이키지 아니하면 그가 그 죄악 중에서 죽으려니와 너는 네 생명을 보전하리라 (겔 3:17-19).

기름을 준비하지 못한 미련한 다섯 처녀와 기름을 준비한 슬기로운 다섯 처녀의 비유에서와 같이 기름을 준비하고 밤이 깊어 다 같이 졸며 잤으나 슬기로운 처녀들은 기름을 더 준비하였으므로 신랑이 왔을 때 맞이하여 혼인 잔치에 들어갈 수 있었고, 미련한 처녀들은 기름이 없었으므로 기름을 사서 채우고 왔을 때는 이미 문이 닫혀 들어가지 못하였다. 우리는 방심하는 어리석은 자가 되지 말고 말씀 충만함으로 성령이 항상 충만하여 기름을 준비하고 항상 깨어 기도하는 성도가 되어야 하겠다. 졸다가 기름이 떨어진 것을 모르고 있는 자가 내가 아닌가 생각하라.

그런즉 깨어있으라 너희는 그 날과 그 시를 알지 못하느니라 (마 25:13).

다시 오시겠다고 약속하신 주님이 도둑같이 밤에 오실지라도 우리는 깨어 기름을 준비하고 신랑 되신 예수님을 맞이할 수 있어야 하겠다.

그 때에 두 사람이 밭에 있으매 한 사람은 데려가고 한 사람은 버려둠을 당할 것이요 두 여자가 맷돌질을 하고 있으매 한 사람은 데려가고 한 사람은 버려둠을 당할 것이니라 그러므로 깨어있으라 어느 날에 너희 주가 임할는지 너희가 알지 못함이니라 너희도 아는 바니 만일 집 주인이 도둑이 어느 시점에 올 줄을 알았더라면 깨어있어 그 집을 뚫지 못하게 하였으리라 이러므로 너희도 준비하고 있으라 생각하지 않은 때에 인자가 오리라(마 24: 40-42).

자기는 잘 알고 있으니 문제없이 구원받을 수 있다고 하면서 다른 사람들에게 권하지 아니하는 사람들이 있다. 성령세례를 받고 처음에는 기쁨으로 교회 생활도 하고 전도도 하지만, 자아가 완전히 깨어지지 아니하면 마음속에 남아 있던 옛사람의 모습(원죄)이 다시 나타나서(롬 7:15-24) 죄를 지으며 회개하나 진정한 회개를 하지 못하고, 세상 사람들로부터 지탄받는 그리스도인으로 살아간다. 성결의 삶을 살 수도 없고, 전도할 열정도 사라지고 죄책감도 차츰 사라진다. 자아가 완전히 말씀으로 깨어져서 성결하게 되지 아니하면 구원받을 수 없고, 거룩하신 하나님 나라에 들어갈 수 없다.

너희는 예루살렘 거리로 빨리 왕래하며 그 넓은 거리에서 찾아보고 알라 너희가 만일 공의를 행하며 진리를 구하는 자를 한 사람이라도 찾으면 내가 이 성을 사하리라(렘 5:1).

우리나라에 기독교가 들어온 지 130여 년이나 되어 교회도 많고 목회자도 많고 장로, 권사, 집사 직분자도 많다. 그러나 현실적으로 주님이 오늘 밤에 오시면 거룩한 옷을 입고 주님 앞에서 들리움을 받을 자가 많지는 않은 것 같다. 하나님께서는 아브라함 때부터 의인 다섯 사람을 찾으셨다. 이 마지막 때를 사는 우리는 하나님께서 찾으시는 이 다섯 사람의 의인인가를 생각해 보아야 한다. 또 우리의 남은 생애 동안 맡기신 영혼들을 구원하기 위하여, 또 하나님이 뽑아 세우신 청지기의 사명을 감당하기 위하여, 또 천국 백성이 되기 위하여 반드시 성결해야 하고 의롭다하심을 인정받아야 한다.

한국에는 많은 교회가 있고 신학교가 있고, 전 국민의 20% 정도의 많은 그리스도인들이 있다. 그러나 그들은 구원이라는 이름의 천 차 만별의 계단에 서 있으면서 참 구원에 이르는 길을 찾아 올라가지 않는다. 그것은 순간에 이루어질 수도 있지만, 성령으로 말씀에 바로 서 있지 아니하면, 지금까지 올라간 길에서 순식간에 떨어져 버릴 수도 있다는 것을 알아야 한다.

드라마나 현실적인 이 세상에서도 재벌에 시집간 신데렐라들이 생활양식의 격차 때문에 심한 고통을 당하다가 이혼하는 경우를 많이 본다. 하물며 하나님의 거룩한 천국에 들어가려면 하나님이 거룩하시니 어느 정도로 깨끗한 영혼이어야 할까 생각해 보자. 예수 그리스도의 십자가의 보혈로 나는 완전히 깨끗함을 받았는가? 그것은 생각으로 알 수 있는 것이 아니고 반드시 성령 안에 있지 아니하면 알 수 있는 것이 아니다. 성령으로 중생함을 받고 하나님의 말씀 안에서 진정한 회개를 통하여 옛사람의 자아가 완전히 깨어져서 원죄가 깨끗이 씻김 받아 성결해지지 아니하면 지금까지 새벽기도하고, 교회 일도 많이 하고, 봉사와 헌금을 많이 했어도 천차만별의 층계 위에서 순간에 떨어질 수 있다.

내가 진실로 너희에게 말하노니 이 세대가 지나가기 전에 모든 일이 다 이루리라 천지는 없어지겠으나 내 말은 없어지지 아니하리라 너희는 스스로 조심하라 그렇지 않으면 방탕함과 술 취함과 생활의 염려로 마음이 둔하여 지고 뜻밖에 그 날이 덫과 같이 너희에게 임하리라 이 날은 온 지구상에 거하는 모든 사람에게 임하리라 이러므로 너희는 장차 올 이 모든 일을 능히 피하고 인자 앞에 기도하며 깨어 있으라 하시니라(눅 21:32-36).

무화과나무의 비유를 배우라 그 가지가 연하여지고 잎사귀를 내면 여름이 가까운 줄을 아나니 이와 같이 너희도 이 모든 일을 보거든 인자가 가까이 문 앞에 이른 줄 알라 내가 진실로 너희에게 말하노니 이 세대가 지나가기 전에 이 일이 다 이루리라 천지는 없어지겠으나 내 말은 없어지지 아니하리라(마

24:32-35).

그 날 환난 후에 해가 어두워지며 달이 빛을 내지 아니하며 별들이 하늘에서 떨어지며 하늘의 권능들이 흔들리리라 그 때에 인자의 징조가 하늘에서 보이겠고 그때에 땅의 모든 족속들이 통곡하며 그들이 인자가 구름을 타고 능력과 큰 영광으로 오는 것을 보리라 저가 큰 나팔소리와 함께 천사들을 보내리니 저희가 그 택하신 자들을 이 끝에서 저 끝까지 사방에서 모으리라(마 24:29-31).

성령 안에서 그리스도의 완전하심 같이 완전하지 아니하고 마지막 날에 올리우심을 입으며 하늘에서 항상 주와 함께 있을 수 있겠는가? 우리가 감히 완전이란 말을 할 수 없지만 그리스도의 보혈은 주님만을 의지하는 모든 자를 완전케 하실 수 있음을 믿어야 한다. 진정으로 회개하고 말씀으로 하나님 안에서 항상 성결하여 성화되어 갈 수 있도록 최선을 다해야 하겠다.

일어나 빛을 발하라 이는 네 빛이 이르렀고 여호와의 영광이 네 위에 임하였음이니라 보라 어두움이 땅을 덮을 것이며 캄캄함이 만민을 가리우려니와 오직 여호와께서 네 위에 임하실 것이며 그 영광이 네 위에 나타나리니 열방은 네 빛으로 열왕은 비취는 네 광명으로 나아오리라(사 60:1-3).

주님이 다시 오실 때에 어떻게 판단 받을지 때가 급한 이 때에 각성해야 한다.

그 주인이 이르되 잘 하였도다 착하고 충성된 종아 네가 작은 일에 충성하였으매 내가 많은 것으로 네게 맡기리니 네 주인의 즐거움에 참예할지어다 하고(마 25:23).

이 무익한 종을 바깥 어두운 데로 내어 쫓으라 거기서 슬피 울며 이를 갊이 있으리라 하니라(마 25:30).

Ⅱ. 오직 하나님만을 의뢰하라

야곱아 너를 창조하신 여호와께서 이제 말씀 하시느니라 이스라엘아 너를 조성하신 자가 이제 말씀하시느니라 너는 두려워 말라 내가 너를 구속하였고 내가 너를 지명하여 불렀나니 너는 내 것이라 네가 물 가운데로 지날 때에 내가 함께할 것이라 강을 건널 때에 물이 너를 침몰치 못할 것이며 네가 불 가운데로 행할 때에 타지도 아니할 것이요 불꽃이 너를 사르지도 못하리니(사 43:1-2).

너는 마음을 다하여 여호와를 의뢰하고 네 명철을 의지하지 말라 너는 범사에 그를 인정하라 그리하면 네 길을 지도하시리라 스스로 지혜롭게 여기지 말지어다 여호와를 경외하며 악을 떠날지어다(잠 3:5-7).

하나님은 사람을 영적인 존재로 만드셨기 때문에 모든 인간은 무엇인가를 믿고 의지하려는 종교성이 있다. 그리하여 인간들은 많은 헛된 우상을 신으로 만들어 섬기고 있다. 모든 만물을 창조하시고 지금도 우주에 운행하시며, 우리의 생사화복을 주장하시는 살아계신 하나님을 아버지라고 부르며 말씀과 성령으로 그 안에 거할 수 있는 우리는 얼마나 큰 축복을 받은 사람들인가? 그러므로 우리는 하나님의 영광의 자유 안에서 약속하신 모든 것을 누리며 살아갈 수 있는 것이다. 우리의 영혼이 매일 주를 바라며 주의 긍휼히 여기심을 힘입으면 다윗처럼 고난 속에서도 승리하며 나아갈 수 있다.

하나님이여 사슴이 시냇물을 찾기에 갈급함 같이 내 영혼이 주를 찾기에 갈급하나이다 내 영혼이 하나님 곧 생존하시는 하나님을 갈급하나니 내가 어느 때에 나아가서 하나님 앞에 뵈올꼬(시 42:1-2).

여호와여 주께서 나를 감찰하시고 아셨나이다 주께서 나의 앉고 일어섬을 아시며 멀리서도 나의 생각을 통촉하시오며 나의 모든 행위를 익히 아시오니 여호와여 내 혀의 말을 알지 못하시는 것이 하나도 없으시니이다(시 139:1-4).

여호와를 경외하며 그 도에 행하는 자마다 복이 있도다(시 128:1).

주께서 심지가 견고한 자를 평강에 평강으로 지키시리니 이는 그가 주를 의뢰함이니이다(사 26:3).

두려워 말라 내가 너와 함께 함이니라 놀라지 말라 나는 네 하나님이 됨이니라 내가 너를 굳세게 하리라 참으로 너를 도와주리라 참으로 나의 의로운 오른 손으로 너를 붙들리라(사 41:10).

사람이 마음으로 자기의 길을 계획할지라도 그 걸음을 인도하시는 자는 여호와시니라(잠 16:9.)

여호와여 내가 전심으로 부르짖었사오니 나를 구원하소서 내가 주의 증거를 지키리이다 내가 새벽 전에 부르짖으며 주의 말씀을 바랐사오며 주의 말씀을 묵상하려고 내 눈이 야경이 깊기 전에 깨었나이다 주의 인자하심을 따라 내 소리를 들으소서 여호와여 주의 규례를 따라 나를 살리소서(시 119:145-148).

하나님께 가까이함이 내게 복이라 내가 주 여호와를 나의 피난처로 삼아 주의 모든 행사를 전파 하리이다(시 73:28).

하나님을 가까이하라 그리하면 너희를 가까이하시리라 죄인들아 깨끗이 하라 두 마음을 가진 자들아 마음을 성결케 하라(약 4:8).

내가 아뢰는 날에 네 원수가 물러가리니 하나님이 나를 도우심인줄 아나이다 내가 하나님을 의지하여 그 말씀을 찬송하며 여호와를 의지하여 그 말씀을 찬송하리이다(시 56:9-10).

오직 저만 나의 반석이시요 나의 구원이시요 나의 산성이시니 내가 요동치 아니하리로다 나의 구원과 영광이 하나님께 있음이여 내 힘의 반석과 피난처도 여호와께 있도다 백성들아 시시로 저를 의지하고 그 앞에 마음을 토하라 하나님은 우리의 피난처시로다(시 62:6-8).

나의 힘이 되신 여호와여 내가 주를 사랑하나이다 여호와는 나의 반석이시요 나의 요새시요 나를 건지시는 자시요 나의 하나님이시요 나의 피할 바위시요 나의 방패시요 나의 구원의 뿔이시요 나의 산성이시로다(시 37:1-2).

근래에 세계적으로 온난화로 말미암아 나타나는 기상 이변(지진, 홍수, 가뭄, 태풍, 해일 등)과 또 많은 안티 기독교인들이 나타난 이런 징조도 하나님께서 우리에게 회개하라고 주시는 말세에 대한 경고라고 생각한다. 그러나 기독교인들이 항상 회개한다고 하면서도 회개해야 할 죄(원죄-더러움, 교만, 누추함. 악함, 의심, 시기, 질투, 원망, 증오 등)가 무엇인지조차도 알지 못하며 하나님의 거룩이 어떤 상태인지를 전혀 감지하지 못하고 있는 것 같다. 안타깝게도 그것을 알지 못하는데 어떻게 거룩하게 되며 어떻게 죄를 떠나겠는가?

인간은 모든 인간에게 원죄가 있다는 것을 알아야 하며 더욱 그리스도인은 반드시 알아야 한다. 원죄를 알지 못하고 죄라고만 생각하기 때문에 죄를 회개했다고 생각하나 죄를 완전히 떠나지 못하고 죄와 더불어 살고 있게 되는 것이다. 신학이 그렇게 말하고, 목회자들이 밝혀주지 못하기 때문에 원죄에서 떠나지 못하고 육에 속한 그리스도인들로 교회마다 가득 차 있는 것이다. 그것은 종이 한 장의 차이(요한 웨슬레-머리카락 하나의 차이)인 것 같으나 지옥이냐 천국이냐를 정하는 엄청난 차이인 것이다. 믿기만 하면 구원을 받는다고 하여서 꼭 무엇을 믿어야 하는지도 잘 알지 못하면서 자기는 구원받았다고 생각하는 대부분의 기독교인들이 자기의 내면을 들여다보고 자기의 영혼이 어느 지경에 처해있는지 보지 못하고, 죄가 있는 것은 당연하다고 생각하게 하는 기독교의 선각자들의 각성이 시급히 필요하다고 생각한다.

말씀이 내게 있으면 내가 낙심치 아니하며 하나님의 자비하심과 긍휼하심 안에 위로와 용기를 얻고 주님과 함께 살 수 있다. 하나님의 말씀만을 의뢰해야 한다. 하나님께서 우리를 깨달아서 구원에 이르게 하시려고 성경 전체에 기가 막힌 은혜의 말씀을 또 하시고 또 하시지 않았는가? 하나님께서는 길이시며 진리이시며 생명이시며 하나님 자신이신 이 말씀들이 모든 그리스도인들에게 성령으로 심혼 골수를 쪼개어 하늘 문을 여시고 영과 혼과 육에 복을 넘치도록 부어주시기를 간절히 바라신다. 하나님께서 우리를 깨끗하게 하시어서 거룩한 자녀 삼아주시려고 성경 전체에서 말씀하고 또 말씀하고 계시지 않는가? 여기에 인용한 말씀들 외에도 성경 전체에 얼마나 많은 말씀으로 하나님을 의뢰하여 우리를 은혜 안으로 인도하려고 하시는지 이 지면에 다 인용할 수 없음을 안타깝게 생각한다.

내 영혼아 네가 어찌하여 낙망하며 내가 어찌하여 내 속에서 불안하여 하는 고 너는 하나님을 바라라 그 얼굴의 도우심을 인하여 내가 오히려 찬송하리로다(시 42:5).

주께서 율례를 내게 가르치시므로 내 입술이 찬송을 발할지니이다. 주의 계명이 의로우므로 내 혀가 주의 말씀을 노래할지니이다. 내가 주의 법도를 택하였사오니 주의 손이 항상 나의 도움이 되게 하소서(시 119:171-173).

하나님은 우리의 피난처시요 힘이시니 환난 중에 만날 큰 도움이시라 그러므로 땅이 변하든지 산이 흔들려 바다 가운데 빠지든지 바닷물이 흉용하고 뛰놀든지 그것이 넘침으로 산이 요동 할지라도 우리는 두려워 아니 하리로다(시 46:1-3).

내가 산을 향하여 눈을 들리라 나의 도움이 어디서 올꼬 나의 도움이 천지를 지으신 여호와에게 서로다 여호와께서 너로 실족지 않게 하시며 너를 지키시는 자가 졸지 아니하시리로다 이스라엘을 지키시는 자는 졸지도 아니하시고 주무시지도 아니하시리로다 여호와는 너를 지키시는 자라 여호와께서 네 우편에서 네 그늘이 되시나니 낮의 해가 너를 상치 아니하며 밤의 달도 너를 해치 아니하리로다 여호와께서 너를 지켜 모든 환난을 면케 하시며 또 네 영혼을 지키시리로다 여호와께서 너의 출입을 지금부터 영원까지 지키시리로다(시 121:1-9).

보라 하나님은 나의 구원이시라 내가 의뢰하고 두려움이 없으리니 주 여호와는 나의 힘이시며 나의 노래시며 나의 구원이심이라 그러므로 너희가 기쁨으로 구원의 우물들에서 물을 길으리로다(사 12:2-3).

나의 영혼이 잠잠히 여호와만 바람이여 나의 구원이 그에게서 나는 도다 오직 저만 나의 반석이시요 나의 구원이시요 나의 산성이시니 내가 크게 요동치 아니하리로다(시 62:1-2).

내가 하나님을 의지하고 그 말씀을 찬송하올지라 내가 하나님을 의지하였은즉 두려워 아니하리니 혈육 있는 사람이 내게 어찌하리이까(시 56:4).

하나님이여 나를 긍휼히 여기시고 나를 긍휼히 여기소서 내 영혼이 주께로 피하되 주의 날개 그늘 아래서 이 재앙이 지나기까지 피하리이다 내가 지극히 높으신 하나님께 부르짖음이여 곧 나를 위하여 모든 것을 이루시는 하나님께로다(시 57:1-2).

하나님께 가까이함이 내게 복이라 내가 주 여호와를 내 피난처로 삼아 주의 모든 행사를 전파하리이다(시 73:28).

하나님이 가라사대 저가 나를 사랑한즉 내가 저를 건지리라 저가 내 이름을 안즉 내가 저를 높이리라 저가 내게 간구하리니 내가 응답하리라 저희 환난 때에 내가 저와 함께하여 저를 건지고 영화롭게 하리라(시 91:14-15).

이는 하늘이 땅에서 높음같이 그를 경외하는 자에게 그 인자하심이 크심이로다 동이 서에서 먼 것 같이 우리 죄과를 우리에게서 멀리 옮기셨으며 아비가 자식을 불쌍히 여김 같이 여호와께서 자기를 경외하는 자를 불쌍히 여기시나니 이는 저가 우리의 체질을 아시며 우리가 진토임을 기억하심이로다 인생은 그날이 풀과 같으며 그 영화가 들의 꽃과 같도다 그것은 바람이 지나면 없어지나니 그 곳이 다시 알지 못하거니와 여호와의 인자하심은 자기를 경외하는 자에게 영원부터 영원까지 이르며 그의 의는 자손의 자손에게 미치리니 곧 그 언약을 지키고 그 법도를 기억하여 행하는 자에게로다(시 103:11-18).

너는 알지 못하느냐 듣지 못하였느냐 영원하신 하나님 여호와, 땅끝까지 창조하신 자는 피곤치 아니하시며 곤비치 아니하시며 명철이 한이 없으시며 피곤한 자에게는 능력을 주시며 무능한 자에게는 힘을 더 하시나니 소년이라도 피곤하며 곤비하며 장정이라도 넘어지며 자빠지되 여호와를 앙망하는 자는 새 힘을 얻으리니 독수리의 날개 치며 올라감 같을 것이요 달음박질 하여도 곤비치 아니 하겠고 걸어가도 피곤치 아니하리로다 (사 40:28-31).

부르짖고, 찬양하고, 감사하고, 기뻐하며 사랑하는 이 놀라운 은혜가 예수 그리스도를 통하여 하나님께서 자기 백성들에게 주시는 축복이며 사랑이다. 이 세상의 어둠 가운데서 갈 길을 몰라 방황하는 많은 인간들이 길이요, 진리요, 생명이시며 빛이신 예수님께로 나아와야 한다. 때가 급한 이때에 모든 인간은 생명을 다하여 성령이 아니고는 알 수도 없고, 이 세상 어떤 금은보화보다도 더 귀한 보물인 성경 안에 있는 하나님의 말씀 속으로 들어가서 오직 하나님만을 의뢰하여 하늘나라의 비밀이며, 자격을 얻는 성결에 이르는 법을 배워야 한다. 누구나 회개하고 돌아오는 자를 문밖에서 기다리시고, 안아 주시며 기가 막힌 약속으로 지켜주시는 하나님 우리 아버지께로 나아와야 한다.

우리에게 있는 대 제사장은 우리 연약함을 체휼하지 아니하는 자가 아니요 모든 일에 우리와 한 결 같이 시험을 받은 자로되 죄는 없으시니라 그러므로 우리가 긍휼하심을 받고 때를 따라 돕는 은혜를 얻기 위하여 은혜의 보좌 앞에 담대히 나아갈지라(히 4:15-16).

Ⅲ. 죄를 떠나라

50년 전까지만 해도 인간은 영혼과 육체의 두 부분으로 되어 있다고 생각하는 이분설을 주장하며 신학적으로 삼분설을 이단으로 규정하였던 때가 있었다고 한다. 원래 하나님께서는 사람에게 흙으로 혼과 육을 주시고 하나님의 생기(영)를 코에 불어넣으셔서 사람이 영과 혼과 육의 삼 부분으로 되어있으므로 삼분설이 맞는 것이다.

인간이 타락함으로 성령은 떠나고 사단의 영이 자리 잡게 되었다. 하나님을 만나기 전의 사람은 사단의 영의 지배를 받으며 혼(자아)이 깨어지지 아니하면 성령은 그의 영에 들어가실수 없다. 하나님께서는 인간을 그림 (1)에서처럼 영과 혼과 육의 세 부분으로 만드셨기 때문에 혼(자아-지, 정, 의)을 그리스도의 보혈과 말씀으로 깨트리고 씻어 온전한 성령의 지배를 받는 성결한 자기 백성 삼으시기를 원하신다.

하나님께서 우리의 영에 들어오시려면 반드시 사단의 지배를 받던 자아를 깨트리셔야만 한다. 그러나 자아가 완전히 다 깨어지지 아니하면 성령에 씻김을 받은 만큼만 성령의 사람이 된다. 그러므로 다 깨어지지 아니하면 완전한 성령의 사람이 될 수 없다.

아담에게 속하여 성령이 떠나고 타락한 사람의 영은 인간을 타락시킨 사단의 영이 주인이며, 사단이 그의 자아(마음)를 주장하여 그의 마음속에 가득한 더러운 원죄로 말미암아 안에 있는 더러운 것들이 밖으로 나와서 그 사람을 더럽게 하며, 오늘날의 이 사회는 서로 믿을 수도 없고, 사랑할 수도 없고, 청소년들에게조차 말을 잘못했다가 노인이 맞아 죽는 끔찍하고 무서운 일들이 큰 놀라움과 안타까움 없이 보도되곤 하는 세상이다. 어찌 이 시대의 이런 일들이 있으리요. 이것이 곧 내 아들들이며, 우리들의 모습이 아니겠는가? 그들은 하나님을 알지 못하고, 하나님의 긍휼을 알지 못하나, 우리는 예수 그리스도의 대속을 믿어 구원을 얻은 사람이라고 자부하는 그리스도인들이다. 성령을 받았다고 하며 은혜를 받았다고 하는 사람들이다. 세상 사람들은 이러한 그리스도인들로부터 성경에 있는 예수님의 모습을 발견하기를 원한다. 그러나 육에 속한 그리스도인은 진정한 회개를 통하여 그리스도의 십자가의 보혈로 다 씻어지지 않은 원죄의 쓴 뿌리(죄성) 때문에 영육의 싸움이 계속되며, 원치 아니하는 죄(자범죄)를 지으며 회개하고 또 회개하지만 완전한 회개를 하지 못하여 죄를 이기지 못하고, 부끄럽고 위선적인 육에 속한 그리스도인의 모습으로 살아간다. 계속 죄를 지면서 살다 보면 차츰 양심도 마비되고, 부끄러움도 모르고 세상 사람들과 똑같이 삶의 기준이 성경에서 떠나 버린다. 죄는 자기 자신을 속이고, 거룩하게 살기도 어렵고 다른 사람들도 다 죄를 짓고 사는데 거룩하게 살려고 그렇게 애쓸 필요도 없고 자기만 거룩하게 살려고 하는 것은 바보짓이다 하고 죄로 다시 돌아간다. 아담의 후손인 모든 인간의 마음에는 원죄가 있다는 것을 알지만 정확히 우리를 더럽게 하고 악하게 하는 그 원죄의 본체는 잘 알지 못하는 것 같다.

또 가라사대 사람에게서 나오는 그것이 사람을 더럽게 하느니라. 속에서 곧 그 사람의 속에서 나오는 것은 악한 생각 곧 음란과 도적질과 살인과 간음과 탐욕과 악독과 속임과 음탕과 흘기는 눈과 훼방과 교만과 광패니 이 모든 악한 것이 다 속에서 나와서 사람을 더럽게 하느니라(막 7:20-23).

우리는 이 악한 죄에 더 이상 묶여 있을 수 없다. 주 예수 그리스도의 십자가의 피로 우리의 모든 죄가 깨끗하게 씻어져 하나님의 거룩에 참여한 자가 되었다. 그러나 성령세례를 받은 그리스도인들에게도 성령으로 깨어졌으나 부분적으로 깨어졌기 때문에 깨어지지 않은 부분에는 원죄가 남아있어서 항상 죄와 싸우며 성결한 삶을 살 수 없다. 죄를 가지고는 구원을 받을 수 없으며 거룩하신 하나님의 나라에 들어갈 수 없다. 하루 속히 죄를 버리고 거룩한 하나님의 자녀의 본질을 회복해야 하지 않겠는가?

오직 각 사람이 시험을 받는 것은 자기 욕심에 끌려 미혹됨이니 욕심이 잉태한 즉 죄를 나고 죄가 장성하여 사망을 낳느니라(약 1:14-15).

이 세상이나 세상에 있는 것들을 사랑치 말라 누구든지 세상을 사랑하면 아버지의 사랑이 그 속에 있지 아니하니 이는 세상에 있는 모든 것이 육신의 정욕과 안목의 정욕과 이생의 자랑이니 다 아버지께로 좇아 온 것이 아니요 세상으로 좇아 온 것이라 이 세상도 그 정욕도 지나가되 오직 하나님의 뜻을 행하는 이는 영원히 거하느니라(요일 2:15-17).

모든 육에 속한 그리스도인들이 죄를 버리지 못하는 이유는 신학이 '모든 그리스도인들도 인간이기 때문에 죄가 있다'라고 하는 것에 가장 큰 원인이 있다고 생각한다. 그리고 죄를 다 버리고는 빡빡하여(재미도 없고 무서워서) 이 세상에 어떻게 살겠는가? 죄를 가지고 벌거벗은 것처럼 세상에 나갈 일이 두려운 것이다. 하나님께서 죄 없는 자기 아들을 이 땅에 보내셔서 십자가의 피로 모든 인간의 죄를 씻어주시려고 작정하신 것과 예수님의 그 엄청난 십자가의 고난이 죽을 수밖에 없는 자기의 그 더러운 죄 때문이라는 것을 망각하고 있는 것이다. 하나님께서 죄를 짓고 부끄러워서 나무 뒤에 숨은 아담과 하와에게 가죽옷을 지어 입혀서 가려 주신 것같이, 그리스도의 보혈로 죄 씻음 받은 것을 믿는 자에게는 거룩한 성령의 갑옷을 입혀 주셔서 이세상의 모든 악함에서 지켜주실 것을 믿는다. 그리고 하나님 없는 이 세상의 즐거움이 아닌, 하나님의 몸 되신 교회의 지체로서, 가족을 사랑하고, 이웃을 사랑하고, 주신 재능을 사랑하고, 최선의 삶을 통하여 하나님 나라 확장에 항상 즐거움으로 참여하는 승리의 삶을 살아야 한다.

신학자들은 일생 동안 연구비를 들이면서 하나님과 성경을 연구한 학자들이다. 물론 연구하고 이단이 되고, 연구하고 자유주의 신학이 되는데 무슨 말을 할 수 있으랴 만은 지금까지 바른 연구로 바른 신학을 제시해 준 웨슬리의 성결론은 성경을 가장 하나님의 뜻에 합당하게 전개한 그의 신학을 그의 사후에 감리교 신학자들이 바르게 전수하지 못하여 다시 처음으로 돌아가고 신학을 혼미 속에 빠지게 하였다.

분명히 그리스도의 피로 자기 죄가 완전히 씻김 받은 것을 믿고 성령충만한 성결한 그리스도인이며, 하나님께서 죄가 없다고 하신 것을 마음에 진심으로 믿고 행하는 그리스도인들은 영적인 그리스도인들이다. 모든 그리스도인들이 믿음으로 구원받는다고 하는데 실제적으로 무엇을 꼭 믿어야 하는지 잘 알지 못한다. 완전한 성령의 인도를 받지 못하는 육에 속한 그리스도인들에게는 아직도 원죄가 남아 있으므로 죄에서 떠나지 못한다.

이와 같이 너희도 너희 자신을 죄에 대하여는 죽은 자요 그리스도 안에서 하나님을 대하여는 산 자로 여길지어다(롬 6:11).

그리스도의 사람은 죄에 대하여는 죽은 자요 그리스도 안에서는 산 자가 된 것을 믿어야 한다. 성령의 사람은 영으로써 육신의 모든 욕망으로부터 오는 죄를 이겨내야만 하나님의 자녀로 승리하며 성화되어 갈 수 있다.

그러므로 형제들아 우리가 빚진 자로되 육신에게 져서 육신대로 살 것이 아니니라 너희가 육신대로 살면 반드시 죽을 것이로되 영으로써 몸의 행실을 죽이면 살리니 무릇 하나님의 영으로 인도함을 받는 그들은 곧 하나님의 아들이라(롬 8:12-14).

주님이 오실 때가 가까운 줄 알면서도 오늘날처럼 교단도 많고, 교파도 많아 기독교인들도 잘 모르는 것을 믿어 보려고 하는 비신자들이 무엇을, 어떻게 믿어야 할지, 어느 교단에 들어가야 할지 어찌 알며, 왜 교파가 그렇게 많으냐고 하면서 오히려 냉소적이고 의심하며 조소한다. 교회에 다니는 사람들 중에도 세상 가운데서 나오지 아니하고 세상 사람인지 교인인지 모르게 행동하는 사람도 많이 있다. 거짓으로 사람을 속이기도 하고 나쁜 편지로 나타나서 우리를 부끄럽게 한다. 우리는 그리스도의 말씀으로 마음에 할례를 받아 죄의 냄새가 아닌 그리스도의 냄새로, 그리스도의 편지로, 누구에게나 그리스도 닮은 그리스도인으로, 또는 거룩한 하나님의 자녀로 나타나야 한다.

악을 떠나는 것은 정직한 자의 대로니 그 길을 지키는 자는 자기의 영혼을 보전하느니라(잠 16:17).

예루살렘아 네 마음에 악을 씻어 버리라 그리하면 구원을 얻으리라 네 악한 생각이 네 속에서 얼마나 오래 머물겠느냐(렘 4:14).

우리는 그리스도의 말씀으로 마음에 할례를 받아 죄의 냄새가 아닌 그리스도의 냄새로, 그리스도의 편지로, 누구에게나 그리스도 닮은 그리스도인으로, 또는 거룩한 하나님의 자녀로 나타나야 한다. 거룩한 성령 안에 말씀으로 거하면 죄를 지을 수 없으며 원죄가 없으므로 죄를 떠날 수 있다.

하나님께로서 난 자마다 범죄치 아니하는 줄을 우리가 아노라 하나님께로서 나신자가 저를 지키시매 악한 자가 저를 만지지도 못 하느니라(요일 5:18).

중세의 가톨릭의 수도사들은 고행하며, 인내하며, 죄의 유혹을 이겨내는 것으로 죄를 다스려서 하나님께 성결을 지키려 하였다. 그것은 존경받을만한 대단한 일이지만, 그것은 성서를 잘못 해석하여 예수 그리스도를 믿음으로 말미암는 완전한 해방과 자유를 알지 못한 어리석은 고행이라고 안타깝게 생각한다. 지금도 수도원에는 거룩하게 살아보려고 몸부림치는 수도사들이 있다.

외모로 보시지 않고 각 사람의 행위대로 판단하시는 자를 아버지라 부른즉 너희의 나그네로 있을 때를 두려움으로 지내라(벧전 1:17).

Ⅳ. 그리스도 닮은 그리스도인이 되라

하나님이 미리 아신 자들로 또한 그 아들의 형상을 본 받게 하기 위하여 미리 정하셨으니 이는 그로 많은 형제 중에서 맏아들이 되게 하려 하심이니라(롬 8:29).

성령 안에 있는 하나님의 자녀들은 당연히 하나님의 아들 예수 그리스도의 모습을 닮아가야 하는데 이것은 처음부터 정하신 하나님의 뜻이다. 현재 한국에는 많은 신학교가 있고, 많은 주의 종들이 복음 전파에 힘쓰고 있으나 몇 십 년 전보다 경제적으로 잘살게 되었고, 오히려 여유가 있어야 할 사람들의 마음이 더욱 강퍅해져서 듣기는 많이 들어서 알고는 있으나 복음으로 받아드리지 않는 등 여러 가지 이유로 전도하기도 힘들고, 기독교인들도 완전히 깨어지기가 점점 힘들어져 가고 있다.

한국에는 모든 인간이 이 세상에서 추구하는 자신만의 부귀와 명예와 행복을 하나님 앞에 내려놓고, 세계 방방곡곡의 오지에서 목숨을 걸고 복음을 전하고 있는 2만 2천여 명의 선교사들이 있지만 안타깝게도 '안티 기독교인'들의 수도 늘어가고 있다. 우리가 자기들이 알지 못하는 하나님이란 분을 믿는다고 하고, 죄에서 구원을 받아 천국에 간다고 하니 세상 사람들은 기독교인들을 미워한다. 예수님께서는 하나님의 아들이라고 하면서 "회개하라 천국이 가까왔느니라" 하셨고, 자기를 "믿으면 의롭다 함을 받아 구원을 얻는다"는 복음을 전하셨기 때문에 세상에 속하고, 세상에서 즐거움을 찾는 자들은 예수님을 미워하고 또 그리스도인들을 미워한다.

세상이 너희를 미워하면 너희보다 먼저 나를 미워한 줄 알라 너희가 세상에 속하였으면 세상이 자기의 것을 사랑할 터이나 너희는 세상에 속한 자가 아니요 도리어 세상에서 나의 택함을 입은 자인고로 세상이 너희를 미워하느니라(요 15:18-19).
내가 아무도 못한 일을 저희 중에서 하지 아니 하였더면 저희가 죄 없었으려니와 지금은 저희가 나와 및 내 아버지를 보았고 또 미워하였도다(요 15:24).

그런데 오늘날 기독교인들을 더욱 싫어하는 '안티 기독교인'들이 점점 많아지는 이유는 우리가 육에 속하여서 그들과 크게 다를 것 없이 살면서 입으로는 구원을 말하고, 성령을 말하고, 사랑을 말하고, 천국을 말하며 하나님이 아버지라고 하는 것을 그들은 참을 수 없기 때문이다. 거룩하지 못하면 차라리 거룩하지 못한 것처럼 살고, 구원받지 못할 것 같으면 구원받지 못할 것처럼 살았으면 저들이 우리를 미워할 이유가 없다. 그러나 그들이 볼 때 그들과 다를 것이 하나도 없는 사람들이 하나님의 자녀라고 하며, 그들도 가고 싶지만 갈 수 없을 것이라고 생각되는 천국에 간다고 하며, 예수만 믿으면 구원을 받는다고 하는 것을 그들은 참을 수 없는 것이다.

피조물의 고대하는 바는 하나님의 아들들의 나타나는 것이니 피조물이 허무한데 굴복하는 것은 자기 뜻이 아니요 오직 굴복케 하시는 이로 말미암음이라 그 바라는 것은 피조물도 썩어짐의 종노릇 한데서 해방되어 하나님의 자녀들의 영광의 자유에 이르는 것이니라(롬8: 19-21).

이 말씀을 가만히 보니 너무도 놀라운 일이다. 하나님을 알지 못하는 다른 피조물들은 하나님에 대해서 관심이 없는 줄 알았는데 바울은 피조물이 하나님의 아들들이 나타나기를 고대하며, 그들도 하나님의 아들들의 영광의 자유에 이르기를 원한다고 하였다. 그들은 어둠 가운데서 악을 즐기며 하나님의 선에는 관심 없이 살고 있다고 생각하였는데 그들도 하나님의 거룩을 바라보며 사모하고 있는 것이다. 너무 감동스럽다. 그들도 원하는 것이다. 하나님의 다른 피조물들도 하나님 나라의 성결한 아름다움의 영광에 참여하기를 간절히 소원하고 있는 것이다. 그런데 하나님의 자녀라고 자처하는 모든 그리스도인들은 과연 하나님의 영광의 자유를 누리며 살고 있는가? 목회자들도 거룩과 성결을 꺼린다고 한다. '거룩하라'는 설교를 교인들이 부담을 느끼기 때문에 거룩하라는 설교는 듣기도 힘들다. 또 때로 선망하던 대형교회 목회자들의 위선적인 모습이 드러났을 때 그들은 낙심하는 것이다.

성결은 체험해 보지 않고는 성결이 하나님의 거룩한 깨끗함임을 알 수도 없고, 알지 못하는 것을 설교할 수도 없다. 목회자가 원하고 설교하지 않는데 더욱이 신자들이 알 수 있겠는가? 그러나 우리가 '살아계신 하나님 아버지'라 부르고 아쉬울 때 다급하게 도움을 요청하는 전능하시고 살아계신 그 하나님은 온전히 거룩하시고 성결하신 분이시며, 우리가 성결하기를 위하여 십자가에서 대신 죽어 주신 분이시다. 죄를 가지고는 하나님의 거룩함이 어떠한지 결코 알 수 없다. 성결하지도 못하고 하나님의 거룩함의 기가 막힌 신비를 알지 못하는데 과연 우리가 상상하는 것보다 훨씬 더 기가 막힌 거룩한 하나님 나라의 백성이 될 수 있겠는가?

기독교윤리 위원회의 앙케이트 조사에 의하면 일반인들의 종교인 신뢰도가 가톨릭 28%, 불교 24-25%, 기독교 17%라고 한다. 절대자이시며 모든 것의 모든 것 되시는 하나님의 피로 값 주고 사신 자녀라고 하는 우리들은 왜 신뢰를 받지 못하는가? 이점에 있어서 기독교인들은 깊이 자각하고 부끄럽게 생각해야 한다. 모든 선의 기준이 되는 하나님의 말씀을 가지고 있는 우리가 어찌하여 다른 종교인들보다 선으로 인정을 받지 못하는가? 우리에게 독생자를 아끼지 아니하시고 내어주신 하나님께서 우리에게 원하시는 것은 성령이 하나님의 말씀으로 우리 속에 역사하심으로 말미암는 우리의 실제적인 내적 변화인 것이다.

너희 안에 이 마음을 품으라 곧 그리스도 예수의 마음이니 그는 근본 하나님의 본체시나 하나님과 동등 됨을 취할 것으로 여기지 아니하시고 오히려 자기를 비어 종의 형체를 가져 사람들과 같이 되었고 사람의 모양으로 나타나셨으매 자기를 낮추시고 죽기까지 복종하셨으니 곧 십자가에 죽으심이라 이러므로 하나님이 그를 지극히 높여 모든 이름 위에 뛰어난 이름을 주사 하늘에 있는 자들과 땅 아래 있는 자들의 모든 무릎을 예수의 이름에 꿇게 하시고 모든 입으로 예수 그리스도를 주라 시인하여 하나님 아버지께 영광을 돌리게 하셨느니라(빌 2:5-11).

그러므로 우리가 진정으로 회개하여 죄악을 버리고 예수 그리스도의 마음을 품어 성결한 그리스도인으로서, 거룩한 하나님의 자녀의 향기를 나타내며, 그리스도 닮은 그리스도인으로 살지 아니하면 주의 날이 임박한 이 때에 우리는 하나님의 영광의 자유인으로서 천국에서 하나님의 보좌 앞에 나아갈 수 있겠는가? 자다가 깰 때가 되었으니 참으로 자기를 돌아보아야 하겠다.

조종남 박사의 『요한 웨슬리의 신학』(186)의 '온전한 성화'에 보면 '웨슬리는 점진적인 성화에 순간적인 성화를 밀착시키는 데는 두 개의 순간적인 체험이 있다고 했다. 하나는 중생과 동시에 일어나는 초기의 성화요, 또 다른 하나는 그 후에 오는 또 하나의 체험 곧 온전한 성화이다. 전자를 불신자가 회개하고 믿음으로 얻는 순간적인 체험이라고 하면, 후자 즉 온전한 성화는 신자가 다시 자기의 무능과 자기 안에 아직도 남아 있는 죄를 깨닫고 믿음으로 받는 신앙 체험이다. 이 체험을 웨슬레는 "제2의 축복", "두 번째 변화", "온전한 구원", "기독자의 완전"이라고 했다. 그리고 그 본질을 "온전한 사랑", 혹은 "순수한 사랑"이라고 불렀다.

웨슬리에 의하면 '이 순간적인 체험을 통하여 신자는 마음속에 남아 있는 죄성으로부터 씻김을 받으며 사랑과 봉사에 더욱 큰 힘을 얻어 승리하는 생활의 계기가 된다는 것이다. 그러나 온전한 성화의 체험이 그가 말하는 그리스도인의 생활의 최종 목표는 아니다. 성결의 은혜를 받은 사람도 성도로서 승리할 때까지 계속 전진해야 한다. 계속해서 보다 승리롭게 성화되려면 이 온전한 성결의 체험이 본질적으로 요청된다. 그러므로 웨슬리는 모든 신자를 향하여 이 온전한 성화 곧 기독자 완전(완전한 사랑)에로 나가라고 권고했다'라고 하였다.

사랑은 이웃에게 악을 행치 아니하나니 그러므로 사랑은 율법의 완성이니라(롬 13:10).

감리교신학대학이나 성결신학대학교에서는 적어도 신학생들이 목회지로 나아가기 전에 "온전한 구원"이며 "온전한 사랑"인 성결을 체험하고, 하나님의 거룩을 이해하고 나아갈 수 있었으면 좋겠다. 학문적으로 웨슬리 신학을 1학기 정도만 공부하고는 체험하지 아니한 성결을 이해할 수도, 가르칠 수도 없다. 성결을 체험하지 못하면 그들이 추구하는 하나님은 흠도 티도 없는 거룩하신 그 하나님이 아니시다. 그러므로 자유주의 신학이 되거나, 상급신학이나 의존하는 타 교파 목사같이 될 수밖에 없다. 그런 신학으로 성결운동을 할 수는 없다.

'한국성서 성결운동본부'에서 나오는 "The Holy Way," 2016년 3월호에 보면 케이드 드루리의 '성결운동은 살았는가 아니면 죽었는가'(1)에서 '성결운동은 죽었다'라고 그가 여러 가지 이유를 들어 주장한 대로 현실적으로 오늘날의 성결운동은 찾아보기 힘들다.

우리에게는 어떠한 종교의 경전보다도 더 훌륭한 66권의 하나님의 말씀이 있다. 성경에 있는 모든 지혜와 지식으로 세상을 창조하신 하나님의 말씀이 다른 종교의 경전보다 뛰어남은 성령의 역사하심으로 우리를 깨트리고 임재하시니 우리 안에 하나님의 말씀은 길이요 진리요 생명이며 또 우리의 거울이며 또 그 말씀은 하나님 자신(요1:1)이시며 예수님 자신(요 1:14)이신 것이다.

아담에게 속한 옛사람이 성령으로 깨끗함 받아 중생하였고, 하나님의 말씀이 성령으로 말미암아 심혼 골수를 쪼개고 내 안에서 역사하시니 옛사람의 악한 마음이 완전히 씻어지고 성결함을 입어 그리스도의 모습이 내게서 나타남이 마땅하다. 오직 그리스도 닮은 그리스도인은 성령과 말씀으로 인한 그리스도인의 내적 변화이다. 내적 변화의 냄새가 완전한데 이르지 아니하고는 그리스도 닮은 그리스도인이 될 수 없으며 온전한 성화에 이를 수 없다.

오늘날 요한 웨슬리의 신학을 따르는 감리교회에서나, 성결교회에서도 '모든 신자를 향하여 완전한 데로 나가라고 힘차고 명백하게 권고 하십시오'라고 외치는 웨슬리의 음성은 들어볼 수없고, 성결을 체험하여 알고 있는 목회자를 만나기도 어렵다.

내가 그리스도와 함께 십자가에 못 박혔나니 그런즉 이제는 내가 산 것이 아니요 오직 내 안에 그리스도께서 사신 것이라 이제 내가 육체 가운데 사는 것은 나를 사랑하사 나를 위하여 자기 몸을 버리신 하나님의 아들을 믿는 믿음 안에서 사는 것이라(갈 2:20).

많은 그리스도인들이 이제 내가 사는 것이 그리스도라 하면서 그리스도가 나를 위하여 죽으시고 말씀으로 내 안에 거하시니 그리스도가 내게서 나타남이 당연하지 않겠는가?

우리가 다시 자천하기를 시작하겠느냐 우리가 어찌 어떤 사람처럼 천거서를 너희에게 부치거나 혹 너희에게 맡거나 할 필요가 있느냐 너희가 우리의 편지라 우리 마음에 썼고 뭇사람이 알고 읽는 바라 너희는 우리로 말미암아 나타난 그리스도의 편지니 이는 먹으로 쓴 것이 아니요 오직 살아계신 하나님의 영으로 한 것이며 또 돌비에 쓴 것이 아니요 오직 육의 심비에 한 것이라(고후 3:1-3).

우리는 우리의 마음에 그리스도의 영으로 그리스도의 어떠하심을 써서 나도 그대로 살고, 다른 사람들에게 나타내서 저들도 구원에 이르게 하는 사명을 받은 자들임을 알아야 한다. 죄를 가지고 회개하면서 죽을 때까지 성화되어 간다고 하는데 더러운 원죄를 깨끗이 씻어 거룩하게 되지 아니하고 어떻게 그리스도 닮은 그리스도인이 될 수 있겠는가? 거룩을 꺼리면 거룩한 하나님의 자녀가 되는 것과 거룩하신 하나님 나라에 들어가는 것은 일찌감치 포기하여야 할 것이다.

네가 이것을 알라 말세에 고통 하는 때가 이르리니 사람들은 자기를 사랑하며 돈을 사랑하며 자긍하며 교만하며 훼방하며 부모를 거역하며 감사치 아니하며 거룩하지 아니하며 무정하며 원통함을 풀지 아니하며 참소하며 절제하지 못하며 사나우며 선한 것을 좋아하지 아니하며 배반하며 팔며 조급하며 자고하며 쾌락을 사랑하기를 하나님 사랑하는 것보다 더하며 경건의 모양은 있으나 경건의 능력은 부인하는 자니 이 같은 자들에게서 네가 돌아서라(딤후 3:1-5).

우리가 그리스도의 향기를 나타내지 못하고 하나님의 자녀의 모습을 보이지 못함으로 믿지 않는 자들을 지옥으로 몰아가고 있지 않은가? 내가 교회 문을 막고 나도 들어가지 아니하고 남도 들어가지 못하게 하는 것이 아닌가? 이것은 얼마나 무섭고 부끄러운 일이며 우리도 속히 돌이키지 아니하면 그들과 함께 그곳으로 가야하는 것이다.

　화있을진저 외식하는 서기관들과 바리새인들이여 너희는 천국
문을 사람들 앞에서 닫고 너희도 들어가지 않고 들어가려 하는
자도 들어가지 못하게 하는도다(마 23:13).

　그리스도의 모습을 닮을 수 있는 것은 옛사람이 완전히 성령
으로 씻어져서 그리스도의 말씀이 그리스도 안의 새사람을 완
전히 주장하는 것이다. 그것은 겉으로 보이는 선한 행동이 아
니다. 이웃을 돕고 시간과 물질을 드리는 선한 행동은 다른 종
교인들이나 보통 사람들도 할 수 있는 것이다. 그러나 원죄의
본성이 성령으로 깨끗해져서 그리스도의 마음을 품는 것은 아
담 안에 있는 옛사람의 자아가 회개하고, 예수 그리스도의 보
혈로 완전히 씻김 받아 깨끗하게 되었다는 것을 믿음으로 성결
을 체험하고, 유지하게 되는 것이다.

　내가 사람의 방언과 천사의 말을 할지라도 사랑이 없으면 소
리 나는 구리와 울리는 꽹과리가 되고 내가 예언하는 능이 있
어 모든 비밀과 모든 지식을 알고 또 산을 옮길 만한 믿음이
있을지라도 사랑이 없으면 내가 아무것도 아니요 내가 내게 있
는 것으로 구제하고 또 내 몸을 불사르게 내어 줄지라도 사랑
이 없으면 내게 아무 유익이 없느니라(고전 13:1-3).
　사랑은 오래 참고 사랑은 온유하며 투기하는 자가 되지 아니

하며 사랑은 자랑하지 아니하며 교만하지 아니하며 무례히 행치 아니하며 자기의 유익을 구치 아니하며 성내지 아니하며 악한 것을 생각하지 아니하며 불의를 기뻐하지 아니하며 진리와 함께 기뻐하고 모든 것을 참으며 모든 것을 믿으며 모든 것을 바라며 모든 것을 견디느니라(고전 13:4-7).

1-3절까지는 인간의 원죄를 가지고도 할 수 있는 것이지만 4-7절까지는 원죄의 쓴 뿌리를 가지고는 할 수 없는 것이다. 육에 속한 그리스도인은 이것을 할 수도 없고 이 말씀을 알지도 못하는 것 같다.

사랑은 언제까지든지 떨어지지 아니하나 예언도 폐하고 방언도 그치고 지식도 폐하리라 우리가 부분적으로 알고 부분적으로 예언하니 온전한 것이 올 때에는 부분적으로 하던 것이 폐하리라(고전 13:8-9).

예언이나 방언, 지식의 은사도 완전한 사랑이 올 때에는 아무 소용이 없고, 오직 완전한 사랑만 남는다는 것이므로 성결한 그리스도인은 하나님의 사랑으로 그리스도의 순결한 마음을 가져 그 냄새와 모습을 닮은 그리스도인이 될 수 있는 것이다. 성령을 받았다고 하면서 성결을 체험하지 않은 많은 기독교인들은 원죄가 씻어진 순결한 마음이 무엇인지조차 알지 못하는 것 같다.

대부분의 기독교인들이 그렇게 성령충만을 부르짖으면서 성령충만의 외적 능력밖에는 알지 못하고, 성령충만의 내적 능력인 말씀충만으로 그리스도 닮은 그리스도인의 성결한 마음이 된다는 것을 알지 못한다. 오래 참고, 온유하며, 투기하는 자가 되지 아니하며, 자랑하지 아니하는 이러한 마음 상태를 알지 못하는 것이다. 알지 못하는데 어떻게 모르는 것을 행하겠는가? 그런 사람은 세상에 아무도 없는 것 같다고 기독교인들도 말하지만 그리스도의 보혈로 완전히 씻김 받은 그리스도인은 할 수 있으며, 또 할 수 있어야 하는 것이다.

아담에게서 온 원죄로 말미암아 시기, 질투, 미움, 원망, 불평, 분노, 열등감, 피해의식, 교만, 탐욕, 원수 갚음, 용서하지 않음 등등 이런 것들로 가득 차 있는 인간이 사는 세상에서 평화란 찾아보기 힘들며, 어떤 종교의 경전으로도 인간에게 완전한 자유를 보장할 수는 없다. 그러나 원죄에서 자유를 얻고 상처에서 치유 받은 성결한 그리스도인은 할 수 있다. 이 세상에 용서 못 할 것은 아무 것도 없다.

그러므로 이제 그리스도 예수 안에 있는 자들에게는 결코 정죄함이 없나니 이는 그리스도 예수 안에 있는 생명의 성령의 법이 죄와 사망의 법에서 너를 해방 하였음이라(롬 8:1-2).

오직 하나님의 영이신 성령으로 말미암는 말씀의 능력으로 용서받고 치유 받은 자로서만 끝까지 용서하고 불쌍히 여길 수 있는 것이다. 그러므로 기독교가 진정한 복된 소리, 곧 복음인 것이다. 그러나 대부분의 기독교인들이 그리스도의 십자가의 대속을 진정으로 믿고 힘입지 아니함으로 용서하지도 못하고, 사랑하지도 못한다. 죄와 함께 사는 것이 당연시되며 하나님의 자녀로서의 거룩한 삶을 살지 못하기 때문에 오히려 믿지 않는 자들에게 비난을 받는다. 그들이 기독교인들을 비난하고, 인간이 만든 다른 종교보다도 기독교인들이 더 신뢰받지 못하는 것은 그들이 기독교인들에게 그리스도의 거룩한 모습을 기대하기 때문이다.

그러나 오늘날 자아가 덜 깨어진 육에 속한 그리스도인들로 가득한 교회 안에서 그들이 바라는 거룩한 그리스도인은 찾아보기 심히 힘든 것이 사실이다. 주의 날이 임박하였다고 기독교인들도 말하지만 오늘 밤이라도 주님이 오시면 어찌할 것인가? 죄를 가지고는 결단코 들림 받을 수 없다.

가라사대 진실로 너희에게 이르노니 너희가 돌이켜 어린아이들과 같이 되지 아니하면 결단코 천국에 들어가지 못하리라(마 18:3).

V. 주의 날을 참고 기다리라

사랑하는 자들아 너희는 너희의 지극한 믿음 위에 자기를 건축하며 성령으로 기도하며 하나님의 사랑 안에서 자기를 지키며 영생에 이르도록 우리 주 예수 그리스도의 긍휼을 기다리라(유 1:20-21).

다만 이뿐 아니라 우리가 환난 중에도 즐거워하나니 인내는 연단을 연단은 소망을 이루는 줄을 앎이니라 소망이 부끄럽게 아니함은 우리에게 주신 성령으로 말미암아 하나님의 사랑이 우리 마음에 부은바 됨이니 우리가 아직 연약할 때에 기약대로 그리스도께서 경건치 않은 자를 위하여 죽으셨도다(롬 5:3-6).

인간이 살아가는 동안에 누구나 힘들고 어려운 일을 당하게 된다. 내 인생에도 평안한 때만 있었던 것은 아니었으며 주위 사람들도 아무 문제가 없는 사람이 없는 것 같다. 불교에서도 인생이 고해라고 하였으며 이 세상에 사는 70-80년의 짧은 세월 동안 인간의 시기, 질투, 욕심, 불안, 미움, 오해, 탐욕, 자존심 등 마음속에 있는 원죄로 말미암아 자기 스스로 시험에 빠지기도 하고 끊임없이 서로에게 상처를 주며 원한을 맺고, 그 상처로 인하여 고통당하며 몇 년 후에는 스트레스가 쌓여서 불치병에 걸리기도 한다. 우리에게 용서 못할 일이 생긴다고 해도 하나님을 만나 평안을 얻은 사람은 그것을 큰 충격으로 받아드리지 아니할 수 있다. 그러나 그 사건에서 받은 충격에서 헤어나지 못하고 원한에 사무쳐서 용서하지 못하고, 미워하고, 염려하고, 근심하면 상대에게 해가 되는 것이 아니고 바로 자기 자신을 해치게 되는 위험한 일이 된다는 것을 알아야 한다. 얼마나 많은 사람들이 이것을 알지 못하고 자기를 괴롭히며, 어두움 속에서 살고 있기 때문에 자기도 불행하며 주위 사람들을 불행하게 하는지 참으로 안타깝다.

성결한 그리스도인은 상처를 치유 받은 사람이며, 말씀 안에서 계속해서 공급해 주시는 성령으로 말미암아 하나님의 신실한 종으로 사는 사람이다. 그러나 이 악한 세상을 사는 동안에는 언제나, 누구에게나 가족 간의 문제로, 경제적인 문제로 또는 육신의 병으로 시험을 당하며 살게 된다.

내 형제들아 너희가 여러 가지 시험을 만나거든 온전히 기쁘게 여기라 이는 너희 믿음의 시련이 인내를 만들어 내는 줄 너희가 앎이라 인내를 온전히 이루라 이는 너희로 온전하고 구비하여 조금도 부족함이 없게 하려 함이라(약 1:2-4).

우리는 원죄에서 씻김 받은 거룩한 하나님의 사람이지만 우리의 삶은 시험을 통하여 축복을 얻을 자격을 얻으며, 기도하며, 말씀을 붙들고 인내를 통하여 짧은 인생이지만 또한 긴 믿음의 여정에서 이기며 우리의 구원을 이루어 나갈 수 있다. 인내는 억지로 참는 것이 아니고 하나님의 은혜로 우리에게 주신 성령으로 마음이 다스려져서 이해하고 감사하면 하나님이 주시는 평안을 유지할 수 있다.

그러므로 너희가 이제 여러 가지 시험을 인하여 잠간 근심하게 되지 않을 수 없었으나 오히려 크게 기뻐하도다 너희 믿음의 시련이 불로 연단하여도 없어질 금보다 더 귀하여 예수 그리스도 나타나실 때에 칭찬과 영광과 존귀를 얻게 하려 함이라 (벧전 1:6-7).

우리가 살아도 주를 위하여 살고 죽어도 주를 위하여 죽나니 그러므로 사나 죽으나 주의 것이로라 이를 위하여 그리스도께서 죽었다가 다시 살으셨으니 곧 죽은 자와 산 자의 주가 되려 하심이니라(롬 14: 8-9).

너희도 길이 참고 마음을 굳게 하라 주의 강림이 가까우니라 (약5:8).

우리가 시험을 당하면 하나님을 원망하며 힘들어하는 믿음이 연약한 그리스도인들이 많이 있다. 그리고 아무리 기도하고 또 기도하여도 응답이 없으면 실망하여 하나님을 떠나기도 한다.

겁내는 자에게 이르기를 너는 굳세게 하라 두려워 말라 보라 너희 하나님이 오사 보수하시며 보복하여 주실 것이라 그가 오사 너희를 구하시리라 하라(사 35:4).

그러므로 우리가 낙심하지 아니하노니 겉 사람은 후패하나 속은 날로 새롭도다 우리의 잠시 받는 환난의 경한 것이 지극히 크고 영원한 영광의 중한 것을 우리에게 이루게 함이니 우리의 돌아보는 것은 보이는 것이 아니요 보이지 않는 것이니 보이는 것은 잠간이요 보이지 않는 것은 영원함이니라(고후 4:16-18).

가진 고난을 겪으면서도 원망하지 아니하고 오히려 감사하며 모든 시험을 다 거친 후에 욥이 하나님께 회개하고 이렇게 아뢰었다. "내가 말하겠사오니 주여 들으시고 내가 묻겠사오니 주여 내게 알게 하옵소서 내가 주께 대하여 귀로 듣기만 하였삽더니 이제는 눈으로 주를 뵈옵나이다 그러므로 내가 스스로 한하고 티끌과 재 가운데서 회개하나이다"(욥 42:4-6). 욥은 하나님을 경외하는 의로운 사람이었으나 사람이 당하는 시험 중에 가장 큰 고통을 당하였다. 그는 재산을 다 잃었고, 자녀를 다 잃었으며, 아내는 떠났고, 온 몸의 심한 종기로 고통당하였으나 하나님을 원망하지 아니하였다. 극도의 고통 속에서도 하나님께 감사하였다.

여호와께서 욥의 말년에 복을 주사 처음 복보다 더하게 하시니 그가 양 일만 사천과 약대 육천과 소 일천 겨리와 암나귀 일천을 두었고 또 아들 일곱과 딸 셋을 낳았으며(욥 42:12-13).

욥이 원망하지 아니하고 회개하여 말년에 더 큰 복을 받았다는 것을 우리는 성경을 보고 안다. 참으로 감동이었다. "주여 욥의 인내와 신앙을 닮게 하옵소서"

만일 그리스도 안에서 우리의 바라는 것이 다만 이생뿐이면 모든 사람 가운데 우리가 더욱 불쌍한자니라(고전 15:19).
너희에게 인내가 필요함은 너희가 하나님의 일을 행한 후에 약속을 받기 위함이라 잠시 잠간 후면 오실 이가 오시리니 지체하지 아니하시리라(히 10:36-37).

시험을 참는 자는 복이 있도다 이것에 옳다 인정하심을 받은 후에 주께서 자기를 사랑하시는 자들에게 약속하신 생명의 면류관을 얻을 것임이니라(약 1:12).

그러나 모든 그리스도인도 이 험난한 세상을 사는 동안 어려운 일을 많이 겪으며 살게 된다.

자기가 시험을 당하여 고난을 당하셨은즉 시험 받는 자들을 능히 도우시느니라(히 2:18).

예수님도 십자가에서 고난을 당하셨으니 우리의 고통을 아시는 주님께서 의뢰하는 자를 시험에서 건져내시고 더 큰 복으로 채우실 것을 믿고, 참고, 기다려야 할 것이다.

내가 선한 싸움을 싸우고 나의 갈 길을 마치고 믿음을 지켰으니 이제 후로는 나를 위하여 의의 면류관이 예비 되었으므로 주 곧 의로우신 재판장이 그 날에 내게 주실 것이니 내게만 아니라 주의 나타나심을 사모하는 모든 자에게니라(딤후 4: 7-8).

그 노염은 잠간이요 그 은총은 평생이로다 저녁에는 울음이 기숙할 지라도 아침에는 기쁨이 오리로다(시 30:5).

내가 이미 얻었다 함도 아니요 온전히 이루었다 함도 아니라 오직 내가 그리스도께 잡힌바 된 그것을 잡으려고 좇아가노라 형제들아 나는 아직 내가 잡은 줄로 여기지 아니하고 오직 한 일 즉 뒤에 있는 것은 잊어버리고 앞에 있는 것을 잡으려고 푯대를 향하여 그리스도 예수 안에서 하나님이 위에서 부르신 부름의 상을 위하여 좇아가노라(빌 3:12-14).

이기기를 다투는 자마다 모든 일에 절제 하나니 저희는 썩을 면류관을 얻고자 하되 우리는 썩지 아니할 것을 얻고자 하노라 그러므로 내가 달음질하기를 향방 없는 것같이 아니하고 싸우기를 허공을 치는 것같이 아니하여 내가 내 몸을 쳐 복종하게 함은 내가 남에게 전파한 후에 자기가 도리어 버림이 될까 두려워함이로다(고전 9:25-27).

그러므로 예수도 자기 피로써 백성을 거룩케 하려고 성문 밖에서 고난을 받으셨느니라 그런즉 우리는 그 능욕을 지고 영문 밖으로 그에게 나아가자 우리가 여기는 영구한 도성이 없고 오직 장차 올 것을 찾나니 이러므로 우리가 예수로 말미암아 항상 찬미의 제사를 하나님께 드리자 이는 그 이름을 증거 하는 입술의 열매니라 오직 선을 행함과 서로 나눠 주기를 잊지 말라 이 같은 제사는 하나님이 기뻐하시느니라(히 13:12-16).

내가 갈 때에 너희를 나의 원하는 것과 같이 보지 못하고 또 내가 너희의 원치 아니하는 것과 같이 보일까 두려워하며 또 다툼과 시기와 분냄과 당 짓는 것과 중상함과 수군수군하는 것과 거만함과 어지러운 것이 있을까 두려워하고 또 내가 다시 갈 때에 내 하나님이 나를 너희 앞에서 낮추실까 두려워하고 또 내가 전에 죄를 지은 여러 사람의 그 행한바 더러움과 음란함과 호색함을 회개치 아니함을 인하여 근심할까 두려워하노라 (고후 12:20-21).

종말로 너희가 주 안에서와 그 힘의 능력으로 강건하여지고 마귀의 궤계를 능히 대적하기 위하여 하나님의 전신 갑주를 입으라 우리의 싸움은 혈과 육에 대한 것이 아니요 정사와 권세와 이 어두움의 세상 주관자들과 하늘에 있는 악의 영들에게 대함이라 그러므로 하나님의 전신 갑주를 취하라 이는 악한 날에 너희가 능히 대적하고 모든 일을 행한 후에 서기 위함이라 그런즉 서서 진리로 너희 허리띠를 띠고 의의 흉배를 붙이고 평안의 예비한 것으로 신을 신고 모든 것 위에 믿음의 방패를 가지고 이로써 능히 모든 악한 자의 화전을 소멸하고 구원의 투구와 성령의 검 곧 하나님의 말씀을 가지라 모든 기도와 간구로 하되 성령 안에서 무시로 기도하고 이를 위하여 깨어 구하기를 항상 힘쓰며 여러 성도를 위하여 구하고(엡 6:10-18).

그러므로 형제들아 주의 강림하시기까지 길이 참으라 보라 농부가 땅에서 나는 귀한 열매를 바라고 길이 참아 이른 비와 늦은 비를 기다리나니 너희도 길이 참고 마음을 굳게 하라 주의 강림이 가까우니라(약 5:7-8).

사랑하는 자들아 주께는 하루가 천년 같고 천년이 하루 같은 이 한 가지를 잊지 말라 주의 약속은 어떤 이의 더디다고 생각하는 것같이 더딘 것이 아니라 오직 너희를 대하여 오래 참으사 아무도 멸망치 않고 다 회개하기에 이르기를 원하시느

니라 주의 날이 도적 같이 오리니 그 날에는 하늘이 큰 소리
로 떠나가고 체질이 뜨거운 불에 풀어지고 땅과 그 중에 있는
모든 일이 드러나리로다 이 모든 것이 이렇게 풀어지리니 너
희가 어떠한 사람이 되어야 마땅하뇨 거룩한 행실과 경건함으
로 하나님의 날이 임하기를 바라보고 간절히 사모하라 그날에
하늘이 불에 타서 풀어지고 뜨거운 불에 녹아지려니와 우리는
그의 약속대로 의의 거하는 바 새 하늘과 새 땅을 바라보도다
(벧후 3:8-13).

제6장
부활의 성도가
되자

제6장
부활의 성도가 되자

예수께서 가라사대 나는 부활이요 생명이니 나를 믿는 자는 죽어도 살겠고 무릇 살아서 나를 믿는 자는 영원히 죽지 아니하리라(요 11:25-26).

무릇 그리스도 예수와 합하여 세례를 받은 우리는 그의 죽으심과 합하여 세례를 받은 줄을 알지 못하느뇨 그러므로 우리가 그의 죽으심과 합하여 세례를 받음으로 그와 함께 장사 되었나니 이는 아버지의 영광으로 말미암아 그리스도를 죽은 자 가운데서 살리심과 같이 우리로 또한 새 생명 가운데서 행하게 하려 함이니라 만일 우리가 그의 죽으심을 본받아 연합한 자가 되었으면 또한 그의 부활을 본받아 연합한 자가 되리라(롬 6:3-5).

우리 몸과 마음을 그리스도와 함께 십자가에 못 박고 말씀과 성령으로 깨끗하게 된 성결한 그리스도인은 내 안에 살아계신 예수님으로 말미암아 주님이 부르시는 날까지 성령의 열매를 맺으며, 하나님을 사랑하며, 이웃을 사랑하며 성화되어 하나님의 나라에 들어갈 수 있고, 부활에 참여할 수 있으나 옛사람의 자아가 완전히 죽고 성결해지지 아니하면 결코 천국에도 들어갈 수 없고, 천국에 들어가지도 못하는 사람이 어찌 부활에 참여할 수 있겠는가? 그러나 죽기 직전에도 진정으로 회개하고, 예수 그리스도의 대속을 믿으면 하나님의 나라에 들어갈 수 있다. 여기에서 가톨릭에서 주장하고 있는 '연옥교리'의 오류와 '마리아의 부활 승천설'에 대하여 상고해 보고자 한다.

I. 연옥 교리의 모순

연옥교리의 내용을 보면 '천주교가 종교개혁에 대한 역 개혁 운동의 일환으로 소집했던 트렌트 회의 (1545-1563)의 제6회기와 제30회기의 조문에 연옥에 관해 다음과 같이 말하는 조항이 있다. "연옥은 고통 하는 장소이며 그리스도에 의해 구속받은 선인들이 그들의 사후에 그들의 죄에 대한 부분적인 형벌을 받기 위해 가는 곳이다. 구세주 예수 그리스도는 우리를 불의에서 구출하셨다 그러나 우리를 죄에 해당하는 형벌의 전체에서 구출하지는 않으셨다. 그러므로 예수 그리스도의 의외에 우리의 죄의 청산을 위하여 연옥이 필요하다. 하나님의 자녀들의 영혼은 육체를 떠났을 때 이 고통의 장소로 간다. "누구든지 이를 믿지 않는 자는 저주를 받으라"고 하였고, '천주교의 요리문답 1의 5에는 "경건하고 의롭다하심을 받은 은총의 자리에 있는 영혼들은 이 세상을 떠나서 연옥에 간다" 하였으니 이 세상에서 대단히 추앙받던 김수환 추기경도 연옥에 가셨을 것이 아닌가? 성인이 아니면 누구나 연옥을 들려야 하는데 무서워서 어찌 죽겠는가? 더구나 한국 천주교회의 윤모 신부는 "이 연옥 교리는 가장 합리적이다. 어떤 나라의 법정에서든지 중범자는 사형에 처하고 기타 범인 등은 그 죄의 경중에 따라 20년, 10년, 5년의 징역이나 금고에 처하는 법이다. 여기의 법의 공정함이 있다"고 하고 "성경에 행위대로 갚는다는 말이 많이 나오는데 그 말씀이 연옥교리의 근본을 이룬다"고 하였다고 하니 하늘나라의 법을 인간세상의 법으로 해석하여 완전히 하나님의 인간을 창조하시고 완전히 죄에서 구원하시려는 계획을 뒤죽박죽으로 만들어 망쳐놓았으니 외형적으로 경건한 것을 추구하는 가톨릭 교인들에게 그리스도의 대속의 완전한 해방을 지옥으로 바꾸어 놓았다.

그 교리로는 결코 구원받을 수 없다. 그것은 완전히 하나님을 배제하고 성경을 인간의 미련한 지혜로 꾸며서 만들어 낸 인본주의적인 잡 종교일 뿐이다. 인간의 욕망을 오직 하나님께 드리기로 하고 일생을 바치는 신부와 수녀님들은 참으로 안 되었다. 어디서부터 잘못된 것인가?

마틴 루터가 가톨릭의 많은 오류와 독재에서도 종교개혁을 아니할 수 없었음을 이해하며 진심으로 감사하게 생각한다. 오직 하나님의 아들 예수 그리스도의 보혈은 믿는 모든 자의 원죄와 자범죄를 깨끗하게 하시고 거룩하게 하시는 완전한 구원의 능력이시다. 자기가 자기 죄를 연옥에서 고통당하고 갚아야 한다면 우리가 예수님을 믿을 필요가 없고, 이 세상에서 죄를 짓지 아니하려고 불교에서처럼 산에 들어가서 불경을 외우든가 힌두교처럼 몸을 학대하고 고행하는 것이 무엇이 다르겠는가? 첫째는 성령으로 하지 아니하고, 은혜를 받아도 죄를 다시 짓게 되는 것에 대해서, 자기 몸으로 고통을 받아서 남은 죄를 씻어야 거룩한 천국에 간다고 인간적으로 결론을 내린 것이다.

연옥은 없다. 율법의 요구를 대신 지신 예수 그리스도의 보혈이 믿고 회개한 자의 죄를 남김없이 깨끗하게 씻어 주셔서 성화 되어 천국에 갈 수 있는 성결한 자가 되는 것이다. 갔어도 너무 많이 지옥 길로 가까이 갔다. 하나님의 구원의 진리와 사랑을 떠나서 인본주의적인 인간의 종교로 만들어 버린 것이다. 빨리 회개하여 돌이키지 아니하면 모두 불지옥으로 들어가리라.

Ⅱ. 마리아설의 모순

1) 마리아의 종신 처녀설

마리아가 예수를 낳기 전에도 낳은 후에도 동정녀(숫처녀)라는 주장이다.

그 후에 예수께서 그 어머니와 형제들과 제자들과 함께 가버나움으로 내려가 거기 여러 날 계시지 아니하시니라(요 2:12).

맏아들을 낳아 강보로 싸서 구유에 뉘었으니 이는 사관에 있을 곳이 없음이러라(눅 2:7).

때에 예수의 모친과 동생들이 와서 밖에 서서 사람을 보내어 예수를 부르니 무리가 예수를 둘러앉았다가 여짜오되 보소서 당신의 모친과 동생들과 누이들이 밖에서 찾나이다 대답하시되 누가 내 모친이며 동생들이냐 하시고 둘러앉은 자들을 둘러보시며 가라사대 내 모친과 내 동생들을 보라 누구든지 하나님의 뜻대로 하는 자는 내 형제요 자매요 모친이니라(막 3:31-35).

2) 마리아의 모성(하나님의 어머니)

마리아는 예수님의 어머니이다. 요셉의 약혼녀 마리아는 하나님께서 택하신 우리의 구주로 오신 예수님을 성령으로 잉태한, 인간으로 오신 예수님의 어머니이다. 그러나 예수님은 성부, 성자, 성령 삼위의 하나님이심으로 마리아는 하나님의 어머니 다라는 것은 괴변이다.

때가 차매 하나님이 그 아들을 보내사 여자에게서 나게 하시고 율법아래 나게 하신 것은(갈 4:4).

3) 마리아 무죄 잉태설

마리아는 원죄가 없다는 것은 모순이다. 아담으로부터 온 모든 인간은 영원히 죽을 수밖에 없는 원죄를 가지고 있는 죄인이기 때문이다.

기록한바 의인은 없나니 하나도 없으며(롬 3:10).

만일 우리가 범죄 하지 아니하였다 하면 하나님을 거짓말 하는 자로 만드는 것이니(요일 1:10).

그러므로 율법의 행위로 그의 앞에 의롭다 하실 육체가 없나니(롬 3:20).

4) 마리아의 부활 승천설

이것은 성경의 아무런 근거 없이 교황의 권위로 선포되었다. 성경에 죽은 자 가운데서 부활하신 분은 오직 다시 오실 하나님의 아들 예수 그리스도뿐이시다.

5) 마리아가 은총의 중재자라는 설

그러므로 우리가 긍휼하심을 받고 때를 따라 돕는 은혜를 얻기 위하여 은혜의 보좌 앞에 담대히 나아갈 것이니라(히 4:16).

6) 마리아는 기도의 중재자라는 설

너희가 내 이름으로 무엇을 구하든지 내가 시행하리니 이는 아버지로 하여금 아들을 인하여 영광을 얻으시게 하려 함이라 내 이름으로 무엇이든지 내게 구하면 내가 시행하리라(요 14:13-14).

예수 그리스도의 이름으로 무엇이든지 구하면 시행하리라 하셨으니 중재자가 필요가 없다.

7) 마리아는 구원의 어머니라는 설에 대하여

마리아를 믿지 않으면 구원받지 못한다는 것은 모순이다.

다른 이로서는 구원을 얻을 수 없나니 구원을 얻을 만한 다른 이름을 우리에게 주신 일이 없음이니라(행 4:12).

예수님은 십자가상에서 요한에게 어머니를 부탁하셨다.

예수께서 그 모친과 사랑하시는 제자가 곁에 서 있는 것을 보시고 그 모친께 말씀하시되 여자여 보소서 아들이니이다 하시고 또 그 제자에게 이르시되 보라 네 어머니라 하신대 그 때부터 그 제자가 자기 집에 모시니라(요 19:26-27).

승천하신 후의 어머니를 땅에 남은 제자에게 부탁하신 것이다. 그리고 예수님께 대한 마리아의 자세에 대하여 성경은 다음과 같이 말하고 있다.

마리아가 가로되 주의 계집종이오니 말씀대로 내게 이루어지이다 하매 천사가 떠나 가니라(눅 1:38).
그 어머니가 하인들에게 이르되 너희에게 무슨 말씀을 하시든지 그대로 하라 하니라(요 2:5).

여자들과 예수의 모친 마리아와 예수의 아우들로 더불어 마음을 같이하여 전혀 기도에 힘쓰니라(행 1:14).

이 모든 가톨릭의 주장은 성경과 일치하지 않는다. 여러 곳에 있는지 알 수 없지만 이탈리아에는 성모 승천상이 높은 탑 위에서 하늘을 보고 있다. 이 가톨릭의 여러 오류는 말씀에 의지하지 않고 인본주의적인 사고로 만들어 낸 인간들의 죄요 오류인 것이다.

Ⅲ. 영생을 위한 부활의 복음

가톨릭의 마리아 부활 승천설은 성경에 아무 근거가 없고 교황의 권위로 선포되었다고 한다. 아담에게 속한 죄 있는 인간이 부활하여 승천했다고 하는 것은 있을 수 없으며 성경에 죽은 자 가운데서 부활하신 분은 오직 성령으로 잉태하사 죄 없으신 다시 오실 하나님의 아들 예수 그리스도뿐이시다.

죽은 자의 부활도 이와 같으니 썩을 것으로 심고 썩지 아니할 것으로 다시 살며 욕된 것으로 심고 영광스러운 것으로 다시 살며 약한 것으로 심고 강한 것으로 다시 살며 육의 몸으로 심고 신령한 몸으로 다시 사나니 육의 몸이 있은즉 또 신령한 몸이 있느니라 기록된바 첫 사람 아담은 산영이 되었다 함과 같이 마지막 아담은 살려주는 영이 되었나니 그러나 먼저는 신령한 자가 아니요 육 있는 자요 그 다음에 신령한 자니라 첫 사람은 땅에서 났으니 흙에 속한 자이거니와 둘째 사람은 하늘에서 나셨느니라 무릇 흙에 속한 자들은 저 흙에 속한 자들과 같고 무릇 하늘에 속한 자는 저 하늘에 속한 자들과 같으니 우리가 흙에 속한 자의 형상을 입은 것 같이 또한 하늘에 속한 자의 형상을 입으리라(고전 15:42-49). 아멘!

예수를 죽은 자 가운데서 살리신 자의 영이 너희 안에 거하시면 그리스도 예수를 죽은 자 가운데서 살리신 이가 너희 안에 거하시는 그의 영으로 말미암아 너희 죽을 몸도 살리시리라(롬 8:11).

주 예수를 다시 살리신 이가 예수와 함께 우리도 다시 살리사 너희와 함께 그 앞에 서게 하실 줄을 아노니(고후 4:14).

또 내가 보니 불이 섞인 유리 바다 같은 것이 있고 짐승과 그의 우상과 그의 이름의 수를 이기고 벗어난 자들이 유리 바다 가에 서서 하나님의 거문고를 가지고 하나님의 종 모세의 노래, 어린 양의 노래를 불러 가로되 주 하나님 곧 전능하신 이시여 하시는 일이 크고 기이하시도다 만국의 왕이시여 주의 길이 의롭고 참되시도다 주여 누가 주의 이름을 두려워하지 아니하며 영화롭게 하지 아니 하오리이까 오직 주만 거룩하시니이다 주의 의로우신 일이 나타났으매 만국이 와서 주께 경배하리이다 하더라(계 15:2-4).

오직 우리의 시민권은 하늘에 있는지라 거기로서 구원하는 자 곧 주 예수 그리스도를 기다리노니 그가 만물을 자기에게 복종케 하실 수 있는 자의 역사로 우리의 낮은 몸을 자기 영광의 몸의 형체와 같이 변케 하시리라(빌 3:20-21).

만군의 여호와가 이르노라 보라 극렬한 풀무 불같은 날이 이르리니 교만한 자와 악을 행하는 자는 다 초개같을 것이라 그 이르는 날이 그들을 살라 그 뿌리와 가지를 남기지 아니할 것이로되 내 이름을 경외하는 너희에게는 의로운 해가 떠올라서 치료하는 광선을 발하리니 너희가 나가서 외양간에서 나온 송아지 같이 뛰리라(말 4:1-2).

내 양은 내 음성을 들으며 나는 저희를 알며 저희는 나를 따르느니라 내가 저희에게 영생을 주노니 영원히 멸망치 아니할 터이요 또 저희를 내 손에서 빼앗을 자가 없느니라(요 10:27-28).

세례 요한 때부터 지금까지 천국은 침노를 당하나니 침노하는 자는 빼앗느니라(마 11:12).

그러므로 형제들아 더욱 힘써 너의 부르심과 택하심을 굳게 하라 너희가 이것을 행한즉 언제든지 실족지 아니하리라 이같이 하면 우리 주 곧 구주 예수 그리스도의 영원한 나라에 들어감을 넉넉히 너희에게 주시리라(벧후 10-11).

그러므로 너희 마음의 허리를 동이고 근신하여 예수 그리스도의 나타나실 때에 너희에게 가져올 은혜를 온전히 바랄지어다(벧전 1:13).

선한 일을 행한 자는 생명의 부활로 악한 일을 행한 자는 심판의 부활로 나오리라(요 5:29).

또 그리스도께서 너희 안에 계시면 몸은 죄를 인하여 죽은 것이나 영은 의를 인하여 산 것이니라 예수를 죽은 자 가운데서 살리신 이의 영이 너희 안에 거하시면 그리스도 예수를 죽은 자 가운데서 살리신 이가 너희 안에 거하시는 그의 영으로 말미암아 너희 죽을 몸도 살리시리라(롬 8:10-11).

나는 여호와를 인하여 즐거워하며 나의 구원의 하나님을 인하여 기뻐하리로다(합 3:18).

그 때에 소경의 눈이 밝을 것이며 귀머거리의 귀가 열릴 것이며 그 때에 저는 자는 사슴같이 뛸 것이며 벙어리의 혀는 노래하리니 이는 광야에서 물이 솟겠고 사막에서 시내가 흐를 것임이라(사 35:5-6).

주인이 가로되 원수가 이렇게 하였구나 종들이 말하되 그러면 우리가 가서 이것을 뽑기를 원하나이까 주인이 가로되 가만 두어라 가라지를 뽑다가 곡식까지 뽑을까 염려하노라 추수 때까지 함께 자라게 두어라 추수 때에 내가 추숫군들에게 가라지는 먼저 거두어 불사르게 단으로 묶고 곡식은 모아 내 곳간에 넣으라 하리라(마 13:28-30).

모든 눈물은 그 눈에서 씻기시매 다시 사망이 없고 애통하는 것이나 곡하는 것이나 아픈 것이 다시 있지 아니 하리니 처음 것들이 다 지나갔음이러라(계 21:4).

하나님은 죽은 자의 하나님이 아니요 산 자의 하나님이시라 하나님에게는 모든 사람이 살았느니라 하시니(눅 20:38).

그러므로 내 사랑하는 형제들아 견고하며 흔들리지 말며 항상 주의 일에 더욱 힘쓰는 자들이 되라 이는 너희 수고가 주 안에서 헛되지 않은 줄을 앎이니라(고전 15:58).

우리가 예수의 죽었다가 다시 사심을 믿을진대 이와 같이 예수 안에서 자는 자들도 하나님이 저와 함께 데리고 오시리라 우리가 주의 말씀으로 너희에게 이것을 말하노니 주 강림하실 때까지 우리 살아남아 있는 자들도 결단코 앞서지 못하리라 주께서 호령과 천사장의 나팔로 친히 하늘로 좇아 강림하시리니 그리스도 안에서 죽은 자들이 먼저 일어나고 그 후에 우리 살아남은 자도 저희와 함께 구름 속으로 끌어 올려 공중에서 주를 영접하게 하시리니 그리하여 우리가 항상 주와 함께 있으리라 그러므로 서로 여러 말로 위로하라(살전 4:15-18).

너희 마음을 굳게 하시고 우리 주 예수께서 그의 모든 성도와 함께 강림하실 때에 하나님 우리 아버지 앞에서 거룩함에 흠이 없게 하시기를 원하노라(살전 3:13).

이 첫째 부활에 참예하는 자들은 복이 있고 거룩하도다 둘째 사망이 그들을 다스리는 권세가 없고 도리어 그들이 하나님과 그리스도의 제사장이 되어 천년 동안 그리스도로 더불어 왕 노릇 하리라(계 20:6).

사망과 음부도 불못에 던지우니 이것은 둘째 사망 곧 불못이라 누구든지 생명책에 기록되지 못한 자는 불못에 던지우더라(계 20:14-15).

오늘날 세계 도처에서 살인과 음란과 죄악이 만연하여 예수님을 모르는 사람들까지 말세라고 개탄을 하면서도 말세에는 어떤 일이 일어나서 어떤 무서운 형벌을 받고 멸망하게 될지 상상하지 못한다. 하루속히 멸망의 길에서 돌아서서 우리 주 예수 그리스도를 믿음으로 말미암아 원죄에서 사함받고 성결한 그리스도인이 되면 영생을 얻고, 하나님의 나라에 들어갈 수 있게 된다.

모든 눈물을 그 눈에서 씻기시매 다시 사망이 없고 애통하는 것이나 곡하는 것이나 아픈 것이 다시 있지 아니하리니 처음 것들이 다 지나 갔음이러라(계 21:4).

천년 왕국에 대하여는 여러 가지 설이 있으니 부활해 보지 않은 나로서는 약속하신 말씀 외에 더할 말은 없다. 우리가 말씀 안에서 성령에 의지하여 성결한 그리스도인으로서 충성하면, 예수님께서 재림하실 때 우리도 부활하여 천년 왕국에서 성도들과 함께, 주님과 함께 천년 동안 살게 되리라.

✝

에필로그

하나님께서는 원죄를 가진 인간이 이 땅에서 하나님의 백성으로 거룩하게 살게 하시려고, 죄 없는 자기 아들을 땅에 보내셔서 십자가 위에서 고난 받으시고 대신 죽게 하셨다. 우리는 성령과 하나님의 말씀으로 말미암아 그것을 믿음으로 값없이 의롭게 되어 율법과 죄에서 벗어났다. 그리고 우리는 하나님의 말씀이 성령으로 우리의 남은 심혼 골수를 쪼개고 깨끗하게 씻으셔서 하늘의 평강으로 이 땅에서도 평화를 누리며 살게 하시고, 성결한 그리스도인이 되어서 3일 만에 부활하시고 하늘에 오르셔서 하나님 우편에 앉아 계시다가, 때가 되면 다시 오실 그리스도 예수를 맞이할 준비를 하고 기다리고 있으며, 이 땅의 생이 다하여 부름을 받을 때 아멘! 할렐루야! 로 주님 앞에 나아갈 날을 또한 준비하고 있는 것이다.

한국의 기독교는 여의도 순복음교회를 위시하여 1950년대에 성령의 대부흥 운동이 폭발적으로 일어나서 많은 사람들이 성령을 받고 방언 등 각종 은사가 크게 나타나며 여러 곳에서 부흥회를 통하여 교회들이 크게 부흥하는 계기가 되었다. 산기도, 철야예배, 은사집회 등 외국의 유명한 부흥사들과 국내의 유명 부흥 강사님들이 능력을 받아 곳곳에서 부흥회를 할 때마다 성령세례 등 큰 은혜의 역사가 일어나곤 하였다. 그 후 50여 년이 지나는 동안에 부흥회와 유명부흥사들은 사라지고, 각 교회에서 성경공부로 대처하여 가르쳤으나 성령의 불도 꺼지고, 교인들이 성경을 아는 지식에 크게 자란 것 같지도 않고, 지금은 주일 성수, 십일조 등 헌금, 새벽기도, 교회 봉사 등으로 교인으로서 직책을 완수함으로서 성장을 하는 정도이고, 몇몇 교회를 빼고는 전도도 잘 안 되고, 작은 교회들은 힘들게 명맥을 유지하고 있는 실정인 것 같다. 부흥회가 사라지고 교회에서 제자훈련으로 성경공부를 시작하였으나 성령의 뜨거움도 사라지고 성장한 그리스도인의 모습도 보이지 않아 교육제도를 도입한 옥환흠 목사님이 후에 후회하셨다고 한다.

우리나라에는 기독교인이 천 이백만이라고 하지만, 몇 년 전 집계로 상당수의 기독교인들이 천주교로 옮기고, 8백만 기독교인들 중에 큰 부흥의 불길은 사라졌으나 상당수의 사명 받은 사람들이 성령세례를 받아 능력을 체험하고, 주의 종이 되는 등 중생한 그리스도인들이 많이 있음을 감사하게 생각한다. 요즘은 성령의 시대가 아니라고도 한다. 그러나 하나님은 지금도 살아계시고, 성령님은 우리의 구원을 위해서 지금도 역사하시는 하나님이시다.

다만 성령세례만으로는 자아에 남아 있는 원죄의 쓴 뿌리가 완전히 깨끗하게 씻어지지 못하므로 하나님의 성령과 하나님 자신이신 말씀(히 4:12-13, 벧전 1:23)으로 완전히 깨어져 깨끗하게 되고, 성결하게 되어 말씀충만, 성령충만함을 받고 그리스도 닮은 그리스도인으로서, 항상 성결함과 평강 가운데 기쁨으로 하나님께 충성하며 살 수 있다는 것을 21세기가 된 오늘날까지 신학적으로 밝히고 있지 못하고 있으므로 요한 웨슬리가 두 번째 성령의 은혜인 성결을 안타깝게 외치고 외쳤으나, 성결복음을 완성하지 못한 것을 감히 하나님의 뜻을 따라 '완전한 사랑', '기독자의 완전'을 설명하고자 여기까지 연구하게 되었다.

모든 인간은 아담의 원죄로 말미암아 서로 미워하며, 시기하며, 질투하며, 원망하며 이 땅에서 결코 행복할 수 없다. 그러나 하나님의 무한하신 사랑으로 말미암아 구원자 예수 그리스도를 이 땅에 보내셔서 믿음으로 영원한 구원을 약속하신 것을 성령으로 받아드리면, 그의 삶의 질은 땅의 무가치한 것에서 하늘의 풍요로운 영육간의 축복과, 하늘의 평강과, 마음속에 넘치는 성령의 열매로 날마다 행복하며, 하나님 사랑과 이웃 사랑으로 넘치게 된다. 그것을 중생했으나 죄에서 완전히 벗어나지 못하고 고통당하는 그리스도인들에게 알게 하여 하나님의 기쁨이신, 성결의 기쁨을 함께 누리며, 믿지 않는 자들도 그리스도인들의 거룩한 행동을 보고 교회가 부흥되고, 구원에 이르는 자들이 날로 더 하게 되기를 간절히 바라고 기도한다.

우리나라는 자살률이 세계 제1위라고 한다. 그들을 계속적으로 괴롭혀서 절망에 빠지게 함으로 삶을 포기하게 하는 사단의 유혹을 이겨낼 수 있도록 그리스도인들은 기도와 성령의 능력과 하나님의 말씀과 그리스도 닮은 그리스도인의 모습으로 저들을 구해내야 한다.

기독교 TV에 보면 찬양을 하는 청년들의 모습에 은혜가 넘치고, 세계 선교를 위하여 오지에서 고생하는 선교사님들의 헌신적인 모습이 온전히 하나님께 바친 말씀대로의 삶인 것 같아 감동스럽지만 그들이 하나님이 주시는 진정한 내적인 평화를 누리며, 성결한 삶을 살고 있는 그리스도인들이기를 간절히 바란다.

오늘날 기독교가 하나님의 말씀을 따라 살지 못하고, 부흥을 멈춘 것은 잘 믿는 것 같으나 육에 속한 그리스도인이 많고, 목회자들이 그것을 알지 못하며, 신학자들도 성경을 깊이 연구하여 완성된 신학으로 더 이상 발전시키지 못하기 때문이라고 생각한다. 목자들이 모르는데 양들이 어찌 좋은 풀이 있는 초지를 알아 생명을 보존하겠는가. 이에 그리스도인의 참된 회개가 필요한 시점이며, 반드시 중생에서 성결로 들어가야만 하나님 안에 영원한 생명이 있음을 알아야 한다.

주님 오실 날이 가까운 이 때에, 솔직히 말해서 장로교를 위시한 타 교파에서는 성결을 말하지 않고, 거룩을 말하지만 거룩을 구별이라고만 말하는데 구별이 세상과 구별을 의미하는 것이겠지만 거룩의 참 의미를 체험하지 못하고, 모르는데 어떻게 구별된 삶을 살 수 있으며, 생명으로 이르는 바른 길을 모르는데 어떻게 다른 사람을 바른 길로 인도할 수 있겠는가?

구별된 삶은 반드시 성령이 하시지 않으면 안 된다. 중생한 그리스도인들은 반드시 먼저 성결을 체험하고 구원의 확신을 가지고, 중생했으나 참 평화를 얻지 못하고 방황하는 그리스도인들과 그리스도 안의 구원을 알지 못하는 비 그리스도인들에게 예수 그리스도 안의 구원과 참 평화를 전하여 온전한 성결의 삶을 살도록 인도할 수 있어야 하겠다.

신학자들이여! 돌아서라! 그리고 외치라! 두려워하지 말라! 주님이 오실 날이 가까운 21세기에 우리에게 거룩함을 회복시켜 천국백성 삼으시려고, 이 땅에 사랑의 주로 오신 예수 그리스도의 십자가의 고난을 무위로 돌리고, 인간은 죄질 수밖에 없다고 하여 죄 중에 헤매게 하고, 오늘날의 신학을 어두움에 빠지게 하는 죄에서 벗어나야 한다. 어두움 가운데 있는 자가 빛 되신 천국에 들어갈 수 있겠는가?

하나님의 아들 예수 그리스도의 보혈을 믿는 자는 율법에서 벗어나서 죽음에서 영원한 생명(롬 8:1-6)으로 옮겨진 것이다. 예수께서 오신 것은 인간을 죄와 사망에서 건지시고, 율법을 그 육체로 폐하시고, 다시는 죄짓지 않게 하려 하심이다. 그러나 오늘날의 신학은 율법에서 벗어나지 못하고 죄인으로 고통하며 사는 것이 겸손하고, 하나님께서 기뻐하시는 일로 착각하고 있다.

지능과 과학문명이 놀랍게 발달하고, 말세라고 생각되는 여러 증거들이 나타나는 21세기에 들어선 오늘날까지 오직 성경에 입각한 바른 신학이 정립되지 못하고, 잘못된 신학을 바르게 보완하여 죽어가는 많은 영혼들을 구원해야 할 시점에서 종교 지도자들은 아직도 천국으로 향하는 옳은 길에서 하나님의 말씀을 하나로 규합하지 못하고, 날마다 새로운 교파를 만들고, 잘 믿고자 하며 천국에 소망을 둔 그리스도인들을 방황하여 정도를 찾지 못하게 한다.

아담에게 속한 옛사람의 자아가 하나님의 말씀과 성령으로 깨어져서 거룩한 새사람으로 바뀌어야 한다. 복음을 진정으로 믿는다면 하나님의 말씀과 성령으로 깨어져서 성결을 체험하게 되고, 이 땅에서도 하나님의 말씀과 성령 충만으로 거룩하게 사는 것이 마땅하다. 그러나 첫 번째 중생함으로만은 자아가 다 깨어지지 아니하여 온전한 죄 씻음을 기대할 수는 없다. 웨슬리의 주장처럼 첫 번째 성령으로 중생하고, 다시 더 한 번의 강력한 성령의 역사인 말씀으로 깨어져서 성령 충만의 능력을 받음으로만 성결의 어떠함(평안함과 사랑)을 체험하여 알게 되고, 하나님의 명령대로 성결(거룩한)한 삶을 살아갈 힘을 얻게 되는 것이다.

아담에 의해 촉발된 원죄로 죄 가운데 살 수밖에 없는 우리를 구원하시려고 하나님은 자신의 독생자 예수 그리스도를 이 땅에 보내시고 그의 십자가의 대속을 통해서 구원과 영생의 길을 여셨다. 따라서 '육에 속한 사람'(자연인)들은 성령세례(말씀, 회개, 믿음)를 통해서 '육에 속한 그리스도인'(중생)이 될 뿐만 아니라 성령충만과 말씀충만을 통해서 옛사람의 자아가 완전히 깨어져서 '영에 속한 그리스도인'(성결한 그리스도인)이 되어 하나님 나라의 진정한 백성이 될 수 있게 되었고, 주님이 다시 오실 때 부활하여 영생을 얻을 수 있게 되었다. 이것이 복음이다. 이 복음이야말로 지금까지 이 책을 통하여 말하고자 한 것이었다(그림 7). 이 복음은 너무도 귀한 것이어서 우리의 모든 것을 걸고서라도 쟁취해야만 하는 것이다. 따라서 이 귀한 복음을 듣고 믿어서 구원받아 이 땅에서의 평안과 행복은 물론 하나님 나라가 임할 때 구원의 기쁜 노래를 부를 수 있게 될 것이다.

아멘! 아멘!

예수 그리스도-〉십자가의 대속-〉믿음-〉구원-〉영생
자연인-〉성령세례(말씀, 회개-자범죄)-〉중생(육에 속한
그리스도인)-〉완전한 회개(원죄)-〉성령충만(말씀충만)-〉성결
한 그리스도인-〉온전한 구원

"평강의 하나님이 친히 너희로 온전히 거룩하게 하시고 또 영과 혼과 몸이 우리 주 예수 그리스도 강림 하실 때에 흠 없게 보전되기를 원하노라"(살전 5:23)

"하나님의 말씀은 살았고 운동력이 있어 혼과 영과 및 관절과 골수를 찔러 쪼개기까지 하며 또 마음의 생각과 뜻을 감찰하나니"(히 4:12)

예수님을 믿으나 자아가
완전히 깨어지지 아니하면
세상에 속한 혼탁한
영(사단)이 지배한다.

예수 그리스도의 십자가의 고난과
보혈로 말미암은 속죄를 믿고
자아가 완전히 깨어지면
성령의 지배를 받는다.

육체의 열매

(음행, 호색, 투기,
더러운 것, 방탕,
술수, 두려움,
우상숭배, 분쟁,
시기, 원망, 분노,
원수 맺는 것,
잔꾀, 술취함,
거짓, 악의, 질투,
당 짓는 것)

(갈 5:16-21)

아담의 원죄 (육에 속한 사람)
"육에 속한 그리스도인"
(성령+원죄의 쓴 뿌리)
원 죄에서 벗어나지 못한다.
위선적인 그리스도인이 된다.

성령의 열매

(사랑, 희락, 화평,
자비, 양선, 온유,
인내, 충성, 절제)

(갈 5:22-23)

의도의 순수성,
감정의 순결성
(성결), 연약함,
실수, 습관, 회개

(요일 1:9)

마음을 지킴(잠 4:23)
거룩한 하나님의 사람(벧전 1:15-16)
"영에 속한 그리스도인"(성결)
예수님의 모습을(성품) 닮아간다(성화)
이전 것은 지나갔으니 보라 새것이
되었도다.

(가운데 그림)
하나님
성령, 말씀
육
혼 (자아)
시각 / 양심 / 감정 / 영 / 욕망 / 이성 / 촉각
지식, 의지 기억
후각 / 미각
청각

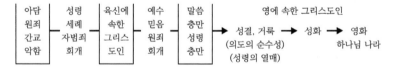

아담 원죄 간교 악함	성령 세례 자범죄 회개	육신에 속한 그리스 도인	예수 믿음 원죄 회개	말씀 충만 성령 충만	영에 속한 그리스도인
					성결, 거룩 → 성화 → 영화 (의도의 순수성) 하나님 나라 (성령의 열매)

(그림 7)

✝ 참고문헌

〈번역문헌〉

그레이트하우스, 윌리엄. 김성원 역. 『성서적 성결신학』. 서
      울: 도서출판 물가에심은나무, 2008.

칵스, 레오 조지. 김덕순 역. 『존 웨슬리의 완전론』. 서울:
      은성, 2000.

커언, 윌리암 T. 정동섭 역. 『현대 기독교 상담학』. 서울 :
      예찬사, 2007.

케네디, 제임스. 김형대 역. 『영적 소생』. 서울: 생명의 말
      씀사, 1981.

콜린스, 케네스. J. 장기영 옮김. 『성경적 구원의 길』. 서
      울: 새물결 플러스, 2017.

클라이버, W./마르크바르트, M. 조경철 역. 『감리교회 신
      학』. 서울: kmc, 2007.

니, 워치만. 정동섭 역. 『영에 속한 사람 1, 2, 3』. 서울:
      생명의 말씀사, 1995.

_____. 문창수 역. 『영의 해방』. 서울: 정경사, 2007.

_____. 문창수 역. 『자아가 죽을 때』. 서울: 정경사, 1969.

_____. 한국복음서원 편집부 역. 『정상적인 그리스도인의 믿음』. 경기: 한국복음서원, 1986.

브릿지스, 제리. 『거룩한 삶의 추구』. 서울: 네비게이토 출판사, 1985.

스토트, 존. 김현희 역. 『성령세례와 성령충만』. 서울: IVP, 2012.

오웬, 존. 서문강 옮김. 『죄 죽이기』. 서울: SFC, 2004.

웨슬레, 요한. 조종남 역. 『기독자 완전에 대한 해설』 경기: 한국복음문서 간행회, 1996.

_____. 조종남편역. 『웨슬레 설교선집』. 서울: 도서출판 서로사랑, 1998.

잡, 루벤. 김태곤 역. 『성령세례』. 서울: 기독교문서선교회, 1984.

존스, D. M. 로이드. 지상우역. 『영적충만』. 서울: 기독교문서선교회, 1984.

_____. 정원태역. 『성령세례』. 서울: 기독교 문서선교회, 1999.

펙숀, R. 홍일남 역. 『성령충만의 필요조건』. 서울: 목회자료사, 1981.

피터슨, 유진. 양혜원 역. 『이 책을 먹으라』. 서울: IVP, 1918.

핑크, 아더. 배정웅 옮김. 『성령론』. 서울: 도서출판 풍만,
　　　1984.

하이벨스, 빌. 최종훈역. 『나는 그리스천입니다』. 서울: 생명
　　　의 말씀사, 2008.

〈논문〉

박명수. "성결운동의 역사와 성결교회의 목회구조". '2014
　　　성결교회 목회자 복음 컨퍼런스' 발표문.

〈국내문헌〉

김세윤. 『구원이란 무엇인가』. 서울: 두란노 아카데미,
　　　2001.

김영선. 『존 웨슬리와 감리교 신학』. 서울: 대한기독교서회,
　　　2002.

박명수. 『근대 복음주의의 성결론』. 서울: 대한기독교서회,
　　　1997.

＿＿＿. 『한국 성결교회의 역사와 신학』. 부천: 서울신학대
　　　학교 출판부, 2016.

양승훈. 『창조와 격변』. 서울: 예명커뮤니케이션, 2006.

오세열. 『믿음을 탄탄하게 만들라』. 서울: 나침판, 2018.

이현갑. 『사중복음해설』. 서울: 도서출판 청파, 1995.

조종남. 『요한 웨슬레 신학』. 서울: 대한기독교출판사, 1984.

_____. 『성결의 도리』. 서울: 선교횃불, 2011.

_____. 『사중복음의 현대적 의의』. 서울: 대한기독교서회, 2009.

한영태. 『삼위일체와 성결』. 서울: 성광문화사, 1992.

_____. 『웨슬레의 조직신학』. 서울: 성광문화사, 1993.

_____. 『그리스도인의 성결』. 서울: 성광문화사, 1995.

한의택. 『성막과 절기를 알면 예수가 보인다』. 서울: 예루살렘, 2007.

지은이 **김동선**

이화여자대학교 약학대학 약학과를 졸업하고 결혼하여 네 자녀를 두었다. 1975년 성령세례와 다음 해 성결의 은혜를 체험한 후 3년 동안 100명을 전도하였고, '도루가 선교회'를 이끌면서 '자아가 죽을 때', '성령충만의 필요조건' 등의 주제로 10년을 강사로 일했으며, 40여 년 동안 자아의 깨어짐을 통한 말씀충만과 성령충만을 연구하고, 교재를 만들어 많은 그리스도인들에게 가르치고 전하였다.

하나님의 강권하심으로 67세에 감리교 웨슬리 신학원에서 신학을 시작하여 유니온 개혁신학대학원에서 석사학위를, 미국 미드웨스트 대학교에서 목회학 박사 학위를 취득하였다.

1995년부터 법무부 4호 기관 포천 '해뜨는 마을'에서 매주 목요일마다 청소년들을 3년간 가르치고 돌보았으며, 2003년부터 공주치료감호소에 8년, 2011년부터 여주 기독교교도소에 5년, 1개월에 1회씩 생일잔치로 수인들을 위로하고 복음을 전하였다. 현재는 '예닮 선교회'를 이끌며 '이천소망병원'과 '음성소망병원' 협동목사로서 섬기고 있다.